中國道教文化研究

初 編

第 3 冊

唐玄宗《道德眞經注疏》研究

洪 嘉 琳 著

花木蘭文化事業有限公司

國家圖書館出版品預行編目資料

唐玄宗《道德真經注疏》研究／洪嘉琳 著 — 初版 — 新北市：
花木蘭文化事業有限公司，2020〔民 109〕
目 2+212 面；19×26 公分
（中國道教文化研究 初編：第 3 冊）
ISBN 986-7128-39-7（精裝）
1. 道德經－註釋
121.311   95003698

ISBN-986-7128-39-7

9 789867 128393

中國道教文化研究
初　編　第三　冊   ISBN：986-7128-39-7

唐玄宗《道德眞經注疏》研究

作　　者　洪嘉琳
總 編 輯　杜潔祥
副總編輯　楊嘉樂
編　　輯　許郁翎、張雅淋　美術編輯　陳逸婷
出　　版　花木蘭文化事業有限公司
發 行 人　高小娟
聯絡地址　235 新北市中和區中安街七二號十三樓
　　　　　電話：02-2923-1455／傳眞：02-2923-1452
網　　址　http://www.huamulan.tw 信箱 hml810518@gmail.com
印　　刷　普羅文化出版廣告事業
初　　版　2020 年 3 月
全書字數　184472 字
定　　價　初編 20 冊（精裝）台幣 40,000 元

唐玄宗《道德眞經注疏》研究

洪嘉琳　著

作者簡介

洪嘉琳，一名天生反骨的乖乖牌，厭棄一切教條，卻甘願持戒。為著湊巧機緣，進入了政大依山傍水的中文世界。在山明水秀、花開花落間，她從文學天地叛逃到哲學的懷抱，卻依然迷失於文字構築的桃花源中，成了忘卻歸途的武陵漁人。

在山城的歲月，她真正取得的，不是一本碩士論文和一紙證書；而是盈溢於木柵山水之間，師長們的學問風範與諄諄教誨，以及朋友們分享的一切人情冷暖。不，或許她從未獲得什麼，除卻無數的因緣流轉與聚散。這些因緣人事，漸次化為她的血液，噗通噗通地流竄於她的生命，從過去到現在到未來。

因緣後來送她進入臺大哲學，一個書同文而視野迥異的異鄉。終於她帶著異化的血液出走：從中文出走到哲學，從道家出走到佛學，從中國出走到印度；從文藝出走到學術，又從學術出走，回到文藝。

文字是她的生命，而出走是她的宿命。

關於她的因緣依然在流轉，出走的戲碼也必然持續。但她深信，一切聚散離合，既不是輪迴，也不是流浪；而是搏扶搖、絕雲氣的巨鵬，在青天中無盡的飛翔。

提　　要

本文第一章旨在介紹唐玄宗《道德真經》注疏之背景，主要分為「宗教政策背景」及「思想背景」兩大部分。於「宗教政策背景」方面，本文除述及初唐至玄宗時期的宗教政策之外，亦就玄宗前後期之崇道變化作一闡述。於「思想背景」方面，則介紹了作為唐初老學主流之「重玄學」、唐初通行的《老子》版本——河上公注本，以及此二者與唐玄宗《道德真經》注疏有關之特點。

於第二章唐玄宗《道德真經》注疏之文獻學考察部分，本文乃就以下四個面向作考察：1.作者、2.撰述、頒行年代、3.版本、4.卷數；並據前輩學者之論見，兼論才字號《玄宗疏》之真偽。

第三章與第四章，旨在以「體用哲學」之架構分析唐玄宗《道德真經》注疏之思想。第三章分別論述「道」與「人」之「體」的層面及「道用」。第四章則抽出「得道者之發用」作闡述；並就「至人」（普遍得道者）與「聖人」（特殊得道者）的部分分別論述之。

第五章則將唐玄宗《道德真經》注疏與其前後之唐代老學著作作一比較工夫，期能以此分辨出唐玄宗《道德真經》注疏於老學史上之地位。比較之時，主要分為以下三個層面來討論：1.道論、2.修道論與境界說、3.治國之道。

第六章結論部分，則就前述幾章成果作重點論述；其中又將唐玄宗《道德真經》注疏之「思想特色」及其「老學史地位」作一提示。此外，本文對於前人研究成果所持之觀點，也一併於本章中說明。

謹以此書
獻給我親愛的 父母
以及敬愛的 沈清松老師

凡　例

第一章　唐玄宗《道德真經》注疏之背景 ………… 1

　　第一節　宗教政策背景 ……………………… 1

　　　　壹、對老君及道教之尊崇 ……………… 2

　　　　貳、對《道德經》之尊崇 ……………… 27

　　第二節　思想背景 ………………………… 35

　　　　壹、重玄學 ……………………………… 35

　　　　貳、河上公注本 ………………………… 39

第二章　唐玄宗《道德真經》注疏之文獻學考察 … 43

　　第一節　注疏作者及其撰述、頒行年代之考察 … 44

　　　　壹、關於注疏作者之考察 ……………… 44

　　　　貳、關於年代的考察 …………………… 50

　　第二節　注疏之版本及卷數考察──兼論才字號

　　　　　　《玄宗疏》之真偽 ……………… 63

　　　　壹、所據《道德真經》底本 …………… 64

　　　　貳、注的版本及卷數 …………………… 66

　　　　參、疏的版本及卷數 …………………… 72

第三章　唐玄宗《道德真經》注疏之思想（之一）

　　　　──論「道」與「人」之體用哲學 … 85

　　第一節　引言 ……………………………… 85

　　第二節　道體與道用 ……………………… 87

　　　　壹、道體及其屬性 ……………………… 88

　　　　貳、道用 ………………………………… 90

　　　　參、「道」與「妙本」 ………………… 99

　　　　肆、小結 ………………………………… 102

　　第三節　人性論與修道論 ………………… 103

　　　　壹、人性論 ……………………………… 103

　　　　貳、修道論 ……………………………… 104

第四章　唐玄宗《道德真經》注疏之思想（之二）

　　　　──論至人與聖人之發用 …………… 121

　　第一節　至人之發用──得道者之德用 … 122

　　　　壹、就其心態而言 ……………………… 123

　　　　貳、就其方式而言 ……………………… 123

　　　　參、就其結果而言 ……………………… 125

　　第二節　聖人之發用──得道人君之德用 … 127

目
次

　　　壹、「聖人」的理論轉化──從「得道者」
　　　　　到「得道之人君」 …………………… 127
　　　貳、聖人治國之道 ………………………… 129
　　　參、政風與理想政治 ……………………… 140
　第五章　唐玄宗《道德真經》注疏與相關唐代老學
　　　　　著作之比較 ………………………… 151
　　第一節　就道論而言 ……………………… 153
　　　壹、道體及其性質 ………………………… 153
　　　貳、道用之一──宇宙生成論 …………… 157
　　　參、道用之二──成就萬物 ……………… 162
　　第二節　就修道論與境界說而言 ………… 165
　　　壹、修道論基礎 …………………………… 165
　　　貳、修道方法 ……………………………… 169
　　　參、境界說 ………………………………… 173
　　第三節　就治國之道而言 ………………… 177
　第六章　結　論 …………………………… 183
　　第一節　唐玄宗《道德眞經》注疏之著述 …… 183
　　　一、背景 …………………………………… 183
　　　二、作者 …………………………………… 185
　　　三、著述及頒布之年代 …………………… 186
　　　四、版本 …………………………………… 187
　　第二節　唐玄宗《道德眞經》注疏之思想特色 … 188
　　　一、體用哲學與重玄思維 ………………… 188
　　　二、心性問題 ……………………………… 189
　　　三、治身與治國 …………………………… 190
　　　四、三教融合 ……………………………… 191
　　第三節　唐玄宗《道德眞經》注疏之唐代老學史
　　　　　地位 ………………………………… 198
　　　一、道論 …………………………………… 198
　　　二、修道論及境界說 ……………………… 199
　　　三、治國之道 ……………………………… 200
　　第四節　結語 ……………………………… 200
　參考書目 …………………………………… 203

凡　例

1. 本文所引用之唐玄宗《道德眞經》注疏及杜光庭《道德眞經廣聖義》，除特別說明之外，俱以《正統道藏》（臺北：新文豐出版股份有限公司，1988再版）本爲底本，即：

    《唐玄宗御註道德眞經》（第 19 冊，男字號）

    《唐玄宗御製道德眞經疏》（第 19 冊，效字號）

    《道德眞經廣聖義》（第 24 冊，羔、羊、景、行字號）

    另，於行文中，將以「玄宗《注》、《疏》」簡稱唐玄宗《道德眞經》注疏。

2. 凡本文引用之參考資料，均於「各章首次出現」之時詳注之（含作者、書名／篇名、出版項、頁數）；第二次以後將略其出版項。若爲古籍，則第二次之後亦略其作者項。

3. 本文於引用《大正新脩大藏經》（臺北：新文豐出版股份有限公司，1983修訂一版）之時，依佛學界例，將《大正新脩大藏經》略稱爲「T」。於 T 後之阿拉伯數字，表所引《大正新脩大藏經》之冊數（新文豐之新版《大正新脩大藏經》寫爲卷數）；另於頁數之後之「a」、「b」、「c」，分別表該頁之「上」、「中」、「下」欄。如作「T50，頁 636a～637c」，即表示：「《大正新脩大藏經》第 50 冊（卷），第 636 頁上欄至第 637 頁下欄」。

第一章　唐玄宗《道德眞經》注疏之背景

本章所欲探究的重點爲二：一明玄宗注疏《老子》之動機；二明玄宗《注》、《疏》的思想源流。就前者而言，玄宗注疏《老子》並頒行的動機，與李唐開國以來之宗教政策相關。就思想源流而言，則必得考察當時的老學潮流。職是之故，本章將以「唐代建國至玄宗時期的宗教政策」及「當時老學思潮」爲主題，探討玄宗《注》、《疏》之動機與思想源流。

第一節　宗教政策背景

雖然唐代之奉老子爲李姓祖先是無可置疑的事實，而如此尊奉老子的行爲也與唐代之創業有許多關連；不過，在距離唐高祖建業約莫百年後、國家整體經營還算穩固的唐玄宗朝，對道教的扶植卻遠遠勝過之前的唐代帝王，這一點可說頗爲耐人尋味。若說初期高祖在建立唐代時尊崇老子、扶植道教，是爲了要借助道教的創世神話來將李姓政權神聖化；那麼，在唐代建國百年後的玄宗朝又爲何要加強對道教及老子的尊奉？此外，玄宗之尊崇道教及老子，在前期與後期態度上有差異〔註1〕；則玄宗御注及頒行《老子》又是基於何種動機？針對這些疑問，我們必得追溯玄宗以前皇室對老子的態度及宗教政策，並以此考察玄宗朝的。

唐代對道佛二教的政策可說與李唐王朝的政治背景息息相關。而初唐至

〔註1〕此說乃根據卿希泰及日本學者宮川尚志、今枝二郎等人的研究。

盛唐（玄宗朝）的宗教政策，可以武周政權時期爲分水嶺。在武后以前，亦即自唐高祖至高宗朝，唐代乃以扶植道教爲主。至武則天掌政之時，則開始有抑道揚佛的傾向。其後，中宗掌政，始復道教及老子地位；至睿宗則又進之。到了玄宗之時，對道教及老子之扶植，則承襲睿宗之制而更進之。是知玄宗對道教及老子之推崇，除了一貫唐代之推尊老子外，更有著取消武后崇佛抑道之影響的動機。以下即就「對老君及道教之尊崇」以及「對《老子》之尊崇」兩方面，簡述初、盛唐之宗教政策。

壹、對老君及道教之尊崇

一般將儒、釋、道概稱爲三教，而在武周政權以前，唐代前三任的高祖、太宗、高宗對於三教的態度，原則上是以儒家思想爲國家的整體大方向，因此，儒家毫無疑問地列爲三教之首；或可說是整個唐朝文化的基底。至於道、佛二家則是以宗教之姿企圖爭奪政治力量的幫助。唐皇室在宗教政策方面，則以抑佛而提升老子及道教地位爲主；此外，在治國方面則傾向以老子的「無爲而治」爲基本原則。

一、高祖至高宗時期

唐代建國至武周政權以前之此一時期，執政君王爲高祖、太宗、高宗。其中高祖與太宗的宗教政策可謂大同小異；高宗時期的宗教政策雖尚無重大改變，但稍可見變化之端倪。以下即就高祖、太宗、高宗分爲三時期簡述之。

（一）高祖時期

唐高祖李淵受隋恭帝禪讓而建立李氏政權之後，首先在武德二年五月間敕樓觀，令鼎新修營老君殿、天尊堂及尹眞人廟〔註2〕。由此，高祖尊崇老子之態度已可見。又據《唐會要》所載：

> 武德三年五月，晉州人吉善，行于羊角山，見一老叟，乘白馬朱鬣，儀容甚偉，曰：「謂吾語唐天子：吾，汝祖也，今年平賊後，子孫享國千歲。」高祖異之，乃立廟于其地〔註3〕。

由此則資料可見，當時實流行著以李唐爲老子後裔的說法。而一般認爲，如此，一來能夠給予李唐政權「君權神授」的執政理由；二來可以讓李氏在盛

〔註2〕謝守灝編《混元聖紀》卷8，《正統道藏》30冊，與字號，頁117。
〔註3〕王溥《唐會要》武英殿聚珍版（臺北：世界書局，1960）卷50〈尊崇道教〉，頁865。

行門閥觀念的社會中得有崇高的地位〔註4〕。自此以後，唐代帝王即以老子爲
李姓皇室之本系祖先爲由，以「敬祖」的態度尊崇老君；在尊崇老君的同時，
更有意地提升道教地位，從而得鞏固老君地位。此舉中最具爭議性、亦最具
影響力的事件，當屬武德四年至九年間，太史令傅奕之排佛事件。

　　據《唐護法沙門法琳別傳》云：

　　　　（武德）四年秋九月，有前道士太史令傅奕，先是黃巾黨其所
　　習，遂上廢佛法事十有一條〔註5〕。

依上述可知，傅奕之請廢佛僧，至少起自高祖武德四年九月。但當時高祖並
未遽准傅奕所奏，乃下詔意欲聽取佛教界的意見。由於傅奕宣揚廢佛僧一事，
致令佛教界紛紛著述以駁之〔註6〕。其後，傅奕又於武德七年間上疏請除去釋
教〔註7〕。不過，此時高祖尚未有抵制佛教之行。據《佛祖統紀》云：

　　　　（武德）七年，上幸國學釋奠。命博士徐曠講《孝經》、沙門慧
　　乘講《心經》、道士劉進善講《老子》。博士陸德明隨方立義，遍析
　　其要。帝說曰：三人者誠辯矣，然德明一舉輒蔽〔註8〕。

由高祖之命慧乘講《心經》、且於辯後又兼嘉三人之事看來，至少高祖在武德

〔註4〕如呂思勉《隋唐五代史》（臺北：九思出版社，1977）、任繼愈主編《中國道教
　　　史》（上海：上海人民出版社，1990）、王壽南先生《隋唐史》（臺北：三民書
　　　局，1994再版）、卿希泰《中國道教史》（臺北：中華道統出版社，1997）等
　　　等皆持此種看法。

〔註5〕詳見釋彥琮《唐護法沙門法琳別傳》卷上，T50，頁198c～199c。此事亦可見
　　　於釋道宣《續高僧傳》卷24〈護法下・唐終南山龍田寺釋法琳傳〉，T50，頁
　　　636c～637c。

〔註6〕如釋明概〈決對傅奕廢佛法僧事〉、釋普應之《破邪論》二卷、李師政之《內
　　　德論》，以至釋法琳之《破邪論》一卷等論述。及至武德五年，法琳即上其《破
　　　邪論》。關於傅奕、釋法琳、釋明概、李師政等於此事上之著述，可參見釋道
　　　宣《廣弘明集・辯惑篇》，T52。

〔註7〕劉昫撰，中華書局編輯部編《舊唐書》（北京：中華書局，1997）卷79，頁
　　　702～703。亦可參見歐陽修、宋祁撰，中華書局編輯部編《新唐書》（北京：
　　　中華書局，1997）卷107，頁1044。其事又見劉肅《大唐新語》（臺北：新宇
　　　出版社，1985）卷10〈釐革第二十二〉，頁149。

〔註8〕釋志磐《佛祖統紀》卷39，T49，頁362b。亦見於釋念常《佛祖歷代通載》
　　　卷11，T49，頁563c～564a。此外，《舊唐書・高祖本紀》載「高祖釋奠於國
　　　學」事於武德七年二月丁巳；然於《續高僧傳・護法下・唐京師勝光寺釋慧
　　　乘傳》中，卻將此事記載於武德八年，且載質問慧乘云「道能生佛」者爲高
　　　祖，並云高祖乃引用道士潘誕之語。事見釋道宣《續高僧傳》卷24〈護法下・
　　　唐京師勝光寺釋慧乘傳〉，T50，頁634a～b。

七年釋奠於國學之前，對佛教尚無所拒斥；同時也是三教兼重的。

　　爾後，據《佛祖歷代通載》及《佛祖統紀》之記載，傳奕於武德八年間，又再度上疏請除罷釋教事〔註9〕。終於使高祖下〈先老後釋詔〉，云：

　　　　老教孔教，此土先宗，釋教後興，宜崇客禮。令老先、次孔、

　　末後釋宗〔註10〕。

由此詔來看，則高祖之先老後釋，並非以「敬祖」或義理精粗等緣由來排定三教順序，而是以在中國興盛的時間先後來列次。換言之，此時高祖雖提高了道教地位，但仍未對佛教表露明顯之抵抑。

　　若云高祖對佛教眞正之抵抑政策，一般認爲是在高祖武德九年間。據《佛祖歷代通載》、《資治通鑑》及《唐護法沙門法琳別傳》所載，武德九年間，傳奕之上疏請除罷佛教，大抵不出於三月、四月間〔註11〕。而高祖亦嘗於武德九年三月、四月間，將此事付議於諸臣。在與群臣商議之後，高祖終於在武德九年夏五月辛巳，下了〈沙汰佛道詔〉。此詔云：

　　　　……朕……欲使玉石區分，薰蕕有辨，長存妙道，永固福田，

　　正本澄源，宜從沙汰。諸僧、尼、道士、女冠等，其精勤練行、守

　　戒律者，並令大寺觀居住，給衣食，勿令乏短。其不能精進、戒行

　　有闕、不堪供養者，並令罷遣，各還桑梓。……京城留寺三所、觀

〔註9〕釋念常《佛祖歷代通載》卷11，T49，頁564a；暨釋志磐《佛祖統紀》卷39，T49，頁362b。

〔註10〕釋道宣《續高僧傳》卷24〈護法下・唐京師勝光寺釋慧乘傳〉，T50，頁634a。

〔註11〕《佛祖歷代通載》云：「（武德）九年，太史令傳奕前後七上疏請除罷釋氏，詞皆激切，帝……頗信之。以其疏付群臣雜議。」見釋念常《佛祖歷代通載》卷11，T49，頁564b。《唐護法沙門法琳別傳》則云：

　　　　後以武德九年春三月，（高祖）詔問皇儲曰：「朕惟：佛教之與其來自昔，但僧尼入道本斷俗緣，調課不輸，丁役俱免。……比年沙門乃多有愆過，違犯條章干煩正術。未能益國利化，翻乃左道是修。……今欲散除形像廢毀僧尼，輒爾爲之恐駭凡聽，佇子明言可乎不可。」……高祖又問諸臣曰：「傳奕每言於朕云：『佛教無用』。朕欲從其所議，卿等如何？」……

　　見釋彥琮《唐護法沙門法琳別傳》卷上，T50，頁200c～201a。又，《資治通鑑》則載「太史令傳奕上疏請除佛法」事於武德九年夏四月：見司馬光編著、胡三省音註《資治通鑑》（臺北：宏業書局，1993）卷191〈唐紀七〉，頁1615。唯《資治通鑑》將「傳奕上疏」、「高祖付議於群臣」及「高祖下〈沙汰佛道詔〉」等三事並寫於夏四月，疑以行文方便故爲之。是以此三事或非皆於夏四月發生的。

二所，其餘天下諸州，各留一所，餘悉罷之〔註12〕。

由詔文表面來看，高祖是對佛道二教並行沙汰。然而，根據《長安志》對萬年、長安二縣的記載，隋大業初之時，其寺有120所，觀爲10所；唐時僧尼之寺共有91所，道觀共有16所〔註13〕。可見，即使以「京城留寺三所、觀二所」的比例來算，專就萬年、長安二縣而言，其寺院的調降比例約爲97%，而道觀的調降比例則爲 87.5%。換言之，高祖預期的沙汰過程中，寺院及僧尼遠較道觀與道士女冠的沙汰數要多；故此詔略有抑佛揚道之意味。不過，由於隨後發生玄武門之變，因此〈沙汰佛道詔〉實際上並未施行〔註14〕，當然亦未發揮其影響力。從以上傅奕廢佛事件及高祖舉動來看，高祖雖然有意以老子爲皇室之祖，但並未因此排佛；對於儒家則更是尊崇，不曾有廢毀之意。及至高祖下〈沙汰佛道詔〉，也是就國家體制及社會現象來考量佛道（尤其是佛教）的沙汰問題，而非出於對佛道教義或經典之信仰與否，亦非出於「崇祖」之心態。換言之，高祖之崇老，大抵僅止於立老君廟及祭祀之——亦即，只是將老子奉爲祖先一舉而已。至於唐帝國之文化精神，則仍以儒家精神爲主要取向。

（二）太宗時期

太宗原則上是以奉持儒家爲主。如於貞觀二年夏四月，嘗曰：

> 梁武帝君臣惟談苦空，侯景之亂，百官不能乘馬；元帝爲周師所圍，猶講《老子》，百官戎服以聽。此深足爲戒。朕所好者，唯堯、

〔註12〕　《舊唐書》卷 1〈高祖本紀〉，頁 24。其事亦見《資治通鑑》卷 191〈唐紀七〉，頁 1615；釋志磐《佛祖統紀》卷 39，T49，頁 363a；釋念常《佛祖歷代通載》卷 11，T49，頁 567c～568b；釋彥琮《唐護法沙門法琳別傳》卷上，T50，頁 201a～b；《廣弘明集》卷 25，T52，頁 283b～c。唯《新唐書・高祖本紀》云：「（武德九年）四月辛巳，廢浮屠、老子法。」見該書頁 27；《唐會要》則載此事爲「九年二月二十二日，以沙門道士虧違教跡，留京師寺三所、觀三所，選耆老高行以實之，餘皆罷廢。」見王溥《唐會要》卷 47，頁 836。按：《新唐書・高祖本紀》所謂「辛巳」日，乃與上引《舊唐書》等諸書同，唯月份相異；而此則資料前後之紀錄分別爲「三月」及「六月」之資料，恰缺五月之事。疑《新唐書》於此爲誤植。

〔註13〕　宋敏求撰、畢沅校正《長安志》（臺北：成文出版社，1970 臺一版），《中國方志叢書・華北地方》據「民國二十年鉛印本」影印，卷 7，頁 158。

〔註14〕　據《佛祖統紀》所載：「六月庚申，……以秦王爲皇太子。癸亥，大赦天下，停前沙汰僧道詔。」見釋志磐《佛祖統紀》卷 39，T49，頁 363a。是以《舊唐書・高祖本紀》亦云：「事竟不行。」見該書頁 24。

舜、周、孔之道，以爲如鳥有翼、如魚有水，失之則死，不可暫無耳〔註15〕。

由此可顯見太宗對於佛道之警戒心，及其對於儒家的喜好程度。於貞觀十年以前，太宗似乎一直持續著對儒家的推崇，以及對佛道二教的疏隔之情。這種崇儒而隔釋道之情，筆者竊以爲多少與長孫皇后有關〔註16〕。

太宗雖云其所好唯堯舜周孔之道，不過，在貞觀十年之前，大抵仍是以「無爲清靜」爲其治國方針，而這也正是太宗時期看待道教的主要角度。唐高祖在位九年間，大抵爲統一勢力、平定割據於各方的群雄而戰事不斷；雖然其在奠定國家建設基礎的政績方面頗有可觀〔註17〕，但眞正使唐帝國穩定發展的，仍舊是太宗。就太宗時期的政治情勢而言，如何使社會以休養生息的方式安定下來、進而邁出發展的腳步，應是當時最爲迫切的問題。據《貞觀政要》、《資治通鑑》等記載觀之，於貞觀十一年時，鑑於太宗之靜極思動，魏徵即時上疏勸諫太宗繼續無爲恭儉之行；而太宗納之〔註18〕。因而，至少

〔註15〕 《資治通鑑》卷192〈唐紀八〉，頁1629。

〔註16〕 據《舊唐書》所載：

（貞觀）八年，（長孫皇后）從幸九成宮，染疾危惙，太子承乾入侍，密啓后曰：「醫藥備盡，尊體不瘳，請奏赦囚徒，并度人入道，冀蒙福助。」后曰：「死生有命，非人力所加。若修福可延，吾素非爲惡；若行善無效，何福可求？赦者國之大事，佛道者示存異方之教耳，非惟政體靡弊，又是上所不爲，豈以吾一婦人而亂天下法？」（見《舊唐書》卷51〈后妃列傳〉，頁564。亦見《資治通鑑》卷194〈唐紀十〉，頁1647。）

以此可以看出長孫皇后對於佛、道二教及其對於一國政體的態度。有鑑於長孫皇后一直是太宗得力的賢內助，其對待儒釋道殊異的態度，亦應對太宗有所影響。尤其是《舊唐書》在此則記錄之後，尚接續著一段文字，云：

承乾不敢奏，以告左僕射房玄齡，玄齡以聞，太宗及侍臣莫不歔欷。朝臣咸請肆赦，太宗從之，后聞之固爭，乃止。（《舊唐書》卷51〈后妃列傳〉，頁564。）

而長孫皇后以貞觀十年六月崩。因此，太宗之所以於貞觀十年前側重儒學，而在貞觀十年後方有崇道之事，或非完全是太宗本人之意念，此間或與長孫皇后有關。

〔註17〕 詳情可參見王壽南先生《隋唐史》，頁101～104。

〔註18〕 《貞觀政要》載云：

貞觀五年，太宗謂侍臣曰：「治國與養病無異也。……治國亦然，天下稍安，尤須兢慎，若便驕逸，必至喪敗。」

貞觀九年，太宗謂侍臣曰：「往昔初平京師，宮中美女珍玩，無院不滿，煬帝意猶不足，徵求無已；兼東西征討，窮兵黷武，百姓不堪，遂致

在貞觀十年以前，太宗無疑是採取清靜無事的治國策略，欲使社會及百姓得以休養生息。就此層面而言，其方式毋寧是道家式的治國策略，絕非儒家式的。因此，太宗之於道教或道家的態度，實屬策略性地應用其「無爲」之說；而此應用亦爲當時社會情勢所致。

對於道教所倡導的神仙長生等等的觀念，太宗嘗於貞觀元年云：

> 神仙事本虛妄，空有其名。秦始皇非分愛好，遂爲方士所詐，乃遣童男女數千人隨徐福入海求仙藥，方士避秦苛虐，因留不歸。始皇猶海側踟蹰以待之，還至沙丘而死。漢武帝爲求仙，乃將女嫁道術人，事既無驗，便行誅戮。據此二事，神仙不煩妄求也〔註19〕。

於太宗其它詩篇，則更見出其視神仙爲虛妄的看法〔註20〕。以此觀之，太宗對老子及道教的態度，在貞觀十年之前，乃以應用於國事爲主；在個人信仰層面，則未取道教之說。是以，《資治通鑑》載云：「貞觀五年，春正月，詔僧、尼、道士致拜父母〔註21〕。」由此可知，太宗在貞觀十年前，乃以儒家孝親原則置於宗教信仰之前。故道教之道士、女冠等，仍不得離社會倫理而獨立。既然佛道二教皆須以儒家之倫理爲倫理，可知其時佛道二教皆列於儒家之次。因而，太宗於貞觀十年以前所行的「清靜無爲」的政治取向，實出於當時社稷的實際需求；而非出於太宗對道教或道家思想的崇信、亦非完全出於對老君的尊崇。

然而，自貞觀十年六月長孫皇后駕崩之後，太宗對道教的扶植卻有轉趨

亡滅，此皆朕所目見。故夙夜孜孜，惟欲清靜，使天下無事：遂得徭役不興，年穀豐稔，百姓安樂。……君能清淨，百姓何得不安樂乎？」見吳兢《貞觀政要》（臺北：宏業書局，1990 再版）卷 1〈論政體第二〉，頁 26、37。又，《資治通鑑》亦嘗記云：

> 貞觀十一年，……五月壬申，魏徵上疏，以爲：「……然隋以富強動之而危，我以寡弱靜之而安。……以當今之無事，行疇昔之恭儉，則盡善盡美，固無得而稱焉。……」

見《資治通鑑》卷 195〈唐紀十一〉，頁 1650；其事亦見於《貞觀政要》卷 8〈論刑法第三十一〉，頁 383～384。

〔註19〕《舊唐書》卷 2〈太宗本紀〉，頁 28。據《舊唐書》載，時爲貞觀元年十二月壬午。

〔註20〕如〈帝京篇·序〉云：「忠良可接，何必海上神仙乎？」〈帝京篇〉第九首云：「無勞上懸圃，即此對神仙。」〈秋日〉又云：「蓬瀛不可望，泉石且娛心。」見《全唐詩》（北京：中華書局，1960）卷 1，頁 1、2、14。

〔註21〕《資治通鑑》卷 193〈唐紀九〉，頁 1637。

明顯的傾向，其中尤以貞觀十一年為要。其年七月，太宗修老君廟於亳州、宣尼廟於兗州〔註22〕。又，據《唐大詔令集‧道士女冠在僧尼之上詔》，太宗亦在貞觀十一年二月間詔云：

> 老君垂範，義在於清虛；釋迦遺文，理存於因果。詳其教也，汲引之迹殊途；求其宗也，弘益之風齊致。然則大道之行，肇於遂古；……故能興邦致泰，反朴還淳。至如佛法之興，基於西域，……遂使殊方之典，鬱為眾妙之先；諸華之教，翻居一乘之後。流遁忘反，于茲累代。……況朕之本系，起自柱下。鼎祚克昌，既憑上德之慶；天下大定，亦賴無為之功。宜有改張，闡茲玄化。自今已後，齋供行法，至於稱謂，道士女冠、可在僧尼之前。庶敦本之俗，暢於九有；尊祖之風，貽諸萬葉〔註23〕。

此詔可謂太宗對佛道二教態度的明顯標誌。由是觀之，太宗不僅無違於高祖尊老崇道的政策；連尊老崇道的理由都同於高祖——即出自「尊祖」、「政治須無為」的理由而為之。故太宗之所以倡導道先釋後，未必出於他對老君、道教或其思想信仰是否有所認同；其最主要的出發點，恐怕仍是儒家的倫理觀念及其中的尊祖、孝親原則。此外，太宗之所以揚佛抑道，還包括了儒家經常強調的「夷夏之分」的因素。換言之，其理由皆不外於太宗以前——即六朝至高祖時期——佛道交爭的因素；同時，其思考方式亦是儒家式，而非道家式的。雖然如此，太宗之提高道士地位，仍有助於道教地位的攀昇；而太宗所尊之「祖」——老子——之地位，自然亦得以水漲船高。

在個人信仰方面，太宗顯然也對佛教頗有交涉。〔註24〕不過，在現實情

〔註22〕《舊唐書》卷3〈太宗本紀〉，頁32。

〔註23〕宋綬、宋敏求編《唐大詔令集》（臺北：鼎文書局，1978再版）卷113，頁586～587。亦見於釋道宣《廣弘明集》卷25，T52，頁283c。

〔註24〕如《佛祖歷代通載》云：

> （貞觀）十五年五月戊辰，帝幸宏福寺。……諭以劫寺為專一追崇穆太后。言發涕零，……自制疏施絹二百疋，自稱皇帝菩薩戒弟子，令回向罷，顧謂道懿等曰：頃以老子是朕先宗，故令名位在前，……」……帝曰：「尊祖重親，有生之大本，故先老子以別親疏之序，非不留心於佛也。自有國以來，未嘗劫立道觀，凡有功德並歸僧舍。……今所在戰場皆立佛寺。至於太原舊第亦以奉佛。……」（釋念常《佛祖歷代通載》卷11，T49，頁571a。

另，「（貞觀）十五年」者，《佛祖統紀》卷39作「十六年」。見釋志磐《佛祖統紀》卷39，T49，頁365b～c。

勢忌談苦空的政治環境中，亦不易見到太宗本身投入於佛教信仰之例。於貞觀晚期，太宗雖大力支持玄奘之譯經事業，然亦嘗云：

> 朕學淺心拙，在物猶迷。況佛教幽微，豈敢仰測？請爲經題，
> 非己所聞。其新撰西域傳者，當自披覽。

> 朕才謝珪璋，言慚博達；至於內典，尤所未閑。……

> 朕性不讀經，兼無才智，忽製論序，翻污經文。……〔註25〕

以上數則，雖然只是太宗自謙之語，然而，由第一則中卻可以看出，太宗對於佛教乃至其經典，仍不免有種想要「保持距離」的心態。故只明言欲讀玄奘之《大唐西域記》，於言詞之中卻未曾透露出親近佛經之意。

　　總而言之，在太宗時期，原則上是以儒家精神爲社會文化之根基；而「崇老」或「先道後佛」之舉措，只是「尊祖」原則的表現。至於對佛道二教的態度，就太宗個人信仰來說，毋寧是信佛多於信道的；但基於「尊祖」之原則，在政策上卻不得不提高道教的地位。又，**就治國政策而言，鑒於貞觀初期與中期的國家實況，太宗所採取的「無爲清靜」之道家式治國方略，實爲大勢所趨**而不得不然之作法。唯此「無爲清靜」之政策，雖異於太宗所喜好的儒家精神，但二者似乎不致互相妨礙。若論太宗對於三教之態度，可以說是開放式的；雖偶有偏祖之情出現（如先道後佛之詔），但畢竟是以實際情勢爲考量，而非出於一己私情。在如此之統治下，三教得依各自的情況發展。而道教，則是以「皇室祖宗」的面貌出現在唐朝扶植政策的脈絡中。

　　（三）高宗時期

　　高宗在政治方面，主要仍是承襲「無爲而治」的方針。其對於三教的態度，亦以儒家思想——尤其是倫理觀念——爲先；至於佛道二教，則由原先的道先釋後，逐漸轉爲二教平等。不過，高宗對於道教及老君地位提升之舉措頗多，而以下列兩者爲要：其一乃提升道士地位；其二是追尊老君爲太上玄元皇帝。以下將簡述高宗時期重要的宗教政策〔註26〕。

　　由此則資料可知，太宗之令先道後佛，顯然並非出自其崇道與否，而仍是基於儒家「尊祖」的倫理原則。太宗本身對於佛教非但沒有排斥之意，反而頗有崇信之情。

〔註25〕以上三段引文概見釋道宣《續高僧傳》卷4〈譯經篇・京大慈恩寺釋玄奘傳〉，T50，頁455b、456c。

〔註26〕由於高宗及其後的武周、中宗、睿宗時期年號甚多，故本文將於年號之後附注西元年數，以標誌之。

　　首先就三教地位來看。至少在高宗即位（650AD）至顯慶元年（656AD）間，高宗仍施行著太宗朝〈道士女冠在僧尼之上詔〉的內容，故此時仍是道在佛先的。不過，高宗本人並不像太宗一般出自敬祖的立場而令道先佛後；而僅是因襲太宗政策而已〔註27〕。

　　至於高宗本身的立場，可見於《資治通鑑》所載顯慶二年（657AD）事云：

> 上謂侍臣曰：「自古安有神仙！秦始皇、漢武帝求之，疲弊生民，卒無所成。果有不死之人，今皆安在！」〔註28〕

可見高宗此時並無道教信仰；同時對於神仙之觀點，亦正如太宗貞觀初年之時，認爲神仙一事乃不可求者也；爲政之人若有心求之，將使民生凋弊而國政荒廢。是以，高宗與太宗一樣，都是出於治國君王的立場，汲取歷史之教訓，對道教的神仙之說抱以警戒之心。顯慶二年（657AD）二月，高宗又下〈僧尼不得受父母拜詔〉〔註29〕，此詔與太宗貞觀五年之〈僧尼道士致拜父母詔〉實有異曲同工之妙〔註30〕；唯高宗此詔僅提及僧尼，而未及於道教徒。總之，高宗亦以儒家倫理觀爲先。至於佛道先後的問題，高宗嘗於顯慶二年至四年間（657～659AD），多次召佛道中人論辯之。於這幾次論議中，道教方面的代表乃李榮、黃壽等〔註31〕；而佛教之代表主要爲義褒、會隱、惠立等。釋典雖載云這幾次的辯論皆是道士義屈，但亦未

〔註27〕據《佛祖統紀》云：

> 顯慶元年（656AD）……五月，師（玄奘法師）因附奏二事。一者正觀以老子名位在佛先，曾面陳先帝，許從改正。……上（高宗）曰：「佛道名位，事在先朝，尚書平章。……」

文見《佛祖統紀》卷39，T49，頁367a。其中「正觀」者，當爲「貞觀」之誤；另「尚書平章」者，據《佛祖歷代通載》作「事須平章」，筆者從之。見釋念常《佛祖歷代通載》卷12，T49，頁578c。

〔註28〕《資治通鑑》卷200〈唐紀十六〉，頁1696。

〔註29〕詔云：

> ……僧尼之徒，自云離欲，先自貴高。父母之親，人倫已極，整容端坐，受其禮拜；自餘尊屬，莫不皆然。有傷名教，實敗彝典。自今以後，僧尼不得受父母及尊者禮拜。所司明爲法制，即宜禁斷。

《唐大詔令集》卷113，頁587。此事亦見載於《資治通鑑》卷200〈唐紀十六〉，頁1698。

〔註30〕《資治通鑑》卷193〈唐紀九〉，頁1637。

〔註31〕「黃壽」者，於《佛祖歷代通載》中多作「黃壽」，唯一處作「黃頤」；而《佛祖統紀》則作「黃頤」。疑「黃頤」、「黃壽」實爲一人。

見高宗有否相關的措施〔註32〕。唯一可知的是，高宗雖對於佛道先後問題有所關切，但其自身似乎尚未對此問題抱有一己之成見。

　　與佛道先後之爭的問題相較之下，儒家倫理觀顯然獨佔鰲頭。於龍朔二年（662AD）四月，高宗下了〈制沙門等致拜君親勅〉，云：

　　　　君親之義在三之訓爲重，愛敬之道凡百之行攸先。然釋老二門雖理絕常境，恭孝之躅事叶儒津。……朕稟天經以揚孝，資地義而宣禮，獎以名教被茲眞俗，……今欲令道士、女官、僧、尼於君皇后及皇太子其父母所致拜。或恐爽其恆情，宜付有司詳議奏聞〔註33〕。

由於高宗將此事付議於有司，而此勅內容又一反佛道常態，故文獻中可見到許多討論及反對此勅的資料〔註34〕。終於使高宗不得不在龍朔二年（662AD）六月下〈停沙門拜君詔〉，云：

　　　　今於君處勿須致拜；其父母所，慈育彌深，祇伏斯曠更將安設。

　　自今已後即宜跪拜。主者施行〔註35〕。

《舊唐書》則載云：

　　　　六月，……乙丑，初令道士、女冠、僧、尼等，並盡禮致拜其

　　父母〔註36〕。

雖然高宗於此事上已稍作讓步，但佛教信徒顯然仍舊不滿意，以致又有御史馮神德及沙門威秀、崇拔、靜邁等人上〈請父母同君上不令出家人致拜表〉云云〔註37〕。

〔註32〕《佛祖歷代通載》，其云：
　　　　（顯慶二年，657AD）六月，召法師惠立與道士張惠先辨二教先後，大臣臨證，惠先義負。
　　　　（顯慶三年，658AD）夏四月，追僧道各二七人入宮論議。……（顯慶）四年（659AD），在合璧宮追僧道論義。
　　見釋念常《佛祖歷代通載》卷12，T49，頁578c、579c。亦見於釋志磐《佛祖統紀》卷39，T49，頁367b。
〔註33〕釋道宣《廣弘明集》卷25，T52，頁284a。
〔註34〕專就《廣弘明集》而論，即有沙門釋道宣、威秀等等之〈沙門不合拜俗表〉、〈上雍州牧沛王論沙門不應拜俗啟〉、〈上榮國夫人楊氏請論沙門不合拜俗啟〉、〈列佛經論明沙門不敬俗〉等等文章；又有群臣如中臺司禮太常伯隴西王博乂大夫孔志約、司元、司戎、司刑太常伯劉祥道、左威衛長史崔安都錄事沈玄明、右清道衛長史李洽、長安縣令張松壽等等上諸議狀。關於此事之僧俗議論，亦可見於《全唐文》卷202、909等等。
〔註35〕釋道宣《廣弘明集》卷25，T52，頁290a。
〔註36〕《舊唐書》卷4〈高宗本紀〉，頁41。
〔註37〕可參見釋道宣《廣弘明集》卷25，T52，頁290a～291c；《全唐文》卷202。

然根據文獻之記錄，這一波的反對卻沒有獲得高宗的回應；由是，僧道致拜父母之勢大致底定。

此外，另一攸關佛道先後的重要事項，即爲《化胡經》之問題。據《集古今佛道論衡》所載，高宗乃於顯慶五年（660AD）八月，召僧人靜泰與道士李榮在洛陽宮論《化胡經》眞僞〔註38〕。至總章元年（668AD）時，高宗乃詔僧道會於百福殿，定奪《化胡經》眞僞；爾後即下敕，令「搜聚天下《化胡經》焚棄，不在道經之數。」又詔曰其緣由云：

> 三聖重光玄元統敍，豈忘老教偏意釋宗？朕志欲還淳情存去僞。理乖事舛者，雖在親而亦除；……自今道經諸部有記及化胡事者，並宜削除。有司條爲罪制〔註39〕。

專就高宗此詔來看，取消《化胡經》可說是佛道地位漸趨平等的象徵之一；其目的在令《化胡經》之爭至此弭平。據《舊唐書》載云：

> 帝（高宗）自顯慶已後，多苦風疾，百司表奏，皆委天后詳決。

自此內輔國政數十年，威勢與帝無異，當時稱爲「二聖」〔註40〕。其所云「內輔國政數十年」者，計有二十八年左右。其間則天皇后愛護佛教的態度顯然影響了高宗，由上述《化胡經》眞僞之事或可見一斑。此後高宗於上元元年（674AD）八月二十四日辛丑，又有詔曰：「公私齋會及參集之處，道士女冠在東，僧尼在西，不須更爲先後〔註41〕。」由此更可知高宗對於佛道先後的態度。

雖然高宗自顯慶以後令佛道地位轉趨平等，但道教仍不失老子之爲李氏宗祖的優勢。如儀鳳三年（678AD）間，高宗即下敕令道士「隸宗正寺，班在諸王之次〔註42〕。」可知在高宗時期，一方面令佛道轉趨平等，另一方面亦

〔註38〕 釋道宣《集古今佛道論衡》卷丁〈上在東都有洛邑僧靜泰勒對道士李榮敍道〉，T52，頁391b～393a。

〔註39〕 釋念常《佛祖歷代通載》卷12，T49，頁582a～b。然卿希泰認爲此令或未落實；據高宗後之史料來看，筆者亦以爲然。該說見卿希泰主編《中國道教史》（臺北：中華道統出版社，1997）卷2，頁72。

〔註40〕 《舊唐書》卷6〈則天皇后本紀〉，頁49。

〔註41〕 王溥《唐會要》卷49〈僧道立位〉，頁859。

〔註42〕 釋志磐《佛祖統紀》卷39，T49，頁369a。關於此敕，卿希泰云：

　　　　唐代的宗正寺是管理皇室宗族事務的機構，以道士隸宗正寺，即確認男女道士爲其本家。

見卿希泰主編《中國道教史》卷2，頁65。卿氏所言甚是。其下此敕之時間，文獻記載或有出入，如《佛祖統紀》卷39、《混元聖紀》卷8作「儀鳳三年」，

不忘強調「老教」之作爲李氏宗系的特色。不過,道佛二教雖地位平等,但終究不如儒家之受皇室青睞。是以三教之中,仍以儒家爲高宗時期的基本文化精神。

再則,就尊崇老君的方面來考察,《資治通鑑》有云:

> 乾封元年（666AD）春正月,戊辰朔,上祀昊天上帝於泰山南。……癸未,至亳州謁老君廟,上尊號曰太上玄元皇帝[註43]。

追尊老子爲玄元皇帝者,高宗可謂第一人。此舉不僅加強了老子的神聖性,也加深了老子與唐皇室的關係;至玄宗時期則大舉因襲此追尊之舉。故高宗實可謂爲首開先例者也。

二、武周時期

如前所述,於高宗顯慶年間,武則天即開始與高宗「共同」執政,而佛道之間的關係也稍稍起了一些變化。故在高宗時期,佛教地位可謂漸次地提昇。於武周時期,武則天大抵也是逐漸地提昇佛教地位,而相對地抑制道教。

武則天之於道教,一開始是以「利用」的態度對待之。如《新唐書·則天皇后本紀》載云:

> 光宅元年（684AD）。……九月甲寅,大赦,改元。……追尊老子母爲先天太后[註44]。

於是武則天藉著追尊「老子之母」的方式,向天下強調「母親」的地位,好爲自己帝王之位來鋪路,給予自己之所以出任君位一個名正言順的理由。因此,藉由追尊「老子之母」的舉措,武氏得以將「李姓」的神聖性分攤給「皇帝之母」這個角色,從而令「皇帝之母」也具有某種程度的神聖性。至垂拱四年（688AD）間,武氏更藉由祥瑞之應及所謂「天授聖圖之表」,再度加強自己即位的正當性[註45]。由是可見則天對道教之利用。

貫善翔《猶龍傳》（《正統道藏》30 冊,敬字號）卷 5 作「儀鳳四年」,而杜光庭《歷代崇道記》（《正統道藏》18 冊,惟字號）則繫此事於乾封初,高宗上老君尊號事之後。然敕文內容大抵一致。

[註43] 《資治通鑑》卷 201〈唐紀十七〉,頁 1708。此事又見於《混元聖紀》卷 8,《正統道藏》30 冊,頁 120～121。另,《舊唐書》載此事云:

> 二月己未,次亳州,幸老君廟,追號太上玄元皇帝,創造祠堂;其廟置令丞各一人。改谷陽縣爲眞源縣,縣內宗姓特給復一年。

見《舊唐書》卷 5〈高宗本紀〉,頁 42。

[註44] 《新唐書》卷 4〈則天皇后本紀〉,頁 43。

[註45] 此部分可參見《舊唐書》卷 24〈禮儀志〉,頁 252。

而如《舊唐書》所載：

> 載初元年（689AD）……秋七月……，有沙門十人僞撰《大雲
> 經》，表上之，盛言神皇受命之事。制頒於天下，令諸州各置大雲寺，
> 總度僧千人。……九月九日壬午，革唐命，改國號爲周。……〔註46〕

案查《大雲經》文，中有一名爲「淨光」的天女，且是經云：

> 汝（天女淨光）……以是因緣今得天身。值我出世復聞深義。
> 捨是天形即以女身當王國土。……汝於爾時實是菩薩，爲化眾生現
> 受女身，是時王者。……〔註47〕

武則天即藉此比附，表明佛經所言「女身當王」者即是武氏自身；從而強化
自己即位之神聖性。此外，六朝以來又有「彌勒下生爲救世主」的「彌勒信
仰」；武則天又自比爲彌勒佛轉世，以謂自己乃當世之救世主。由此可知，至
載初年間（689AD），則天乃如此種種之情事，**將確立自己執政正當性的宗教
途徑，由道教轉換爲佛教**〔註48〕。自是以後，則天抑道揚佛的傾向轉趨明顯。
於是，在天授二年（691AD）夏四月，則天便「令釋教在道法之上，僧、尼處
道士、女冠之前」〔註49〕。

又據《唐大詔令集》之〈釋教在道法之上制〉〔註50〕所示，佛教之於武
氏，正如道教之於李姓皇室一般。李姓皇室藉老子之名義，強化李姓的神聖
性；從而，提昇老子及道教之地位，便有助於拉抬李姓以及皇室家族的地位。
當則天取代李唐政權之際，勢必也得在「神聖性」這方面下工夫。既然佛教
的聲勢在中土一向與道教分庭抗禮——甚至有過之而無不及——再加上武
氏與佛教的淵源亦頗爲深厚，職是之故，在強調武氏與佛教關係後，藉由抑
道揚佛之政策，亦得加強武氏政權的神聖性。由是，強化佛教亦即強化武周

〔註46〕《舊唐書》6〈則天皇后本紀〉，頁50。
〔註47〕案，《大雲經》於今《大正新脩大藏經》中名爲《大方等無想經》；該段引文見
　　　　《大方等無想經》卷4〈大雲初分如來涅槃健度〉，T12，頁1098a。
〔註48〕故《資治通鑑》云：「……夏四月，……，癸卯，制以釋教開革命之階，謂《大
　　　　雲經》也。升於道教之上。」見《資治通鑑》卷204〈唐紀二十〉，頁1740。
〔註49〕《舊唐書》卷6〈則天皇后本紀〉，頁50。
〔註50〕詔云：

> 朕先蒙金口之記，又承寶偈之文：歷數表於當今，本願標於曩劫。大
> 雲闡奧，明王國之禎符；方等發揚，顯自在之丕業。……爰開革命之
> 階，方啓惟新之運。……自今已後，釋教宜在道法之上，緇服處黃冠
> 之前。……

見《唐大詔令集》卷113，頁587。

政權。如意元年（692AD）五月丙寅，武則天禁天下屠殺及捕魚蝦；而據《資治通鑑》云，其時：「江淮旱，饑，民不得采魚蝦，餓死者甚眾〔註51〕。」由是可見武則天強化佛教之跡。

長壽二年（693AD）秋九月，魏王武承嗣等人請武則天加尊號爲「金輪聖神皇帝」；據《資治通鑑》所載，武氏乃於乙未日御萬象神宮而受尊號，並大赦天下。五月，魏王武承嗣等人又請上尊號曰「越古金輪聖神皇帝」，武氏受之，大赦天下，改元延載。次年（694AD）正月，又加號「慈氏越古金輪聖神皇帝」，改元證聖。是年（695AD）二月，去「慈氏越古」之號；九月，武氏合祭天地於南郊，加號爲「天冊金輪大聖皇帝」，赦天下，改元天冊萬歲〔註52〕。由這些尊號來看，佛教顯然是武則天藉以提昇自己地位的途徑。另一方面，武則天命薛懷義造夾紵大像〔註53〕；其時，武則天爲了建造佛像、舉行無遮會，不惜耗費巨資；至若田宅之類財產，又多厚僧眾所有。由此種種，皆可見武氏之獨厚佛教。

武則天雖然以佛教提昇自己即位的正當性與神聖性，但對於其臣民的佛道關係，卻非一味地抑道揚佛；而是採取較中立的立場勸導士庶。如在詔令方面，有〈條流佛道二教制〉及〈僧道並重敕〉等等，意在令佛道教徒彼此尊重，且不得互相毀謗〔註54〕。此外，對於一向引起佛道爭議的《老子化胡經》，則天亦未因偏袒佛教而毀除化胡經。反而敕旨云：

> 老君化胡，典誥攸著，豈容僧輩妄請削除，……倘若史籍無據，
> 俗官何忍虛承？明知化胡是眞非謬〔註55〕。

〔註51〕《資治通鑑》卷205〈唐紀二十一〉，頁1743。

〔註52〕《資治通鑑》卷205〈唐紀二十一〉，頁1746～1748。

〔註53〕《資治通鑑》云：

> 初，明堂既成，太后命僧懷義作夾紵大像，其小指中猶容數十人，於明堂北構天堂以貯之。堂始構，爲風所摧，更構之，日役萬人，采木江嶺，數年之間，所費以萬億計，府藏爲之耗竭。懷義用財如糞土，太后一聽之，無所問。每作無遮會，用錢萬緡；士女雲集，又散錢十車，使之爭拾，相蹈踐有死者。所在公私田宅，多爲僧有。……

見《資治通鑑》卷205〈唐紀二十一‧天冊萬歲元年〉，頁1747。

〔註54〕〈條流佛道二教制〉云：「佛道二教，同歸於善，無爲究竟，皆是一宗。……自今僧及道士敢毀謗佛道者，先決杖，即令還俗。」《唐大詔令集》卷113，頁587。〈僧道並重敕〉云：「老釋既自元同，道佛亦合齊重。自今後，僧入觀不禮拜天尊，道士入寺不瞻仰佛像，各勒還俗，仍科違敕之罪。」見《全唐文》卷96〈僧道並重敕〉，頁433。

〔註55〕《混元聖紀》載云：

> 萬歲通天元年（696AD)，丙申，東都福先寺僧惠澄表乞除毀《老子化

由此可知，則天雖獨厚佛教，卻未因此排斥或詆毀道教。想是道教亦曾爲武氏登位之階（如前述武氏之尊奉老君母等等）；而道教受李唐王朝之扶植，少說也有七十年之久，其興盛之勢不容小覷。故此，除安排佛先道後之外，武氏其實並未如何抵制道教。

另一方面，武則天對佛教亦非採取放任恣肆的態度的。如聖曆三年（700AD）〈禁葬舍利骨制〉〔註56〕觀之，在武則天心中，自有一把對佛道二教的尺度，凡有所逾越不合者，即令禁斷，毋使過縱或過枉。只是在原則上，武氏乃以發揚佛教爲主，藉以消弭之前李唐時代對於道教的恩寵；另一方面則藉以提高自己即帝的聲勢。

三、中宗至玄宗時期

自中宗復辟後至玄宗朝，李唐政權的宗教政策仍舊以扶植道教爲主。不過中宗與睿宗的建樹不多；而玄宗對於道教的態度，則於前後期有所轉變，以致對道教的扶植與推動情況亦有差異。故以下將分爲「中宗至睿宗」、「玄宗前期」與「玄宗後期」三部分，簡述其宗教政策。

（一）中宗及睿宗時期

中宗即位後，於神龍元年（705AD）二月恢復國號爲唐，其他如社稷、宗廟、陵寢、郊祀、行軍旗幟、服色、天地、日月、寺宇、臺閣、官名，亦復永淳之舊。此外，神都依舊爲東都，北都爲并州大都督府；而老君則「依舊」爲玄元皇帝。至丙子時，於諸州各置寺、觀一所，以「中興」爲名〔註57〕。由此可知，中宗復位後之種種舉措，無非皆是要強調李唐王室之再度擁有天下，而一切皆回復武周前之舊。至同年九月壬午，中宗則親祀明堂，大赦天下。此外，由於《化胡經》的爭議太大，容易使佛道紛爭尖銳化；爲免如此，故崇道的李唐並未加以提倡，而揚佛的武周亦未予禁斷。故中宗又依高宗例，

胡經》，敕秋官侍郎集成均監弘文館學士詳議《化胡經》。……六月十五日敕旨……。（如上正文所引）
　　見《混元聖紀》卷8，《正統道藏》30冊，頁123～124。
〔註56〕其云：
　　釋氏垂教，本離死生；示滅之儀，固非正法。如聞天中寺僧徒，今年七月十五日下舍利骨，素服哭泣，不達妙理，輕徇常情。恐學者有疑，曾不謗毀。宜令所管州縣，即加禁斷。
　　《唐大詔令集》卷113，頁587。
〔註57〕見《舊唐書》卷7〈中宗本紀〉，頁54；《資治通鑑》卷208〈唐紀二十四〉，頁1769。

禁《化胡經》云：

> 自今後其諸部《化胡經》及諸記錄有化胡事，並宜除削。若有
> 蓄者，準勅科罪〔註58〕。

至神龍三年（707AD）二月，中宗則以李唐王朝未曾斷絕之由，改中興寺、觀
爲龍興寺、觀，云「內外不得言『中興』」〔註59〕。

　　至睿宗景雲元年（710AD）十二月癸未，睿宗頗有造觀之意。據《資治
通鑑》載云：

> 上以二女西城、隆昌公主爲女官，以資天皇太后之福，仍欲於
> 城西造觀。……〔註60〕

此舉雖因諫議大夫甯原悌之上言而暫停，然至景雲二年（711AD）三月癸丑時，
終究還是建造了金仙、玉眞二觀〔註61〕。據《資治通鑑》所載，當時「逼奪
民居甚多，用功數百萬〔註62〕。」以此觀之，睿宗對於道教頗有護持之舉。
同年四月甲辰，則作玄元皇帝廟〔註63〕。

　　此外，於景雲二年（711AD）夏四月癸未，又下〈僧道齊行並進制〉云：
「自今每緣法事集會，僧、尼、道士、女冠等，宜齊行並進〔註64〕。」由此
可知，睿宗雖然有護持道教之意，但一承高宗、武后之例，不在政令上替佛
道二教的教徒制定先後順序，從而亦得免除佛道地位之爭。

（二）玄宗前期

　　玄宗對待佛道之情況，約可分爲兩個時期。在天寶以前，玄宗勵精圖治，
以貞觀之治爲目標而致力於政事；對於宗教，主要是採取「利用」的立場。至
開元後期以後，國家富強、民生富裕，一切幾已步上軌道，玄宗便開始在治國
方面鬆懈下來；對於道教，則由原先的「利用」轉爲眞正的崇信。於此先簡述
其前期的宗教政策。

〔註58〕《全唐文》卷17〈禁化胡經勅〉，頁83。其事見載於《舊唐書》卷7〈中宗本
　　　　紀〉，頁55。
〔註59〕《舊唐書》卷7〈中宗本紀〉，頁56；《資治通鑑》卷208〈唐紀二十四〉，頁
　　　　1776。
〔註60〕《資治通鑑》卷210〈唐紀二十六〉，頁1789。
〔註61〕《新唐書》卷5〈睿宗本紀〉，頁52；《資治通鑑》卷210〈唐紀二十六〉，頁
　　　　1790。
〔註62〕《資治通鑑》卷210〈唐紀二十六〉，頁1790。
〔註63〕《新唐書》卷5〈睿宗本紀〉，頁52。
〔註64〕《唐大詔令集》卷113，頁587。

在先天、開元年間，玄宗對待佛道二教的態度，較傾向太宗的崇道抑佛政策。其行爲主要可分爲兩個部分：其一，限制佛教界及佛寺、僧團的擴展；其二，尊尚老君，並發展道學。首先，在開元二年春正月丙寅，紫微令姚崇上言云：

> 自神龍已來，公主及外戚，皆奏請度人，亦出私財造寺者，每
> 一出勒，則因爲姦濫；富戶強丁，皆經營避役，遠近充滿，損污精
> 藍〔註65〕。

玄宗於是令有司沙汰天下僧尼並令其還俗，當時「以僞濫還俗者二萬餘人」〔註66〕，可知濫度僧尼在當時實已成爲不爭的社會問題；同時玄宗亦敕百官「毋得創寺」〔註67〕，開元十五年時則敕令云：「天下村坊佛堂小者，並拆除之，功德移入近寺；堂大者，皆令封閉〔註68〕。」以遏止佛教勢力的擴展。以上可說是針對因佛教興盛造成的社會問題所作出的回應。此外，於開元二年七月時，玄宗亦頒布了〈斷書經及鑄佛像敕〉云：

> 自今已後，州縣坊市等，不得輒更鑄佛寫經爲業。須瞻仰尊容
> 者，任就寺拜禮；須經典讀誦者，勒於寺贖取。如經本少，僧爲寫
> 供。諸州觀並宜準此〔註69〕。

由此觀之，玄宗在處理佛教所引發的社會問題之際，亦限制了佛教文化事業的拓展。玄宗又令每三歲編造僧尼籍，隸之於所在州縣及尚書祠部〔註70〕，藉以加強對僧團和寺院的控制與管理。於開元十九年四月時，玄宗則頒布了〈誡勵僧尼敕〉，令云：

> 自今已後，僧尼除講律之外，一切禁斷。六時禮懺，須依律儀；
> 午夜不行，宜守俗制〔註71〕。

同年七月，又不許私度僧尼及住蘭若〔註72〕云云，在在顯示玄宗肅正佛教界的意圖。

〔註65〕《唐會要》卷47，頁836～837。
〔註66〕《舊唐書》卷8〈玄宗本紀〉，頁63；《唐會要》卷47作「三萬餘人」；《佛祖統紀》卷40作「萬二千人」。
〔註67〕《佛祖統紀》卷40，頁373。
〔註68〕《佛祖統紀》卷40，頁374。
〔註69〕《唐大詔令集》卷113，頁588。
〔註70〕《新唐書》卷48〈百官志三〉，頁337。
〔註71〕《唐大詔令集》卷113，頁588。
〔註72〕《唐大詔令集》卷113，頁588。

　　關於武周政權對佛教之憑藉，玄宗自有一番應付之道。如於開元三年十一月間，由蘇頲爲玄宗草擬之〈禁斷妖訛等敕〉即可明見，其云：

> 比有白衣長髮，假託彌勒下生；因爲妖訛，廣集徒侶，稱解禪觀，妄說災祥；或別作小經，詐云佛說；或輒蓄弟子，號爲和尚，多不婚娶，眩惑閭閻。……自今已後，宜嚴加捉搦，仍令按察使採訪。如州縣不能覺察，所由長官並量狀貶降〔註73〕。

所謂「假託彌勒下生」、「別作小經，詐云佛說」云云，顯然與武則天之自託爲彌勒轉世、造《大雲經》以示天下等等情事有關。由此可知，此敕用意不僅在於端正風俗；更重要的，是在用權力判決正邪——李唐之正及武周之邪——，以宣告李唐政權之正統性。若非如此，早期並未崇信道教的玄宗又怎會如此雷厲風行地肅清佛教界風氣？

　　至若玄宗本身的心態，如開元二年閏月癸亥時，玄宗令道士、女冠、僧、尼致拜父母，〔註74〕可見玄宗如太宗、高宗一般，畢竟以儒家倫理爲尚。又如開元十三年夏四月丙辰，玄宗與中書、門下及禮官學士宴於集仙殿時，玄宗曰：

> 仙者憑虛之論，朕所不取。賢者濟理之具，朕今與卿曹合宴，宜更名曰集賢殿〔註75〕。

於此之前的開元六年夏四月時，亦有河南參軍鄭銑、朱陽丞郭仙舟投匭獻詩事，而玄宗敕曰：「觀其文理，乃崇道法；至於時用，不切事情。宜各從所好。」於是二人並罷官，度爲道士〔註76〕。由此二則資料可以看出，雖然在開元九年時，玄宗曾親受法籙於司馬承禎〔註77〕，但整體說來，開元前期的玄宗畢竟是孜孜矻矻，唯政事爲務的；其對於道教之神仙說並無取信之意。因而，玄宗早期對道教之扶植以及對佛教的抑制，毋寧是一種政治上的安排。正如武則天之以佛教來確立武周政權之正當性，玄宗亦以拉抬道教地位來強調李唐政權之正統性。而在治理國家的方面，玄宗一心以貞觀治世爲標竿；從而

〔註73〕《唐大詔令集》卷113，頁588。
〔註74〕《舊唐書》卷8〈玄宗本紀〉，頁63；《唐大詔令集》卷113〈令僧尼道士女冠拜父母敕〉，頁588。
〔註75〕《資治通鑑》卷212〈唐紀二十八〉，頁1816。
〔註76〕《資治通鑑》卷212〈唐紀二十八〉，頁1808。
〔註77〕道士司馬承禎，洛州溫州人，師事潘師正，通辟穀導引術。其事可參見《舊唐書》卷192〈隱逸列傳〉，頁1309；《新唐書》卷196〈隱逸列傳〉，頁1433。

在宗教政策上亦傲效其先帝之作法而更進之。太宗時不過是承襲高祖以來奉老君爲李氏本系的策略；至玄宗時，則因經歷了武周時期之崇奉佛教、並藉**佛教勢力來確立武周政權，故不得不在佛道之間再作一番更革，務使道先而佛後，令佛教勢力不再滋長，使道教勢力得以張揚；從而也再度確立李唐政權之正統性與神聖性。**

如此情形下，道教對於早期玄宗的意義側重於「治國」方面——即《老子》清靜無爲之治國思想。因而，玄宗對於《老子》之重視亦是前所未見的〔註78〕。

雖然玄宗限制了佛教的發展，但在另一方面，如同其注釋《老子》一般，玄宗也注釋了佛教的《金剛經》及儒家的《孝經》。開元二十三年，玄宗完成《御注金剛般若波羅密經》，頒示天下。玄宗的《御注金剛般若波羅密經》全文目前僅存房山石經本。據該石刻的尾刻題記可知〔註79〕，玄宗的《御注金剛般若波羅密經》至遲在開元二十三年六月三日以前即已完成。此外，於開元十年六月，玄宗訓注《孝經》，頒行天下〔註80〕；開元十四年八月，玄宗命太子賓客元行沖集學者撰《孝經義疏》〔註81〕。至天寶三載十二月時，玄宗則詔天下民間家藏《孝經》一本。〔註82〕從表面上看來，玄宗似乎也有意在發揚儒家的倫理文化；不過，中島隆藏先生則認爲其涵義不僅止於此。在玄宗的《孝經注序》有言：

> 聖人知孝之可以教人也，故因嚴以教敬，因親以教愛。於是以
> 順移忠之道昭矣！立身揚名之義彰矣！〔註83〕

由此觀之，「孝」之「敬」、「愛」一方面可以移作對國家君主之「忠」；另一方面，由於李唐奉老君爲祖宗，則其「敬」、「愛」的對象自然也就是老君了〔註84〕。

〔註78〕有關玄宗對《老子》的提倡，本文擬於下一小節討論，於此不先贅言。

〔註79〕云：

> 右經開〔元〕二十三乙亥之歲六月三日，釋都門威儀僧思有表請，至九月十五日經出，合城具法儀于通洛門奉迎。其日表賀，便請頒示天下，寫本入藏，宣付史館，其月十八日于敬愛寺設齋慶讚，兼請中使、王公、宰相、百〔官〕（以下缺字）

> 吳夢麟〈房山石經本《唐玄宗注金剛經》錄文——附整理後記〉（《世界宗教研究》1982年2期，1982年5月），頁19。

〔註80〕《舊唐書》卷8〈玄宗本紀〉，頁66。

〔註81〕《唐會要》卷77〈貢舉下・論經義〉，頁1410。

〔註82〕《舊唐書》卷9〈玄宗本紀〉，頁74。

〔註83〕《全唐文》卷41〈孝經註序〉，頁193。

〔註84〕中島隆藏《六朝思想の研究》（京都：平樂寺書店，1985）附篇第三節〈唐玄

由是，強調儒家倫理之《孝經》也就成了玄宗尊崇老君的環節之一。

　　以玄宗的宗教政策來看，中島先生的揣測可說其來有自。開元九年的親受法籙，雖然未改玄宗對道教及其神仙說的基本態度，但司馬承禎對於玄宗的影響卻是深遠的。開元十年，司馬承禎請還天台山，玄宗賦詩以遣之。開元十三年，玄宗封禪泰山所採用的封禪儀，乃是張說草擬之封禪儀。據《資治通鑑》所載，此封禪儀主要乃據乾封之儀，是爲儒家之禮。而此時的玄宗對神仙之說仍無採信之意。〔註85〕但開元十四年九月，玄宗作制曰：

　　　　玄元皇帝，先聖宗師，國家本系。昔草昧之始，告受命之期。高
　　祖應之，遂於神降之所，置廟改縣曰神仙。近日廟庭屢彰嘉瑞，虔荷
　　靈應，祗慶載深，宜令本州擇精誠道士七人於羊角廟中，潔齋焚香，
　　以崇奉敬〔註86〕。

於此則資料中可以看出幾個訊息：首先，玄宗再度明文肯定老君之爲李唐祖先；其次，此制也傳達出「受命」的思想，正與高祖武德三年在羊角山立廟所要表達的「君權神授」觀相呼應。以上兩點可說是再次地強化李唐政權的神聖性。而接下來的「嘉瑞」之說，則不免帶有幾分神祕的宗教氣息。至開元十五年，玄宗又召司馬承禎至都，司馬承禎即建言曰：

　　　　今五嶽神祠，皆是山林之神，非正眞之神也。五嶽皆有洞府，
　　各有上清眞人降任其職，山川風雨，陰陽氣序，是所理焉。冠冕章
　　服，佐從神仙，皆有名數。請別立齋祠之所〔註87〕。

玄宗因敕五嶽各置眞君祠一所，其形象制度，則令承禎推按道經，創意爲之〔註88〕。此時，因司馬承禎之故，道教的洞天福地說開始在國家宗教中顯現其地位〔註89〕，而玄宗的崇道傾向也正可以由此舉看出。

　　　　宗皇帝の老子崇拜と《道德經》理解〉，頁 690～691。

〔註85〕此外，《資治通鑑》亦有云：

　　　　　（開元十三年）十一月，丙戌，至泰山下，御馬登山……上問禮部侍
　　　　郎賀知章曰：「前代玉牒之文，何故祕之？」對曰：「或密求神仙，故
　　　　不欲人見。」上曰：「吾爲蒼生祈福耳。」乃出玉牒，宣示群臣。……
　　　《資治通鑑》卷 212〈唐紀二十八〉，頁 1817。

〔註86〕《冊府元龜》卷 53〈帝王部・尚黃老〉，頁 590。

〔註87〕《舊唐書》卷 192〈隱逸列傳〉，頁 1309。

〔註88〕《舊唐書》卷 192〈隱逸列傳〉，頁 1309。

〔註89〕宮川尚志〈唐の玄宗と道教〉，宮川尚志《中國宗教史研究》第一（京都：同朋舍，1983），頁 343。

　　不過，玄宗個人的崇道傾向，對早期政策的影響還不算很大。其政策方面的措施，主要仍在於尊奉老君，藉以強化李唐政權的神聖性。開元十九年五月壬戌，玄宗在五嶽各置老君廟〔註90〕。至開元二十年四月己酉，則有敕曰：

　　　　五岳先制眞君祠廟，朕爲蒼生祈福，宜令祭岳。使選精誠道士，以時設醮。及廬山使者青城丈人廟，並准此祭醮〔註91〕。

於此，玄宗個人的崇道傾向雖然開始深化，但關懷焦點仍然集中在老君之上；因此這種崇道舉措，仍可說是政治性的。在開元十八至二十一年之間，玄宗與道教之聯繫主要在《道德經》之上；開元二十二年二月，玄宗徵恆州張果先生，授銀青光祿大夫，號曰通玄先生〔註92。〕據《舊唐書・方伎列傳》所載：「玄宗初即位，親訪理道及神仙方藥之事，及聞變化不測而疑之。」及至親見張果顯現變化之能事，於是「玄宗方信之」〔註93〕。可見玄宗對道教之崇信已漸露端倪。

　　開元二十五年春正月壬午，玄宗作制云：「……道士、女冠宜隸宗正寺，僧尼令祠部檢校。……〔註94〕」此制乃繼高宗之後，再度確認道士、女冠爲宗親〔註95〕，也使得原先於睿宗景雲二年所制定之「道士、女冠及僧尼宜齊行並集」的規定立時產生改變。是則佛道之地位，由平等轉爲道先佛後；而道教也成了李唐的國教。同年正月癸卯，又任道士尹愔爲諫議大夫、集賢學士兼知史館事。尹愔以道士身份居朝廷要職，亦顯現出玄宗對道教的崇信。總之，開元前中期的玄宗，雖然漸有崇信道教的傾向，但其宗教政策基本上都是出於政治需要的。如其抑制佛教發展，可說是在削弱武周時期崇佛抑道的影響。而其提高道士、女冠地位，使之隸於宗正寺，則是再度確認老君之爲李唐本宗；再藉由尊奉老君的種種措施，強化李唐政權的神聖性與正當性。換言之，此時玄宗個人的道教信仰之於政策的影響還不至於十分明顯。

〔註90〕《舊唐書》卷8〈玄宗本紀〉，頁69。
〔註91〕《冊府元龜》卷53〈帝王部・尚黃老〉，頁590。
〔註92〕《舊唐書》卷8〈玄宗本紀〉，頁70；《資治通鑑》卷214〈唐紀三十〉，頁1827。
〔註93〕《舊唐書》卷191〈方伎列傳〉，頁1304。
〔註94〕《舊唐書》卷9〈玄宗本紀〉，頁72。
〔註95〕《舊唐書・玄宗本紀》記開元二十五年七月己卯：「（玄宗）敕諸陵廟並隸宗正寺，其宗正寺官員，自今並以宗枝爲之。」《舊唐書》卷9〈玄宗本紀〉，頁72。

（三）玄宗後期

最遲於開元二十九年開始，玄宗的崇道傾向即已轉趨明顯。據《舊唐書》載云：

> （開元）二十九年春正月丁丑，（玄宗）制兩京、諸州各置玄元
> 皇帝廟并崇玄學，置生徒，令習《老子》、《莊子》、《列子》、《文子》，
> 每年准明經例考試〔註96〕。

於此制中，有二件重要的舉措：一，是置玄元皇帝廟；二，是置崇玄學，令生徒習《老子》、《莊子》、《列子》、《文子》，並依明經例考試，此之謂「道舉」〔註97〕。先就崇玄學與道舉來說，此當與玄宗親注《老子》之舉關係密切。而玄宗特置崇玄學，可見其對《老子》等道學之重視與提倡。

至天寶元年二月，玄宗追號莊、文、列子為真人，四子所著書改為真經。同時，於兩京崇玄學置博士、助教各一員，學生一百人〔註98〕。五月，改《庚桑子》為《洞靈真經》，令崇玄學生合習五經〔註99〕。天寶二年正月，兩京崇玄學改為崇玄館，博士為學士、助教為直學士，更置大學士員〔註100〕。由這種種措施可知，玄宗有意將道學發展為一科專門之學；而其關注與提倡的焦點，也早已不僅止於李唐宗系的老君及其所著書了，是可見玄宗對道學之尊崇與發揚。

再則，就玄宗後期對老君的尊崇而言之。上引資料云開元二十九年正月，玄宗於兩京及諸州置玄元皇帝廟。同年，玄宗夢玄元皇帝告之云：「吾有像在

〔註96〕　《舊唐書》卷9〈玄宗本紀〉，頁73。又可見於《舊唐書》卷24〈禮儀志四〉，頁252；《新唐書》卷44〈選舉志上〉，頁315；《冊府元龜》卷53〈帝王部・尚黃老〉，頁593；《唐會要》卷77〈貢舉下・崇元生〉，頁1404。然《冊府元龜》於頁589～590處，將此事繫於開元十年；《資治通鑑》與《新唐書・百官志三》則記作開元二十五年。《資治通鑑》記云：「二十五年春正月，初置玄學博士，每歲依明經舉。」見《資治通鑑》卷214〈唐紀三十〉，頁1832；《新唐書》記云：「開元二十五年，置崇玄學於玄元皇帝廟。」見《新唐書》卷48〈百官志三〉，頁337。但關於置博士一事，《新唐書・百官志三》則繫於天寶元年，與《唐會要・尊崇道教》同。今參諸各本，及天寶元年中書門下官員奏文（見《唐會要・貢舉下・崇元生》及《唐會要・尊崇道教》）所見，置崇玄學事當在開元二十九年。

〔註97〕　《新唐書》卷44〈選舉志上〉，頁315。

〔註98〕　《舊唐書》卷9〈玄宗本紀〉，頁74；《舊唐書》卷24〈禮儀志四〉，頁252。

〔註99〕　《唐會要》卷77〈貢舉下・崇元生〉，頁1404。

〔註100〕　《冊府元龜》卷54〈帝王部・尚黃老〉，頁598。

京城西南百餘里，汝遣人求之，吾當與汝興慶宮相見。」遂遣使求得之於盩
屋樓觀山間。至閏四月，玄宗迎置老子像於興慶宮；五月，夢玄元皇帝告以
休期，命畫玄元眞容，分置諸州開元觀〔註101〕；並作〈玄元皇帝臨降制〉，令
賜錢於天下士庶，以申普天同慶之意〔註102〕。所謂上有所好，下必從之，自
玄宗夢老君命畫眞容後，全國上下可謂都感受到了玄宗對老君信仰的狂熱；
自是，士庶見老君、乃至符命之事也開始層出不窮。八月丁亥，陵州奏開元
觀老君眞容見，儀象分明，道士十數人皆見，久之方隱，請頒示天下。玄宗
從之。甲午，命有司於興唐觀設齋，自內迎玄元皇帝眞容於觀〔註103〕。天寶
元年正月甲寅，陳王府參軍田同秀上言：「玄元皇帝降見于丹鳳門之通衢，告
賜靈符在尹喜之故宅。」玄宗遣使就函谷故關尹喜臺西發得之，乃於二月乙
酉置玄元廟於大寧坊〔註104〕。正月壬辰，群臣上表，以「函谷靈符，潛應年
號；先天不違，請於尊號加『天寶』字〔註105〕。」玄宗從之，於是在天寶元
年二月丁亥，自加尊號爲「開元天寶聖文神武皇帝」〔註106〕。辛卯，親享玄
元皇帝於新廟；改得靈符之桃林縣爲靈寶縣。

　　玄宗是否眞的夢見老君，不得而知；也或許是日有所思、夜有所夢，自
開元二十九年正月玄宗於兩京及諸州置玄元皇帝廟後，即有夢老君像於京城
西南事；及得之，四月迎老君像後，五月即有夢老君眞容事。這些事蹟可說
是一環接著一環的；正可說明玄宗對老君之崇信。於此風潮之下，臣庶豈能
不隨之起舞？且莫說玄宗遣使求得之「老君像」可能是迎合者所爲，開元觀
道士之見老君顯聖，多多少少也是投其所好。至若田同秀所奏之寶符，則連
當時之人都懷疑是田同秀所爲。據《資治通鑑》所載：

　　　　時人皆疑寶符同秀所爲。間一歲，清河人崔以清復言：「見玄元
　　皇帝於天津橋北，云藏符在武城紫微山。」敕使往求，亦得之。東

〔註101〕　《資治通鑑》卷214〈唐紀三十〉，頁1836～1837；《冊府元龜》卷53〈帝王
　　　　　部‧尚黃老〉，頁594～595。
〔註102〕　《唐大詔令集》卷113〈玄元皇帝臨降制〉，頁588。
〔註103〕　《冊府元龜》卷53〈帝王部‧尚黃老〉，頁595。
〔註104〕　《舊唐書》卷9〈玄宗本紀〉，頁73；《舊唐書》卷24〈禮儀志四〉，頁252；
　　　　　《冊府元龜》卷54〈帝王部‧尚黃老〉，頁597。
〔註105〕　《資治通鑑》卷215〈唐紀三十一〉，頁1839；《冊府元龜》卷54〈帝王部‧
　　　　　尚黃老〉，頁597。
〔註106〕　《舊唐書》卷9〈玄宗本紀〉，頁74。按：玄宗於開元二十七年二月，自加尊
　　　　　號爲「開元聖文玄武皇帝」。見《舊唐書》卷9〈玄宗本紀〉，頁72。

都留守王倕知其詐，按問，果首服。奏之。上亦不深罪，流之而已〔註107〕。

可見當時迎合之風氣；又可見玄宗明知臣庶之迎合，卻不再像開元初期一般注意嚴飭風氣。玄宗之不深罪崔以清，也等於是默許了臣下迎合而附會的行為。此後，玄宗對老君之尊崇，及諸如符瑞之事，只有變本加厲，而不見消弭。自天寶元年以降至肅宗即位為止，各地紛傳老君降見眞容事；隨之，亦有各種符瑞靈應之事不絕於書。

　隨著玄宗對老君的狂熱崇信，其為老君所加封號之多，亦是前所未見的；同時，玄宗也一再地設置玄元皇帝廟，進而又改廟為「宮」，充分顯示出他對老君之敬仰之情。天寶元年二月，玄宗親享老君於新的玄元皇帝廟之後，又詔史記古今人表，以玄元皇帝升入「上聖」；三月，號莊子為南華眞人、文子為通玄眞人、列子為沖虛眞人、庚桑子號為洞虛眞人，其四子所著書改為眞經〔註108〕。九月，詔兩京玄元廟改為太上玄元廟，天下准此。天寶二年正月，追尊玄元皇帝為「大聖祖玄元皇帝」。三月，追尊老君父周上御大夫為「先天太皇」、母益壽氏號為「先天太后」，仍於譙郡設廟；又尊皋繇為德明皇帝、涼武昭王為興聖皇帝；同時，西京玄元廟改為太清宮，東京為太微宮，天下諸州為紫極宮。九月，譙郡紫極宮又準西京改為太清宮，先天太皇及太后廟並改為宮〔註109〕。當老君及其父母所居之廟皆改為宮而無以復加後，天寶八載，玄宗又為老君加尊號為「聖祖大道玄元皇帝」；尤須注意的是，同時，玄宗並將高祖、太宗、高宗、中宗、睿宗尊號皆加「大聖皇帝」字，太穆、文德、則天、和思、昭成皇后尊號皆加「順聖皇后」字，而群臣則上玄宗尊號為「開元天地大寶聖文神武應道皇帝」〔註110〕。藉由此番復加尊號之舉，玄宗將李唐皇室與老君的關係聯繫起來；同時又制定云：「自今已後，每至禘祫，並於太清宮聖祖前序昭穆〔註111〕。」自云：「上以明陟配之禮，欽若玄象；下

〔註107〕《資治通鑑》卷215〈唐紀三十一〉，頁1839。

〔註108〕《舊唐書》卷9〈玄宗本紀〉，頁74；《資治通鑑》卷215〈唐紀三十一〉，頁1839；《冊府元龜》卷54〈帝王部・尚黃老〉，頁597。

〔註109〕《舊唐書》卷9〈玄宗本紀〉頁74、卷24〈禮儀志四〉頁252；《資治通鑑》卷215〈唐紀三十一〉，頁1840；《冊府元龜》卷54〈帝王部・尚黃老〉，頁598～599。

〔註110〕《舊唐書》卷9〈玄宗本紀〉頁76、卷24〈禮儀志四〉頁253；《資治通鑑》卷216〈唐紀三十二〉，頁1851。

〔註111〕《舊唐書》卷9〈玄宗本紀〉頁76、卷24〈禮儀志四〉頁253；《資治通鑑》

以盡虔恭之誠，無違至道〔註112〕。」換言之，玄宗將老君也放置到皇室祭祖大禮中，亦即將正式確認老君之爲李唐皇室之祖宗。天寶十三載二月，玄宗親朝獻於太清宮，再度爲老君更加尊號爲「大聖祖高上大道金闕玄元天皇大帝」；繼而親饗太廟，分別爲高祖、太宗、高宗、中宗、睿宗加尊號如「大光孝」、「大廣孝」、「大弘孝」、「大昭孝」、「大興孝」，以漢家諸帝皆諡孝故；群臣並上玄宗尊號爲「開元天地大寶聖文神武證道孝德皇帝」〔註113〕。由此觀之，愈到執政後期，玄宗不但醉心於自己所締造出來的盛世景象，其對老君的信仰亦愈發狂熱。其晚年對道教之信仰已非純出於政治性地崇老，其對於道教的長生、乃至神仙之說，也已由早期的不信轉爲深信〔註114〕。故後期的玄宗可以說已是一位不折不扣的崇道皇帝。

不過，在這般狂熱崇信的風潮中，玄宗並未因此摒斥儒、佛二道。於開元二十七年八月，玄宗下制，追諡孔子爲文宣王，贈顏淵爲兗公、閔子騫、冉伯牛等贈爲侯，又贈曾參、顓孫師等爲伯。天寶元年，令明經、進士習《爾雅》。九載七月，於國子監置廣文館，知進士業，博士、助教各置一人，秩同太學博士〔註115〕。此外，就佛教部分而言，在天寶三載三月，玄宗敕兩京及天下諸郡開元觀、開元寺，取官物鑄金銅玄元等身天尊及佛各一軀〔註116〕，可見仍偶有佛道並重之舉。天寶四載正月，玄宗召兩街名儒碩學，赴內道場

卷216〈唐紀三十二〉，頁1851：《冊府元龜》卷54〈帝王部・尚黃老〉，頁603。

〔註112〕《舊唐書》卷26〈禮儀志六〉頁271：《冊府元龜》卷54〈帝王部・尚黃老〉，頁603。又，「玄象」二字，《冊府元龜》作「玄宗」。

〔註113〕《舊唐書》卷9〈玄宗本紀〉頁77：《資治通鑑》卷217〈唐紀三十三〉，頁1858：《冊府元龜》卷54〈帝王部・尚黃老〉，頁605。

〔註114〕玄宗對道教的信仰還不僅止於對老君的崇祀，如《舊唐書》即云：
　　　玄宗御極多年，尚長生輕舉之術。於大同殿立眞仙之像，每中夜凤興，焚香頂禮。天下名山，令道士、中官合鍊醮祭，相繼於路。投龍奠玉，造精舍，採藥餌，眞訣仙蹤，滋於歲月。（《舊唐書》卷24〈禮儀志四〉頁254。）

《資治通鑑》亦云：
　　　時上尊道教，慕長生，故所在爭言符瑞，群臣表賀無虛月。李林甫等皆請捨宅爲觀以祝聖壽，上悅。（《資治通鑑》卷216〈唐紀三十二〉，頁1852。）

〔註115〕《舊唐書》卷24〈禮儀志四〉頁251。

〔註116〕《舊唐書》卷9〈玄宗本紀〉頁74、卷24〈禮儀志四〉頁252：《冊府元龜》卷54〈帝王部・尚黃老〉，頁599。

與本淨禪師闡揚佛理〔註117〕。又以波斯經教出於大秦，敕兩京波斯寺改爲大秦寺〔註118〕。天寶五載，詔不空三藏入內爲帝行灌頂法，賜號智藏國師〔註119〕。六載，敕天下僧尼屬兩街功德使，令祠部給牒，度牒制自此而始。又敕天下寺院，擇眞行童子，每郡度三人〔註120〕。凡此種種，均可見玄宗在狂熱地崇道之餘，並未因此而排斥儒、佛二道。只是相形之下，其對於儒、佛之舉措遠遠不及其對道教下的工夫。

終玄宗一朝，其對於道教的態度，於前期主要是出於政治性地利用；至後期則濡染甚深，以致深信不疑；又與玄宗對自身豐功偉績的陶醉相輔相襯，使其對於老君及道教之神仙長生說，終至狂熱地崇信；而忘卻原初其利用於政治的本懷。如此前後轉折之變化，可謂玄宗崇道特色之所在。至於玄宗之《老子》注疏，則出現於此轉折之前。

貳、對《道德經》之尊崇

雖然李唐皇室奉老君爲本系祖宗，但在高祖、太宗時期，卻沒有明顯尊崇《道德經》之舉。直至高宗時期，才由皇后武則天提出這個點子，交由高宗頒行之。因之，高宗時期尊崇《道德經》之舉措，可說是出自武則天「以尊崇其書的方式來輔助對其人的尊崇」如此之思維邏輯。而此尊崇《道德經》之舉，也隨著政權之更迭屢有變遷；以下乃分爲「玄宗以前」及「玄宗時期」簡述之。

一、玄宗以前

以武周時期爲分水嶺，玄宗以前的尊奉《道德經》活動，可略分爲三個時期，即武周以前的「高宗時期」、「武周政權時期」及其後的「中宗、睿宗時期」。

（一）高宗時期

如前所述，李唐自開國以來，高祖及太宗對於老君之尊崇，乃至其對於道教之扶植，顯然都只是一種政治性的利用。亦即藉由宣揚並提高道教及老君的地位，來提昇「李姓」之地位；並由宣揚「君權神授」——即謂李唐之

〔註117〕釋道原《景德傳燈錄》卷5，T51，頁242c。
〔註118〕《佛祖統紀》卷40，T49，頁375b。
〔註119〕《佛祖統紀》卷40，T49，頁375c；《佛祖歷代通載》卷13，T49，頁596b。
〔註120〕《佛祖統紀》卷40，T49，頁375c；《佛祖歷代通載》卷13，T49，頁596b；贊寧《大宋僧史略》卷中，T54，頁246b。

政權乃老君所授——來強化李唐政權的神聖性及正當性。就史料觀之，高祖及太宗時期在宗教政策上，只是以「尊祖」的理由而有「崇老」之舉；而主導其思想行爲乃至文化的，主要仍是儒家思想。至高宗時期，由其首創爲老君上尊號之舉，其崇老可謂較高祖、太宗而更進之。

　　若論高祖、太宗之與《道德經》的關聯，主要在於政治方面對「無爲」的應用——而此應用卻又是當時情勢之不得不然，未必與其是否信仰《道德經》有關。至於眞正在政策上尊崇《道德經》的，乃是高宗時期；而提出此項建議的，卻正是日後崇佛抑道的武則天〔註121〕。是以，由上元元年開始，《道德經》即躍升爲天下讀書人必讀之書；同時，也成爲明經科考試的科目之一。因而，其思想觀念亦必將隨此舉擴大而影響天下。至上元二年（675AD），更加試貢士《老子》策，明經二條，進士三條〔註122〕。於此之際，《道德經》仍襲舊稱爲《老子》，可知當時仍舊以「子書」看待之。然至儀鳳三年（678AD），高宗即詔曰：

> 　　自今已後，《道德經》並爲上經，貢舉人皆須兼通。其餘經及《論語》，任依常式〔註123〕。

以此觀之，自高宗朝始有尊《道德經》之舉。其不僅將之列爲科舉考試科目之一，兼且奉之爲「經」。自此以後，《道德經》於唐代之地位即大異於從前；而由此正開啓一代之風氣。

（二）武周時期

　　由武則天於高宗時期上言建議，令天下熟習《道德經》，並將《道德經》列爲考試項目之一的舉動來看，以「尊崇其書」的方式來「尊崇其人」，或以「尊崇其書」的方式來「宣揚其書中之思想觀念」云云，實可謂爲某種「武氏思維」。一旦武則天正式即位，其採取同樣的「宣揚」途徑亦是再自然不過的事。從而，武則天之造《大雲經》，而藉此宣揚自己即位之正當性與神聖性，

〔註121〕據《資治通鑑》載云：
　　　　上元元年（674AD）……冬十一月，……壬寅，天后上表，以爲：國家聖緒，出自玄元皇帝。請令王公以下皆習《老子》，每歲明經，準《孝經》、《論語》策試。……皆行之。
　　　　《資治通鑑》卷202〈唐紀十八〉，頁1715；唯此事《舊唐書》繫於十二月，見《舊唐書》卷5〈高宗本紀〉，頁45。
〔註122〕《新唐書》卷44〈選舉志上〉，頁315。
〔註123〕《舊唐書》卷24〈禮儀志四〉，頁250。

正如唐高祖以來之尊奉老君一樣，亦是一種政治性的利用。既然武則天在高宗時，以老君爲李唐本系之理由，建議尊奉《道德經》並列之爲考試科目之一；則於武周時期，其對待《道德經》之態度亦有所改變。因而，於長壽二年（693AD）正月，武氏即令舉子等罷習《老子》，改習《臣軌》〔註124〕。由《資治通鑑》此則資料來看，武則天不但廢《道德經》之科考，同時亦不再承襲高宗時期之尊《道德經》爲「經」，而依舊列《道德經》爲「子部」。很顯然地，武則天有意以佛教爲憑藉，以取代憑藉道教及老君的李唐政權；故《道德經》萬不可再尊崇之。是以武氏心態，由此可見一斑。

（三）中宗及睿宗時期

正如武則天之罷試《道德經》一般，中宗復位之後，亦必大肆更革武周之制。如上一小節所述，中宗於神龍元年（705AD）二月甲寅，宣佈復國號爲唐。而其餘社稷、宗廟，乃至服色、天地、官名等等，均「依永淳已前故事」。換言之，即一切均須恢復高宗時期之唐制，故老君亦必須「依舊爲玄元皇帝」。至於高宗永淳以前即已列入科舉的《道德經》，則於二月己未日，「令貢舉人停習《臣軌》，依舊習《老子》」〔註125〕。由此科舉科目之規定，可見李唐與武周之間的角力。

至睿宗時期，與《道德經》相關之事，大抵即是睿宗與司馬承禎求教之事。據《資治通鑑》載云：

> 上（睿宗）召天台山道士司馬承禎，問以陰陽術數，對曰：「道者，損之又損，以至於無爲，安肯勞心以學術數乎！」上曰：「理身無爲則高矣，如理國何？」對曰：「國猶身也，順物自然而心無所私，則天下理矣。」上歎曰：「廣成之言，無以過也。」承禎固請還山，上許之〔註126〕。

由此資料可以得知，至睿宗之時，司馬承禎亦勸之以治國爲重；而治國又以「無爲」爲首要；至於治國「無爲」的內容，則是「順物自然而心無所私」——而這正與玄宗《注》、《疏》對於治國無爲的想法相呼應。就治國無爲之觀

〔註124〕《資治通鑑》卷205〈唐紀二十一〉，頁1745。

〔註125〕《舊唐書》卷7〈中宗本紀〉，頁54；《資治通鑑》卷208〈唐紀二十四〉，頁1769。

〔註126〕《資治通鑑》卷210〈唐紀二十六〉，頁1791～1792；其事又見《大唐新語》卷10〈隱逸第二十三〉，頁158；《舊唐書》卷192〈隱逸列傳〉，頁1309；《新唐書》卷196〈隱逸列傳〉，頁1433。

點來看，此亦即自高祖以來對治理國家的一貫主張——清靜無爲。換言之，於此之際，《道德經》清靜無爲而治天下的觀點，仍可說是李唐皇室的治國原則。

二、玄宗時期

至玄宗即位（712AD），距離武周政權之結束（705AD）方不過七、八年。於此七、八年間，中宗復位的五年之間有韋后專政與安樂公主之驕奢縱逸；及中宗爲韋后與安樂公主毒害，韋后命少帝即位以攝政，至相王李隆基——即玄宗——策動政變謀殺韋后等人，間不過十八日。其後睿宗在位的二、三年間，又有玄宗與太平公主之間的政爭；自玄宗受禪於睿宗太極元年（712AD）七月，直至開元元年（713AD）七月初，才結束其與太平公主之間的政爭。由此觀之，自中宗復辟以來，李唐政權一直處於動蕩不安的狀態。而於武周時期在政治體制上的大興大革，事實上也沒有時間好好地恢復高宗以前的舊制；更遑論政治及社會的生態能否於動蕩之中恢復生機。因此，玄宗之開元年間，正是整個國家社會得以穩定乃至成長的時期。據《唐語林》之記載〔註127〕，可知玄宗早期對於處理政事之認眞。而其早期並不相信神仙長生之說，其與道教之間的聯繫，除仍奉老君爲李唐宗祖外，最息息相關的，莫過於適時之用的《道德經》「無爲治國」的思想。而提及玄宗與《道德經》相關的史料，首見於玄宗令天台道士司馬承禎依蔡邕石柱三體書寫老子道德經〔註128〕。由此觀之，玄宗對《道德經》之重視至遲起自開元十五年。

自開元十八年始，玄宗對《道德經》的關注逐漸增加。開元十八年十月，玄宗命集賢院學士陳希烈等，於三殿講《道德經》。據《冊府元龜》載云：

> 侍中裴光庭等奏曰：「……遂命集賢院學士中書舍人陳希烈、諫議大夫王迴質、侍講學士宗正少卿康子元、贊善大夫馮朝隱等於三殿侍講，……臣忝職司，望編入史冊，宣示天下。」帝手詔報曰：「……然必先正其心，深思逮於邇邇，務惟齊俗。亦欲申於兆庶，必

〔註127〕其云：

> 開元初，上留心理道，革去弊訛，不六、七年間，天下大理，河清海晏，物殷俗阜。

王讜撰，周勛初校證《唐語林校證》（北京：中華書局，1987）卷3〈夙慧〉，頁309。

〔註128〕「三體」者，應爲篆、隸、楷。此事於新、舊唐書中，均載於開元十五年玄宗召司馬承禎入京事後；唯《冊府元龜》載於開元九年。今以正史爲據。見《舊唐書》卷192〈隱逸列傳〉，頁1309；《新唐書》卷196〈隱逸列傳〉，頁1433；《冊府元龜》卷53〈帝王部・尚黃老〉，頁589。

若同歸清淨，共守玄默。所陳編示，良用多懃。」〔註129〕

大抵由此年陳希烈等侍講《道德經》開始，玄宗即展開了撰述御注《道德經》之旅。至開元二十年，其御注《道德經》完成；於開元二十一年春正月庚子朔，玄宗便制令士庶家藏《老子》一本，每年貢舉人量減《尚書》、《論語》一、兩條策，加《老子》策〔註130〕。以此來看，玄宗正是跟隨著高宗崇老的腳步而更進之。

如前所述，高宗是李唐第一個尊奉老君爲「玄元皇帝」者；而此「玄元皇帝」的封號更自高宗乾封元年（666AD）一直爲李唐政權所延用──當然，除開武則天自永昌元年（689AD）之廢止之外〔註131〕──，直至天寶二年（743AD）正月玄宗增加老君尊號爲止；此間共計有六十年之久〔註132〕。而玄宗在上老君尊號這方面，自天寶二年開始，乃較高宗而更甚。此外，在提倡《道德經》的方面，自高宗上元二年（675AD）列《道德經》入明經、進士科後，經武周長壽二年（693AD）廢止，又由中宗於神龍元年二月恢復之，玄宗更於開元二十一年，復令貢舉減《尚書》、《論語》之策，以《老子》策代之。就《唐會要》觀之，高宗於上元二年所試之《道德經》，於明經爲策，於進士則爲帖〔註133〕；此後，於儀鳳三年（678AD）又詔以《道德經》爲上經，而令「貢舉人皆須兼通」〔註134〕。換言之，明經、進士皆須通習《道德經》，唯此「兼通」無法得知究竟是指帖經或策問。若此後考試方法未變，而只有是否考《道德經》之別，則玄宗開元二十一年所加之策，或爲進士之策。總之，於開元二十一年，貢舉所考之《道德經》，大抵明經、進士皆考策問，至

〔註129〕《冊府元龜》卷53〈帝王部・尚黃老〉，頁590。

〔註130〕《舊唐書》卷8〈玄宗本紀〉，頁70；《冊府元龜》卷53〈帝王部・尚黃老〉，頁590～591。關於御注之版本、注疏時間，以及頒行的年份，概見下一章之討論。

〔註131〕《唐會要》云：「乾封元年三月二十日，追尊老君爲太上元元皇帝。至永昌元年，卻稱老君。」見《唐會要》卷50〈尊崇道教〉，頁865。

〔註132〕承上注，武則天於永昌元年（689AD）十一月始，沿用周制，以十一月爲正月，而改元爲「載初」；翌年（690AD）九月，正式建立武周朝；至中宗神龍元年（705AD）二月，復唐國號及老君「玄元皇帝」之尊號爲止，間約十七年左右。

〔註133〕就《新唐書・選舉志上》觀之，則似明經、進士皆以策問試《道德經》；然與《新唐書・選舉志上》、《舊唐書・禮儀志四》及《唐會要》其後對明經、進士試《道德經》之資料頗有扞格之處。疑此處當以《唐會要》所載爲實。關於此則資料，見《新唐書》卷44〈選舉志上〉，頁315。

〔註134〕《舊唐書》卷24〈禮儀志四〉，頁250。

於是否以《道德經》帖經則不得而知。

開元二十年九月，玄宗御注完成後，即令左常侍崔沔及諸學士、道士等，於集賢院修撰《老子道德經疏》〔註135〕。開元二十三年，頒示《注》、《疏》於公卿、士、庶及道釋二門，冀能「聽直言可否」。二十四年八月庚午，都城道士於龍興觀設齋，發揚御書《道德經》；上表請降中夜親王宰相及朝官行香，并獻蔬食，玄宗許之〔註136〕。由此可以看出，玄宗的《注》、《疏》實掀起了一股崇揚《道德經》之風；當然，道觀之發揚云云，無異也是搭乘此風潮，好爲其本教弘揚一番的。

至開元二十九年春正月丁丑，玄宗制兩京、諸州各置玄元皇帝廟及崇玄學，置生徒，令習《老子》、《莊子》、《文子》、《列子》，每年准明經例考試〔註137〕。如是，玄宗不僅以道學爲一門專門之學，甚至還爲之設置專門學校，同時也安排了此專門學校學生的出路——即貢舉。由此觀之，玄宗對《道德經》乃至道學的推崇與發揚實可謂爲「空前」的。至五月，玄宗於〈玄元皇帝臨降制〉中又分就崇玄學及道舉事宜公佈云：

> ……自今以後，常令講習道經，以暢微旨。所置道學，須倍加敦勸，使有成益。是知眞理深遠，弘之在人，不有激揚，何以勵俗？諸色人、有能明《道德經》、及《莊子》、《列子》、《文子》者，委所由長官訪擇，具以名聞，朕當親試，別加甄獎〔註138〕。

換言之，除了以崇玄學般，以學校培養的途徑之外，同時玄宗也透過「制舉」——由皇帝下詔選舉人才——的方式來選拔優秀的道學人才。接著，在開元二十九年九月，玄宗御興慶門，親試《老》、《莊》、《列》、《文》舉人。其問策時有云：

> 朕聽政之暇，嘗讀《道德經》、《文》、《列》、《莊子》。其書文約而意精，詞高而旨遠。可以禮國、可以保身。朕敦崇其教，以左右人也。子大夫能從事於此，甚盛〔註139〕。

〔註135〕詳見本書第二章第一節，壹之二。
〔註136〕《冊府元龜》卷53〈帝王部‧尚黃老〉，頁592。
〔註137〕《舊唐書》卷9〈玄宗本紀〉，頁73；《冊府元龜》卷53〈帝王部‧尚黃老〉，頁593。
〔註138〕《唐大詔令集》卷113〈玄元皇帝臨降制〉，頁589。
〔註139〕《冊府元龜》卷53〈帝王部‧尚黃老〉，頁595～596；此事亦見於《舊唐書》卷9〈玄宗本紀〉，頁73。「禮國」者，疑爲「理國」之誤。

由此觀之，玄宗藉由崇玄學之設置在政治制度上的設置，實則是在配合並宣揚了其《注》、《疏》之宗旨——即無爲治國——之意識型態，欲令其對《道德經》之理解深入於士子心中。

天寶年間，當玄宗開始深深崇信道教之際，玄宗對《道德經》的推闡活動也相對地，由對義理方面的景仰轉爲宗教信仰式的尊崇。天寶元年，於置玄元皇帝廟、詔玄元皇帝升入古今人表之「上聖」後，玄宗並令：

> 莊子號爲南華眞人，文子號爲通玄眞人，列子號爲沖虛眞人，
> 庚桑子號爲洞虛眞人。其四子所著書改爲眞經〔註140〕。

如此，即是令此四子由一般諸子的身份轉升爲眞人，其書又改爲眞經，可知玄宗推崇之立場與角度，已由「吸收義理」轉向「信仰」。又，天寶元年四月戊寅，玄宗詔曰：

> ……自今已後，天下應舉，除崇玄學士外，自餘所試《道德經》
> 宜並停；仍令所司更詳擇一小經代之；其道經爲上經、德爲下經。
> 庶乎道尊德貴，是崇是奉。……〔註141〕

如此，則崇玄學成爲特別研究道學的單位；而《道德經》本分爲《道經》、《德經》，因「道」、「德」特爲尊貴之故，改以《上經》、《下經》之稱代之。而玄宗此舉正顯示出其對《道德經》之宗教信仰式的尊崇，已遠遠超過其對《道德經》義理之欣賞。因「道」、「德」之尊貴而避免直言之，恰如中國傳統的「避諱」觀；由是可知，玄宗正極盡所能地要將《道德經》推尊上去。此推尊之舉，顯然已超出一般推崇古籍義理者之所爲。故而此番推尊之舉，實與其對道教及老君之狂熱崇信有密不可分的關係。

如此一來，玄宗對《道德經》的推崇活動可謂爲一種宗教活動。其動機已非原先高宗朝尊崇《道德經》的動機——亦即尊祖，而由此拉抬李系地位及神聖化李唐政權。天寶二年三月壬子，玄宗親祀玄元廟以冊尊號，同時制令云：「自今已後，每至三元日，宜令崇玄館學士講《道德》、《南華》等諸經〔註142〕。」此時，講《道德經》等眞經的意義，與其說是在推闡其思想，毋

〔註140〕《舊唐書》卷9〈玄宗本紀〉，頁74；《冊府元龜》卷54〈帝王部・尚黃老〉，
　　　　頁597。

〔註141〕《冊府元龜》卷54〈帝王部・尚黃老〉，頁598；停《道德經》試一事亦見於
　　　　《唐會要》卷75〈貢舉上・明經〉，頁1374。

〔註142〕《舊唐書》卷9〈玄宗本紀〉，頁74；《冊府元龜》卷54〈帝王部・尚黃老〉，
　　　　頁599。

寧說是一種宗教活動。

天寶四載七月乙卯，玄宗將當代所有書籍對老君、莊子等的稱號，完全改爲他所制定的眞人稱號。又將《道德經》等書編列爲經部，可見玄宗對道教及道學的尊崇已逐次提昇〔註143〕，而玄宗本人也漸次成爲一名虔誠的道教信徒。天寶十四載多十月甲午，玄宗頒御注《道德經》並《義疏》，分示十道，各令巡內傳寫，以付宮觀〔註144〕。據玄宗天寶以來的史料記載觀之，此時玄宗之頒布御注及《疏》，其意義應不同於開元二十年及二十三年之頒布。開元年間，玄宗尊崇的是《道德經》的思想及其可運用於政治的部分；至天寶年間，對這一名虔誠的道教信徒來說，再度頒布其御注及義疏，除了開元至天寶這期間對《注》、《疏》所曾作過的修訂需要更改之外，筆者以爲其意義應在於玄宗對《道德經》的重新定位。此外，開元年間的的主要頒布對象，乃公、卿、道、釋及讀書人等；而天寶年間的頒布，卻是推諸天下的。〔註145〕此番頒行，無疑有積極促使道教在「實質」上成爲李唐國教的意義。也因而，**相較於開元年間的頒布，天寶年間頒行的重點顯然不在於《道德經》乃至《注》、《疏》之義理，而是在於道教作爲李唐國教的實質化。**

由上述討論觀之，玄宗早期之注疏《道德經》並頒行之，主要訴求在於其書無爲治國的政治思想，故其以政治制度（如策試等）配合此一意識型態，務令天下讀書人體察其意，以共同效力於無爲而治的理想。至玄宗後期，由於其對《道德經》的態度有所改變，故其時的宗教政策，主要集中在尊奉老君及道教；至於玄宗《注》、《疏》，則成爲其中的一則附筆，標誌著其信奉的痕跡。因此，天寶十年雖亦有頒行之舉，其意義也是在於「道教信仰」大於政治理念之宣揚。

〔註143〕玄宗詔曰：

……其墳籍中有載「玄元皇帝」、「南華」等眞人，猶稱舊號者，並宜改正。其餘編錄經義等書，亦宜以《道德經》列諸經之首，其《南華經》等不須編在子書。仍即令集賢院審詳改定應舊號并科目記，具宣付所司，仍頒示中外。

《冊府元龜》卷54〈帝王部・尚黃老〉，頁601。

〔註144〕《舊唐書》卷9〈玄宗本紀〉，頁77；《冊府元龜》卷54〈帝王部・尚黃老〉，頁605。

〔註145〕所謂「分示十道」，意即分示於唐朝全部的行政區域。

第二節　思想背景

　　就玄宗《注》、《疏》的思想而言，首先須注意唐初以至玄宗時的老學思想潮流。而其最特出之處，無疑是修身治國之並論，對於「心」、「性」、「情」等問題的關注與闡釋，以及講究「玄之又玄」的思維方法。關於並重修身與治國這一點，蓋承自《老子道德經河上公章句》〔註146〕；就「玄之又玄」的思維方式及對於心性問題之關注而言，則顯然與「重玄學」關係密切。以下本文即就「重玄學」及《老子道德經河上公章句》兩部分，來考察玄宗《注》、《疏》的思想背景。

壹、重玄學

　　若論及玄宗《注》、《疏》的思想背景，首先需注意的必定是當代老學的情況；而在當時的道教界中，圍繞著《老子》所發展出來的思潮，正是繼南北朝以來三教論爭的激盪後所開展出來的「重玄學」。「重玄學」者，即以《老子》之「玄之又玄」作爲思想方式而聞名的一個學派〔註147〕。由此觀之，重玄學的思想特色，正是以雙遣雙非的方式，進行不斷超越的思想進程。而其理論重點，不外爲由「道體論」、「道性論」、「修養論」以及「境界論」所組成的基本架構〔註148〕。

　　在「道體論」的部分，重玄學乃以「有無雙遣」的方法來闡釋道體。在「道性論」的部分，重玄學則將「自然」解釋成清靜／清淨、無爲、無所執滯，並以此「自然」作爲道性。再就「修養論」而言，重玄學則要求人需革除情欲，並且要兼忘一切，達到「無欲於無欲」。經由如此修心復性的過程，最後便能「得道」而達至「重玄之境」。何建明云：「所謂重玄之域，也就是

〔註146〕本文所引之《老子道德經河上公章句》，概取於王卡點校《老子道德經河上公章句》（北京：中華書局，1993），名稱姑依之。後文則將簡稱爲「河注」。

〔註147〕盧國龍云：
　　　　　根據重玄的思想方法，說無以遣有是第一層面的「玄」，有無兩不執，亦即通過有與無的相互否棄所達到的同一則是「重玄」。重玄以通達無滯礙爲義，是對有無二論及與之相應的人生境界的超越。
　　　　盧國龍《中國重玄學：理想與現實的殊途與同歸》（北京：人民中國出版社，1993），頁2。下文稱引時，將略該書之副標題。

〔註148〕有關重玄學主要的理論結構，何建明在《道家思想的歷史轉折》中認爲是由以下四部分組成：1.道體重玄、2.道性自然、3.修心復性、4.造重玄之境。

一種不滯於不滯、超越一切的『自然』境界〔註149〕。」換言之，重玄學不僅在思想方法上，是以「玄之又玄」不斷超越的模式來思維的，其在理論架構方面，也是由這種強調「不執滯」而一再超越的方式建立的。因此，不僅「道體」、「道性」皆由此方式闡釋，使道之「體」、「性」成爲清淨虛靜式的「自然」；甚至連人的修養方式乃至得道境界，都是以「不執滯」的方式開展並呈現的。由此觀之，這種「玄之又玄」、「不執滯」的模式，顯然正是重玄學的核心觀念；而各時期的重玄學者，則又各以此方式來面對或回應各自的問題與環境。

而這種不斷超越，講究「無住」的思想方式，除了可溯源於《莊子》及郭象注之外〔註150〕，顯然也與佛教的般若思想——尤其是中觀學派——淵源深厚。於佛教的般若思想中，常可見到雙遣雙非的思維方式，如《小品般若波羅蜜經》有云：

> 須菩提言：若菩薩……不念行般若波羅蜜，不念不行，不念行不行，亦不念非行非不行，是名行般若波羅蜜〔註151〕。

這種雙遣雙非的思維方法，於中觀學派發揮得更淋漓盡致。如《中論·觀因緣品》的名偈云：「不生亦不滅，不常亦不斷；不一亦不異，不來亦不出〔註152〕。」此即以「八不」顯示其「中道」，用的正是雙遣雙非的方式；又如《中論·觀法品》第八頌云：「一切實非實，亦實亦非實，非實非非實，是名諸佛法〔註153〕。」就中觀的角度來說，唯有在如此不斷地遣、非之下，中道才會逼顯出來。而這種不斷超越前進的進程，正如《金剛般若波羅蜜經》所顯示的「無住」思想。如《金剛般若波羅蜜經》云：

> 菩薩應離一切相，發阿耨多羅三藐三菩提心。……應生無所住心。若心有住則爲非住。

〔註149〕何建明《道家思想的歷史轉折》（武漢：華中師範大學出版社，1997），頁41；以上有關重玄學理論結構部分，乃參照何建明《道家思想的歷史轉折》，頁35～42。

〔註150〕據何建明之考察，重玄學之思維特色，理應以《莊子》爲宗，後經郭象發揮，而又與佛教中觀學派「雙遣雙非」的思想方法結合故有之。見何建明《道家思想的歷史轉折》，頁33～34。

〔註151〕鳩摩羅什譯《小品般若波羅蜜經》卷1〈初品〉，T8，頁538a。

〔註152〕龍樹菩薩造、梵志青目釋、鳩摩羅什譯《中論》卷1〈觀因緣品〉，T30，頁1b。

〔註153〕《中論》卷3〈觀法品〉，T30，頁24a。

　　　　諸菩薩摩訶薩應如是生清淨心：不應住色生心，不應住聲香味

觸法生心，應無所住而生其心。

　　　　不應取法，不應取非法〔註154〕。

由是觀之，如中觀一般不斷遣除超越的思維方法，正是如此「無住」的思想；

傳至中國後，重玄學吸收之，成爲其基本思維模式。而《金剛般若波羅蜜經》

所說的：「知我說法，如筏喻者。法尙應捨，何況非法〔註155〕。」也成了重玄

學超越名言理教之思想的基礎。

　　隋唐時期的重玄學大抵有三個階段，其一是在隋及唐初，其宗趣在於「重

玄的精神超越」〔註156〕；其代表人物是成玄英以及李榮，而其理論綱領則是

「道體論」與「重玄解脫」〔註157〕。此時期的重玄學可說充分反應出唐初佛

道論爭的狀況，其論爭焦點，也已逐漸由文化風俗以及夷夏之爭，轉移到思

想理趣層面的深淺之爭。此時的思想特點，主要在於對道體論的闡發，以及

對精神解脫之道的關注；而道體論的問題則正是唐高祖武德年間佛道論爭的

主題之一〔註158〕。

　　至於隋唐時代重玄學的第二個階段，則在於高宗武周朝〔註159〕。此階段

〔註154〕以上《金剛經》概引自鳩摩羅什譯《金剛般若波羅蜜經》，T8，頁750b、749bc。

〔註155〕《金剛般若波羅蜜經》，T8，頁749b。

〔註156〕此乃根據盧國龍《中國重玄學》之考察。見盧國龍《中國重玄學》，頁3。

〔註157〕其中，成玄英認爲道體是「非有非無」、「不可名辯」、「抽象無具體性」的，
　　　　而以之爲理想人格的終極實現。因此，人唯有藉由不斷地否定，達致「物我
　　　　兼忘」，遣除一切的煩惱，而在遣除中尋求終極的絕對同一。對成玄英來說，
　　　　這就是「重玄解脫」。請參照盧國龍《中國重玄學》，頁3及頁235～258。
　　　　到了李榮之時，其道體論可以說是其修養論的理論前提。他認爲道體是「虛」
　　　　而「靜」的；因此，人要修養如道，就須用「導之以虛靜」的修養方法。此
　　　　修養方法的第一階段要在歸於「無爲」，即遣除塵俗的貪染愛欲；於第二階段，
　　　　則需採取玄之又玄的方法，超越前一階段，遣除觀念上對「無爲」的執滯，
　　　　李榮謂之爲「無爲而無不爲」。經由這兩個階段的修養，人方得虛靜而與道合
　　　　一。請參照盧國龍《中國重玄學》，頁258～281。

〔註158〕有關唐代佛道論爭的問題，已有學者研究精詳，本文亦不再贅述之。此方面
　　　　可參見盧國龍《中國重玄學》、《道教哲學》，李明友〈《廣弘明集》與隋唐初
　　　　期的佛道儒論爭〉（《世界宗教研究》1992年第2期）；在論爭的內容方面，
　　　　可參見釋道宣《廣弘明集》、《集古今佛道論衡》，T52。

〔註159〕此階段的重玄學，宗趣由精神超越轉爲道性論和心性修養。此時，重玄學乃
　　　　藉由「性」來同一道與眾生，從而奠定體道合道的理論基礎；並將修道歸結
　　　　爲修心，而發展出道教的心性學說。（參照盧國龍《中國重玄學》，頁3。）
　　　　此時期的代表，爲黎元興、方惠長的《海空經》、王玄覽《玄珠錄》，以及孟

的重玄學乃在發展道性論與心性問題。就道性論而言，此發展正是繼承前一時期的道體論而深化之；此現象亦反映出高宗顯慶、龍朔年間佛道論爭的關注焦點。蓋「道性」之問題實爲佛教對「道法自然」、「道體」以及「道物關係」等等問題的詰難而激盪出來的〔註160〕。就心性問題而言，則顯示出貞觀十九年以降，爲玄奘所引領的唯識思想的影響。案唯識之宗義，在言一切心色諸法，皆阿賴耶等諸識所變〔註161〕。其學說之精深處，總在於對心識的透徹觀察與洞悉；正是在這種精深學術的影響之下，唐人對心性問題也有更進一步的探討，而高宗武周朝的時代之風，亦透顯出唐人對心性問題的濃厚興趣。是以此時的重玄學實是吸收了佛教思想，從而深化重玄學之理論深度。

隋唐時期重玄學的第三個階段在於盛唐，其宗趣則由體道修性復歸於修仙；其具體表現便在於與上清派養生法的結合。根據盧國龍之考察，其代表人物乃司馬承禎、吳筠及唐玄宗，不過，由於本文旨在介紹玄宗《注》、《疏》的思想背景，因此這三人之中，只擬介紹司馬承禎；對於玄宗本人，以及天寶之後才與玄宗有所接觸的吳筠則不作介紹。司馬承禎（647～735AD），其活動時間大抵爲高宗時期至玄宗開元年間。從重玄學的角度來說，司馬承禎主要是將重玄學的心性修養論具體化爲宗教實踐，由內明眞性心源入手，主張在坐忘靜心的實踐上復歸眞性。其思想大要，可分爲「修性」與「養命」二端。所謂「修性」即坐忘主靜，其修養過程在於：1、斷緣：謂以「應物無心」之方式逐漸斷除俗緣；2、收心：謂安坐以收心離境，內心不著一物，但也不能執心住空；3、簡事：謂修道之人不務「過分」與「非常」之事；4、眞觀：謂須以「宅心物外」的角度看待現象世界；5、泰定：此乃精神修養的最高階段，於此階段中，得使「知」與「恬」交相養，既無心於定，又無所不定；6、得道。而所謂「養命」，乃承自上清經派的養氣說，其基本宗旨爲服氣、煉氣而爲精、爲神，藉由意念調運而使血氣周流的養生方法。司馬承禎特別強調形神合一，他認爲唯有形神合一、性命雙修之人，方能成爲得

安排《道教義樞》。大體而言，《海空經》乃繼成玄英之道體論之後，提出了道性與眾生性的關係問題；而王玄覽則吸收唯識宗之說，將一切法歸於心識，而以斷除心識作爲復歸道性之道。而《道教義樞》則認爲道性乃超越色與心的對待偏執者也，亦是人生本來清淨虛靜的心性。而「道」能夠「導執令忘」，清除眾生的識慮，從而使眾生回復本來清淨的心性而與道合一。有關此階段重玄學之情狀，詳見盧國龍《中國重玄學》，頁282～344。

〔註160〕可參見《古今佛道論衡》卷丁，T52。

〔註161〕此據黃懺華《佛教各宗大意》（臺北：文津出版社，1991），頁186。

道神仙〔註162〕。就盧國龍之考察，此階段的重玄學乃與上清經派的養生法結合，而使其宗趣復歸於修仙。這理應是綜合司馬承禎、吳筠之思想而歸結出來的特點。

然而，重視「修仙」這項特色，顯然與玄宗《注》、《疏》的旨趣不合。其理由已如前一節所示，早期的玄宗並不相信神仙之說；自然也就不會以「修仙」爲其旨趣。而根據玄宗《注》、《疏》所示，其所以重視修身，旨在作爲「理國」之基礎。而這項特色實承自可視爲玄宗《注》、《疏》思想源流之一的《老子道德經河上公章句》。

貳、河上公注本

在玄宗《注》、《疏》中，時常出現治身治國並重或等同的看法。而如此想法卻非一般所認爲的，是玄宗《注》、《疏》源流的重玄學的特點；反倒是與秦漢時期的黃老思想頗有相契之處。如《管子・心術下》云：「聖人裁物，不爲物使。心安，是國安也；心治，是國治也。……〔註163〕」《呂氏春秋・先己》亦云：「昔者先聖王，成其身而天下成，治其身而天下治〔註164〕。」這種治身治國同一的觀點，可謂泛見於黃老學說中；爾後又流傳至六朝，如葛洪《抱朴子・內篇・地眞》云：

> 故一人之身，一國之象也。……神猶君也，血猶臣也，氣猶民也。故知治身，則能治國也〔註165〕。

其後，在玄宗《注》、《疏》中亦常可見得。可知此一思想，至少自先秦兩漢時期開始，一直流傳至盛唐。而玄宗《注》、《疏》中這種「國身同一」的思想〔註166〕，就史料觀之，實乃淵源於《老子道德經河上公章句》。這層思想淵源，卻常爲研究重玄學與玄宗《注》、《疏》之學者忽視。

〔註162〕詳見盧國龍《道教哲學》（北京：華夏出版社，1997），頁370～390；亦可參見盧國龍《中國重玄學》，頁 3～4、345～380。此二書之論述大致相同，唯《道教哲學》有對《中國重玄學》稍作修改，本文主要引自前者。

〔註163〕國立編譯館，主編《新編管子》（臺北：鼎文書局，2002）下冊，頁915。

〔註164〕呂不韋《呂氏春秋》（《四部備要・子部》，臺北：臺灣中華書局，據畢氏靈巖山館校本校刊，1982五版）卷3，頁5。

〔註165〕王明《抱朴子內篇校釋》增訂本（北京：中華書局，1985二版），頁326。

〔註166〕本文所言「國身同一」，乃借用王清祥《《老子河上公注》之研究》之語，意指「同時注重治身與治國兩方面」的思想。見王清祥《《老子河上公注》之研究》，頁86。

　　據《大唐六典》之記載，在玄宗御注之前，唐代通行的《老子》版本實爲河上公注本〔註167〕。就河注本觀之，其書中「身」、「國」確常被視爲具有相通的治理原則〔註168〕。這種「國身同一」的思想雖爲玄宗《注》、《疏》所繼承，其理趣卻稍有出入。河注雖言「國身同一」，但整體觀之，卻較側重「治身」的層面〔註169〕。河注本由《呂氏春秋》、《淮南子》等較重視治國的黃老學，轉爲以治身爲重的黃老學，其中正可見黃老思想理趣之轉移。玄宗《注》、《疏》承襲河注這種「國身同一」的思想，其論述重心卻復以治國爲重；使得唐初以來，極富哲學思辨色彩的重玄老學再度具有濃厚的政教性質。

〔註167〕　《大唐六典》云：「諸教授正業……《孝經》、《老子》並開元御注。舊令……
　　　　　《老子河上公注》。」見唐玄宗御撰，母煛、余欽、韋述等撰《大唐六典》（臺
　　　　　北：文海出版社，1974 四版）卷 21，頁 381～382。此外，於《唐會要‧論
　　　　　經義》亦記載了開元七年時，關於《老子》注釋應用河注抑或王弼注的爭議。
　　　　　由該則資料所見，最遲至開元七年五月以前，唐代所用的《老子》實爲河注
　　　　　本；其後方有令河、王並行之詔。因此不難想見，河注本對唐代老學當有一
　　　　　定程度的影響。見《唐會要》卷 77〈論經義〉，頁 1408～1410。
〔註168〕　如五十九章「有國之母」之注云：「國、身同也。」而三章則有注云：「說聖
　　　　　人之治國與治身同也。」另，王卡於校勘第三章時，據《群書治要》、《正統
　　　　　道藏》本、顧歡本及強思齊本，刪去影宋本中「治身」下的「同」字；見王
　　　　　卡點校《老子道德經河上公章句》（北京：中華書局，1993），頁 13。然胡興
　　　　　榮認爲此說值得商榷，而主張不刪去。其說見於胡興榮《老子四家注研究》
　　　　　（廣西：廣西教育出版社，2000），頁 21 注 29；筆者同意胡氏之說。且王卡
　　　　　於該書〈前言〉所引三章注亦保存「同」字以論之。以下凡河注引文，概引
　　　　　自王卡點校《老子道德經河上公章句》，餘下不另附注。
　　　　　此外，河注中更常將「治身」、「治國」並舉，並以同一之治理原則貫串之。
　　　　　如十章注之注「愛民治國」、「能無爲」、「能爲雌」，及四十三章注之注「無爲
　　　　　之益」等等，均以「治身」、「治國」並舉。如是之例，據王清祥《老子河上
　　　　　公注》之研究》之統計，共有三十一處之多。詳參王清祥《《老子河上公注》
　　　　　之研究》（臺北：新文豐出版股份有限公司，1994），頁 87。
〔註169〕　最顯著的例子，當見其六十四章注云：「聖人學人所不能學。人學智詐，聖人
　　　　　學自然；人學治世，聖人學治身。」可知河注實較爲側重治身層面。又如《老
　　　　　子》第十章云：「愛民治國，能無爲」（依《老子道德經河上公章句》所示），
　　　　　河注云：「治身者愛氣則身全，治國者愛民則國安。……」又如《老子》六十
　　　　　章云：「治大國若烹小鮮。」河注云：「……治國煩則天下亂，治身煩則精散。」
　　　　　如以上之例，《老子》經文字面上只言「治國」之事，而河注硬是加上「治身」
　　　　　之說，可知河注雖言「國身同一」，但畢竟是以「治身」爲重。
　　　　　這種以治身爲重的思想，王卡認爲是東漢黃老學的特徵；而小林正美則認爲
　　　　　是道教養生說的「體內神」思想。見王卡《老子道德經河上公章句‧前言》，
　　　　　頁 11；小林正美《六朝道教史研究》（東京：創文社，1990）第二篇至第二
　　　　　章〈河上眞人章句〉，頁 256～257。

　　不過，必須提出的是，河注之「治身」與玄宗《注》、《疏》之「治身」意涵亦有所不同。於河注中，「治身」意謂著「養生」之屬的「命功」；玄宗《注》、《疏》雖亦言及養生、愛氣云云，但其所謂之「治身」，畢竟以修養人的「心性」爲主、養生爲輔。其中並強調心性是治身的根本關鍵；心性若是調得妥當，身體的精氣神之屬便自然和暢。故其「治身」者，實爲中國傳統的「修身」之說；與河注強調命功的「治身」不同。

　　總之，玄宗《注》、《疏》的「國身同一」思想雖承自唐初通行的河注本，然其不僅在治身方面轉而以「性功」取代河注之「命功」，其申論重心理趣亦由「以治身爲重」轉爲「以治國爲思想指向」；因而，就黃老「國身同一」的思想而言，玄宗《注》、《疏》雖繼承之，但由於另有重玄學之淵源，以致其對治身方面的「心性」理論得有更精深的發揮。再者，河注本雖言「國身同一」，但論述時頂多是常常將此二者並陳，卻未將「治身」與「治國」作充分的理論聯繫；而玄宗《注》、《疏》在這方面倒做得不錯，至少對於「治身－治國」之間的關連有明確的安排（詳見本文第四章）。而這層「以治國爲重」的理趣，就講求個人修養而以精神解脫爲目標的重玄學而言，玄宗《注》、《疏》的出現更可謂爲重玄學理趣層面的一大轉移。由此可知，探討玄宗《注》、《疏》之思想背景時，不能只討論其與重玄學之淵源，猶須注意玄宗繼承當時流行的《老子》版本而來的《老子道德經河上公注》及其思想，才能明白玄宗《注》、《疏》之所以有別於之前的重玄學者地特重政教思想，並非純然出自玄宗的帝王身份之故。如此方得對玄宗《注》、《疏》有較爲全面的認識。

第二章　唐玄宗《道德眞經》注疏之文獻學考察

　　由上一章已知，玄宗崇道及看待《道德經》的態度，有前後期的變化。此章則進一步於文獻學方面，考察其作者、撰述年代及版本等等問題〔註1〕。由於前輩學者對於玄宗《注》、《疏》之撰述、頒佈、流傳版本、卷數等等問題皆有所討論，因此，本文擬整理各方意見，對照金石錄、史籍等原典，對玄宗《注》、《疏》之文獻學研究部分進行討論；同時亦將根據考察所得，略論前人研究之得失。

〔註 1〕在中文著作方面，盧國龍《中國重玄學》在其第六章第三節之〈玄宗注疏的形成及其學術源流〉部分，對於玄宗《注》、《疏》之作者及今傳版本有所討論。見盧國龍《中國重玄學：理想與現實的殊途與同歸》（北京：人民中國出版社，1993），頁 413～426。

在日文著作方面，武內義雄在《老子の研究・老子の注釋書》中大致討論了玄宗注疏撰述頒佈等的年代、注疏之撰述者及版本卷數等問題：見武內義雄《老子の研究》（收於《武內義雄全集》第五卷，東京：角川書店，1978），頁 232～233。

又，今枝二郎略論了玄宗《注》的體制及御注之所據《老子》版本：見今枝二郎〈道德眞經玄宗御注本について（一）〉（《中國古典研究》第 15 號，1967），頁 30～33。又將收於《道藏》才字號中的玄宗御疏確認爲喬諷的《疏義節解》，而非玄宗《疏》：見今枝二郎〈唐玄宗御製《道德眞經疏》について至才字號本の檢討〉（《大正大學研究紀要（佛教學部、文學部）》第 64 輯，1978 年 11月）。其並述及玄宗《注》、《疏》之撰述、頒佈年代及卷數、所據《老子》底本等等之問題；見今枝二郎〈玄宗皇帝の《老子》注解について〉（《中國古典研究》第 23 號，1978），頁 20～31。

另又有麥谷邦夫詳論了《注》、《疏》的撰述、頒佈年代及撰述者等問題：見〈唐玄宗《道德眞經》注疏之撰述與其思想特徵〉（《道家文化研究》第十五輯，北京：三聯書店，1999），頁 357～366。

第一節　注疏作者及其撰述、頒行年代之考察

壹、關於注疏作者之考察

關於玄宗《注》、《疏》作者的考察，可以參考日本學者武內義雄、今枝二郎、麥谷邦夫以及大陸學者盧國龍等人的研究。由於上述這些學者對於此問題已提出很充分的觀察，因此，以下筆者擬在這些學者研究的基礎上，對此課題作一整理。

一、注的作者

綜合上述前輩學者的研究成果看來，其對於御注作者的看法大抵不出以下兩種：其一，以爲御注爲玄宗之親注；其二，認爲御注未必爲玄宗親手撰述的，但御注的思想應爲玄宗所主導的。以下即就此問題略加說明。

首先，認爲御注爲玄宗親注的學者，可以武內義雄、麥谷邦夫爲代表。於武內義雄《老子の研究》中，並未就御注作者詳加討論，而是直接認爲僅有《注》是玄宗自作的〔註2〕。而麥谷邦夫則援引玄宗〈頒示箋註道德經勅〉所云：

> 朕誠寡薄，嘗感斯文，猥承有後之慶，恐失無爲之理。每因清晏，輒叩玄關，隨意所得，遂爲箋註。豈成一家之説，但備遺闕之文。今兹絕筆，是詢于衆。公卿臣庶、道釋二門，有能起予類於卜商，鍼疾同於左氏。渴於納善，朕所虛懷〔註3〕。

從而認爲：

> 這樣，可知玄宗平時常努力理解《道德經》的眞理，一有心得便加以記錄。……可知御注是出自玄宗自身之手，這點基本上不會有錯〔註4〕。

以上二位學者可說是以御注爲玄宗親自注釋的代表。

至於以爲玄宗御注非玄宗親注的學者，可以盧國龍爲主。根據盧國龍的說法，以我們今日所見的資料，事實上是不能確定御注是否爲玄宗親注的〔註5〕。

〔註2〕見武內義雄《老子の研究》，頁232。

〔註3〕據易縣龍興觀道德經幢拓本，收於嚴靈峰《無求備齋老子集成初編》（臺北：藝文印書館，1965）；並據〈頒示箋註道德經勅〉，收於《全唐文》卷35，頁166。

〔註4〕麥谷邦夫〈唐玄宗《道德眞經》注疏之撰述與其思想特徵〉，頁361。

〔註5〕他認爲：

> 我以爲還不能確證是「親注」——正如不能確證不是「親注」一樣。

因此，御注作者是否爲玄宗本人的問題，其實是個無解題。從今日所留存的歷史記錄上，確實也不易看出御注的的確確是玄宗親注的證據。不過，若根據《冊府元龜》所云：「（玄宗）親注《老子》」；及張九齡在〈請御注道德經及疏施行狀〉中所稱呼的：「御注道經」這兩個例子來看，御注爲玄宗親手注釋的可能性很大；再不然，即使是根據明代安世鳳《墨林快事》所言：「唐元宗註道德經，諸文士共成之〔註6〕。」以及《舊唐書》所言：「玄宗凡有撰述，必經希烈之手」〔註7〕，將陳希烈視爲御注撰述者，但玄宗畢竟仍是主導御注思想者。換言之，即便我們無法斷定御注是出自何人之手；我們仍然可以明確地知道，主導御注的思想方向、內容者，必定是玄宗本人。因此，筆者較贊同盧國龍之所言，認爲御注是否爲玄宗親注的問題尚在其次，最值得關切的應是：主導御注思想之人，無非玄宗。因此，御注亦可相當於玄宗之親注。從而，在〈頒示箋註道德經勅〉中所說的：

> 朕誠寡薄，嘗感斯文，……遂爲箋註。……今茲絕筆，是詢于
> 衆。……渴於納善，朕所虛懷。

云云，亦非虛言。由於御注的思想主要是由玄宗作主導的；並且，既然在御注推行於天下之時，是以玄宗之名義來推行的，則其所成之功效，仍需歸功於玄宗。因此，本文在此仍舊視御注爲玄宗的作品。

二、疏的作者

關於玄宗《疏》的撰述者，筆者以爲盧國龍及麥谷邦夫等前輩學者的考察結果是很值得注意的。首先，據張九齡〈請御注道德經及疏施行狀〉所云：「伏奉恩勅，賜臣等於集賢院與諸學士奉觀御注道經及疏本。」〔註8〕及《冊

> 從弄清其學術來源及思想源流的意義上說，是否「親注」並不重要，重要的是玄宗既立意解注《道德經》，他招集到身邊以共同研討道家之學的道士及臣僚，必然要發揮「助成之」的作用。
> 盧國龍《中國重玄學》，頁415。不過，他也說道：
> ……玄宗有解注《道德經》以治國化民的動機，有將《老子》之學利用爲政教的主見，所以可以推論說，玄宗《道德經》注疏的主導思想，是由玄宗確立的。這個主導思想就是從道家哲學的理論高度，闡述儒家政教世用。
> 盧國龍《中國重玄學》，頁415。

〔註6〕安世鳳《墨林快事》（臺北：國立中央圖書館，1970），頁295。
〔註7〕劉昫撰，中華書局編輯部編《舊唐書》（北京：中華書局，1997）卷97，頁789。
〔註8〕張九齡《曲江集》收於《四部備要·集部》（臺北：臺灣中華書局據，祠堂本校

府元龜》所云：

> （開元）二十三年三月癸未，（玄宗）親注《老子》，並修《疏
> 義》八卷〔註9〕。

由此可以注意一點，即在提到玄宗《注》時，上述二段引文皆明白以「御注」
或「親注」來指稱；但對於玄宗《疏》卻未冠以「御」字，而在《冊府元龜》
中甚至以「修」字來說明《疏》與玄宗之間的關係。〔註10〕此外，還有兩則
頗爲重要的資料。其一，據顏眞卿〈通議大夫守太子賓客東都副留守雲騎尉
贈尙書左僕射博陵崔孝公宅陋室銘記〉有云：

> （開元）二十年春，（崔沔）奉勅撰〈龍門公宴詩序〉，賜絹百
> 匹。延入集賢院，修《老子道德經疏》，行於天下〔註11〕。

再則，《玉海》所引《集賢注記》亦云：

> 開元二十年九月，左常侍崔沔入院修撰，與道士王虛正、趙仙
> 甫並諸學士參議修老子疏〔註12〕。

據此資料顯示，崔沔入集賢院所修撰的，應即玄宗的《疏》。而於董逌《廣川
藏書志》亦云：「王顧等奉元宗命撰所注經疏〔註13〕。」從這些資料來看，玄
宗的《疏》應該就是由崔沔、王虛正〔註14〕、趙仙甫並諸學士參議等人所修
撰的。從而，武內義雄提出如下的見解：

> ……疏似乎不是玄宗之親作，而是出於王虛正等人之手。即使
> 根據玄宗又作《孝經》注，而《孝經》之疏是詔令元行沖所作等等
> 情況來推測，應該也可以認爲只有《老子》注是親作而疏是臣下奉
> 敕修的吧〔註15〕！

根據以上的資料來推斷，筆者認爲武內義雄的看法應是十分接近事實的。因

刊，1971）卷8，頁8。

〔註9〕 王欽若《冊府元龜》（臺北：臺灣中華書局，1967）卷53〈帝王部・尙黃老〉，
頁592。

〔註10〕 麥谷邦夫〈唐玄宗《道德眞經》注疏之撰述與其思想特徵〉，頁362。

〔註11〕 顏眞卿《顏魯公集》（《四部備要・集部》，臺北：臺灣中華書局，1966據三長
物齋叢書本校刊）卷5，頁17；亦可見於董誥等編《全唐文》（上海：上海古
籍出版社，1990）卷338引。

〔註12〕 王應麟《玉海》（臺北：大化書局，1977景印出版），頁1054。

〔註13〕 彭耜《道德眞經集注雜說》卷上所引，見《正統道藏》38冊，長字號，頁162。

〔註14〕 關於王顧，筆者乃依武內義雄所以爲的：「王顧即王虛正吧!?」見武內義雄《老
子の研究》，頁233。

〔註15〕 武內義雄《老子の研究》，頁232～233。

而，麥谷邦夫也認爲：

> 由此可知，玄宗的御疏，實際上是御注著寫的延長，開始於開
> 元二十年，由集賢院的學士和若干名道士之手而進行，完成於開元
> 二十三年〔註16〕。

麥谷邦夫的這個結論，無論是從時間點上或是從資料上來看，筆者認爲都是合理的推測。但是，儘管《疏》的作者主要是那些學士及道士等人，玄宗應仍舊是《疏》的主導者。正如麥谷邦夫所言：

> 但是，如果在疏的〈釋題〉末尾所寫的「每惟聖祖垂訓，詒厥
> 孫謀，聽理之餘，伏勤講讀，今復一二詮疏要妙者，書不盡言，粗
> 舉大綱，以禆助學者爾」，不是完全是虛構的話，那麼也可以考慮爲
> 在疏的內容中有相當的程度是反映了玄宗自身的意見〔註17〕。

誠然，將〈釋題〉所言的「朕……」視作玄宗之言是有危險的，因爲當時只要是玄宗命臣子代作的詔令敕文等等，皆以「朕」爲自稱〔註18〕。換言之，即使文中有「朕」等字眼，該文仍然有可能是臣子所作，而非出於玄宗親手；但因這些代作的文章或作品，均充分代表了玄宗自身的立場，故能冠以玄宗之名。再者，《疏》在內容與思想方面都高度承繼了御注；至少在基本的原則上，都是先以御注之主張爲前提，再加以補充，使御注所要表達的內容更加完整。是以，無論從掛名或內容的方面來看，玄宗仍舊應被視爲《疏》的主導者；而《疏》的著作群只是在輔助並成全玄宗的道德經思想而已。

　　因而，無論是御注或《疏》，仍舊應以玄宗爲主要作者。其他或經手或修撰之人，只應視爲輔助者。至於這些「助成」的學士或道士等的道德經思想，將在下一段落敘述之。

三、關於注疏作者群的考察

　　承上所述，御注及《疏》雖未必爲玄宗親手所作的，但玄宗終究是主導其思想的人；若要探究可能影響玄宗《注》、《疏》思想者，似乎仍有必要觀察開元二十三年以前玄宗身邊的道學學者。根據史籍等資料，較有可能影響或參與《注》、《疏》撰述者，大抵爲：康子元、敬會眞、馮朝隱、陳希烈等，以及道教之李含光、尹愔等人。

〔註16〕麥谷邦夫〈唐玄宗《道德眞經》注疏之撰述與其思想特徵〉，頁361。
〔註17〕麥谷邦夫〈唐玄宗《道德眞經》注疏之撰述與其思想特徵〉，頁361。
〔註18〕如張九齡《曲江集》中即有許多例子。

　　首先可考察集賢院諸學士的部分。據《新唐書・儒學列傳》所云：

> 開元初，詔中書令張說舉能治《易》、《老》、《莊》者。集賢直
> 學士侯行果薦子元及平陽敬會眞於說，說藉以聞。並賜衣幣，得侍
> 讀。子元擢累祕書少監，會眞四門博士，俄皆兼集賢侍講學士。……
> 始，行果、會眞及長樂馮朝隱同進講。朝隱能推索老莊秘義，會眞
> 亦善《老子》。每啓篇，先薰盥乃讀。帝曰：「我欲更求善《易》者，
> 然無賢行果」云。朝隱終太子右諭德，會眞太學博士〔註19〕。

在這則記載之中，精善《老》、《莊》者爲康子元、敬會眞及馮朝隱。據《新
唐書・百官志二》所載，玄宗於開元十三年乃置集賢院直學士；於此之前，
並「嘗選耆儒，日一人侍讀，以質史籍疑義〔註20〕。」由此可知，敬會眞與
康子元至早應在開元十三年之後成爲集賢院侍講學士，於玄宗身邊侍讀。而
馮朝隱進講亦應於開元十三年之後。此外，據新舊唐書所載，得與康子元、
馮朝隱等人同時進講者，還有陳希烈。據《新唐書》所言：

> 陳希烈者，宋州人。博學，尤深黃老，工文章。開元中，玄宗
> 儲思經義，自褚無量、元行沖卒，而希烈與康子元、馮朝隱進講禁
> 中，其應答詔問，敷盡微隱，皆希烈爲之章句。……十九年爲集賢
> 院學士，進工部侍郎，知院事。帝有所譔述，希烈必助成之〔註21〕。

是以，陳希烈、康子元、馮朝隱等人，乃進講於褚無量、元行沖卒後。（按：
褚無量卒於開元八年〔註22〕，元行沖則卒於開元十七年〔註23〕。）因此，陳
希烈、康子元、馮朝隱等人，應進講於開元十七年至十九年之間。而在《冊
府元龜》中更有如下之記錄：

> 開元十八年十月，命集賢院學士陳希烈等於三殿講《道德經》。
> 侍中裴光庭等奏曰：「……遂命集賢院學士中書舍人陳希烈、諫議大
> 夫王廻質、侍講學士宗正少卿康子元、贊善大夫馮朝隱等於三殿侍
> 講。……〔註24〕」

〔註19〕 見歐陽修、宋祁撰，中華書局編輯部編《新唐書》（北京：中華書局，1997）
　　　　卷200〈儒學列傳〉，頁1457。
〔註20〕 《新唐書》卷47〈百官志〉，頁327。
〔註21〕 《新唐書》卷223〈姦臣列傳〉，頁1620。
〔註22〕 《舊唐書》卷102，頁816。
〔註23〕 《舊唐書》卷102，頁820。
〔註24〕 《冊府元龜》卷53〈帝王部・尚黃老〉，頁590。

以此記載看來，完成於開元二十年的玄宗御注，與陳希烈等人講《道德經》一事應有相當密切的關係。依筆者之見，玄宗之開始撰述御注應與此事的時間相當；有可能是經過陳希烈等人之敷暢《老子》，刺激了玄宗對《老子》理解與體會，從而促成玄宗御注的著述與完成。再加上《舊唐書》亦云：「玄宗凡有撰述，必經希烈之手〔註25〕。」由此可知，陳希烈對於玄宗《注》、《疏》之形成，應有相當程度的影響力。而馮朝隱雖於新舊唐書無傳，然其嘗注《老子》〔註26〕，對於玄宗《注》、《疏》應有所影響。唯朝隱之《老子注》已佚失〔註27〕，故無從得知該著作與玄宗《注》、《疏》之間究竟有何差異，也無法確定該《老子注》對玄宗《注》、《疏》究竟有何影響。

又，《新唐書・儒學列傳》有云：「開元集賢學士，又有尹愔、陸堅、鄭欽說、盧僎名稍著〔註28〕。」其中以尹愔與老學相關。尹愔者，《新唐書》云：

> 愔博學，尤通《老子》書，初爲道士，玄宗尚玄言，有薦愔者，
> 召對，喜甚，厚禮之，拜諫議大夫、集賢院學士，兼脩國史，固辭
> 不起。有詔以道士服視事，乃就職，顥領集賢、史館圖書。開元末，
> 卒，贈左散騎常侍〔註29〕。

由此可以看出，尹愔在玄言之學上的體會，當爲玄宗《注》、《疏》的資源之一。尹愔亦嘗著《老子新義》十五卷〔註30〕，唯今不傳〔註31〕；此外則傳有〈老子說五廚經註〉，存於道藏是字號。而由〈老子說五廚經註〉觀之，其與玄宗《注》、《疏》之關係頗爲深厚。例如，在二者所使用的名相方面（尤其是某些近同於佛學的名相），〈老子說五廚經註〉與玄宗《注》、《疏》皆用「慧照」、「清淨」、「寂」、「染」……等等辭彙；而在思想層面上，對於人應「性修反初」並當「玄之又玄」、「離於注想」〔註32〕等等看法，二者頗有異曲同工之妙。不過，尹愔之〈老子說五廚經註〉的思想要旨，乃在於「盡修身衛

〔註25〕 《舊唐書》卷97，頁789。

〔註26〕 見《新唐書》卷59〈藝文志〉，頁404。

〔註27〕 據王有三編著《老子考》（臺北：東昇出版事業公司，1981），頁95。

〔註28〕 《新唐書》卷200〈儒學列傳〉，頁1457。

〔註29〕 《新唐書》卷200〈儒學列傳〉，頁1457。

〔註30〕 見杜光庭〈道德眞經廣聖義序〉。杜光庭《道德眞經廣聖義》，收於《正統道藏》24冊，羔、羊、景、行字號。

〔註31〕 王有三編著《老子考》，頁105。

〔註32〕 以上諸辭彙，皆引自尹愔《老子說五廚經註》，收於《正統道藏》28冊，是字號，頁866～869。

生之要」〔註33〕；顯然缺乏玄宗所強調的「無爲理國」的面向。由此觀之，尹愔對於玄宗《注》、《疏》在治身之說方面雖有影響，但主導《注》、《疏》思想者，仍應爲玄宗。

除了尹愔之外，另又有可能助成玄宗《注》、《疏》之道士爲李含光。李含光者，主要可以根據顏眞卿〈有唐茅山元靖先生廣陵李君碑銘並序〉〔註34〕及柳識〈唐茅山紫陽觀玄靜先生碑〉〔註35〕之記載，知其生平事蹟。據柳識〈唐茅山紫陽觀玄靜先生碑〉載云：

> 開元中，玄宗禮請尊師而問理化。對曰：「《道德經》，君王之師也。昔漢文帝行其言，仁壽天下。」次問金鼎。對曰：「道德，公也輕舉公中，私也時現其私。聖人存教，若求生徇欲，則似繫風。」
> 上悅，因加玄靜之號。無何，故以疾辭，東還句曲〔註36〕。

由顏眞卿〈有唐茅山元靖先生廣陵李君碑銘並序〉之記載來看，此事應發生於開元十七年左右。根據柳識所記，不難看出李含光對於《老子》之重視。尤其是他以《老子》爲「君王之師」的觀點，恰與玄宗《注》、《疏》所透露出來的看法相符合。而柳識又云：

> 夫性與道妙，則眞有運無。古之學者，離有得有，不外歎馳景而內觀馳心；不遠思化金而近思化欲。今之學者，多見反是，若乃行於眞理，窅然觀妙；先示正性，發明宗元，則玄靜其人也〔註37〕。

由此觀之，李含光似亦有「正性」之說，又與玄宗《注》、《疏》之觀點頗有相應之處。至於李含光之「正性」者，據上文所述，應不離「內觀馳心」與「化欲」這兩點；而玄宗對治身的看法上，亦正有這幾個重點。此外，據顏眞卿與柳識之文，李含光之著作大致有：1、《本草音義》二卷，以重新整理《本草》藥物之學；2、《仙學傳記》二篇（或爲《內學記》），「以續仙家之遺事」〔註38〕；

〔註33〕尹愔《老子說五廚經註》，《正統道藏》28 冊，頁 866。
〔註34〕本文所引者，出於顏眞卿《顏魯公集》卷 7，頁 6～8。
〔註35〕本文所引者，蓋出於劉大彬主修《茅山志》卷 23〈錄金石篇・唐碑〉，《正統道藏》9 冊，師字號，頁 241～242。
〔註36〕柳識〈唐茅山紫陽觀玄靜先生碑〉，《正統道藏》9 冊，頁 241。
〔註37〕柳識〈唐茅山紫陽觀玄靜先生碑〉，《正統道藏》9 冊，頁 241～242。其中「不外歎馳景」者，應據《道家金石略・唐茅山紫陽觀玄靜先生碑》校改爲「不外欲馳景」，見陳垣編纂，陳智超、曾慶瑛校補《道家金石略》（北京：文物出版社，1988），頁 157。
〔註38〕顏眞卿《顏魯公集》卷 7，頁 7。

3、對《易》、《老》、《莊》乃「著學記義，略各三篇」〔註 39〕，以論三玄異同。由此觀之，李含光屢辭玄宗之詔請而歸隱〔註 40〕，於觀點上雖或有發明玄宗《注》、《疏》之處；但對於玄宗《注》、《疏》之撰述，恐無所致力。

　　上述諸儒道學者均可能爲助成玄宗《注》、《疏》之人。從他們與玄宗的交往情況來看，無論玄宗《注》、《疏》是否全爲玄宗親筆所作，亦不能排除他們對玄宗思想可能的影響。因之，筆者乃以上述諸人爲形成玄宗《注》、《疏》的主要作者群。唯這些學者之學問及著作傾向，大抵皆以「治身之道」爲主；對於玄宗《注》、《疏》的眞正重點——治國之道——所論不多。由此觀之，玄宗是以君王之身份，面對魏晉之玄風，及其所偏重的養生、治身等理論，重新「以治國之道爲導向」地詮釋《老子》；從而一改魏晉以降的老學風氣，使其關懷焦點轉向於政治。就此意義而言，《注》、《疏》思想的主導者仍應爲玄宗無疑。

貳、關於年代的考察

一、撰述年代

　　關於玄宗《注》的撰述年代，最直接的證據在今存於河北易縣龍興觀及河北邢台縣龍興觀的玄宗御注道德經幢。易縣之碑額題有「太上玄元皇帝道德經大唐開元神武皇帝注」十八正字，額下刻有玄宗〈頒示箋註道德經勅〉之敕文，此敕文即爲今存於道藏本玄宗御注前之〈唐玄宗御製道德眞經序〉；而敕文之末則刻有「開元廿年十二月十四日」的字樣。而邢台縣之碑額則題爲「大唐開元聖文神武皇帝注道德經壹部」十六篆字；敕文刻在經文之前（即經文之右）；於敕文之末、經文之前則亦刻有「開元廿年十二月十四日」的字樣〔註 41〕。是則玄宗之御注及敕文至遲當在開元二十年十二月以前完成〔註 42〕。

　　而關於玄宗《疏》的撰述年代，據《玉海・藝文・老子》引《集賢注記》云：

〔註 39〕顏眞卿《顏魯公集》卷 7，頁 7。

〔註 40〕其事於顏眞卿〈有唐茅山元靖先生廣陵李君碑銘並序〉記載甚詳；至若玄宗之於李含光的詔敕，可參考《全唐文》卷 36，頁 171～172。

〔註 41〕可見於無求備齋據國立北平研究院考古專報本景印《道德經十一種》之易縣、邢台縣拓本，收於嚴靈峰《無求備齋老子集成初編》。

〔註 42〕杜光庭《道德眞經廣聖義・敍經大意解疏序引》云：「（玄宗）以開元十一年躬爲註解，下詔曰：『在昔元聖……』（下爲玄宗序文，略）」。武內義雄以爲此「十一年」應爲「二十一年」之詭脫；筆者以爲然。見武內義雄《老子の研究》，頁 232。

開元二十年九月，左常侍崔沔入院修撰，與道士王虛正、趙仙
甫並諸學士參議修老子疏〔註43〕。

又，據顏眞卿〈通議大夫守太子賓客東都副留守雲騎尉贈尚書左僕射博陵崔
孝公宅陋室銘記〉云：

（開元）二十年春，奉勅撰〈龍門公宴詩序〉，賜絹百匹。延入
集賢院，修《老子道德經疏》，行於天下〔註44〕。

由此可知，玄宗《疏》當是由開元二十年開始修撰。而詳細之月份，雖然一
曰「春」、一曰「九月」，但由〈陋室銘記〉之行文看來，其所記錄之時間（春）
應是指崔沔奉勅撰〈龍門公宴詩序〉之時間，而非修玄宗《疏》的時間。因
此，崔沔至早應是於開元二十年九月入集賢院修撰玄宗《疏》；至於修撰完成
之年份，可據《冊府元龜·帝王部·尚黃老》所載：

（開元）二十三年三月癸未，（玄宗）親注《老子》，並修《疏
義》八卷，及至《開元文字音義》三十卷，頒示公卿士庶及道釋二
門，聽直言可否〔註45〕。

據此，《冊府元龜》所說之「開元二十三年」，當是指出玄宗《注》、《疏》乃
於此年頒示；因此，由上述可知，玄宗《疏》至遲於開元二十三年三月已經
修撰完成，方得有所頒示。

此外，由於玄宗《疏》主要是敷衍《御注》的，其內容亦多爲《御注》
的衍生，因此，麥谷邦夫云：

由此可知，玄宗的御疏，實際上是御注著寫的延長，開始於開
元二十年，由集賢院的學士和若干名道士之手而進行，完成於開元
二十三年〔註46〕。

從玄宗《疏》的內容及開始修撰的時間來看，玄宗《疏》的確可以說是《御
注》的延伸；甚至可以認爲是在《御注》完成後，再由玄宗令集賢院等人修
撰的。不過，根據以上所引的資料，我們頂多能知道玄宗《疏》是完成於開
元二十三年的頒示「之前」；而不能確知是否就是於開元二十三年才完成。因
此，對於麥谷邦夫之所言，實宜再稍作保留。

〔註43〕《玉海》，頁1054。
〔註44〕《顏魯公集》卷5，頁17；亦可見於《全唐文》卷338引。
〔註45〕《冊府元龜》卷53〈帝王部·尚黃老〉，頁592。
〔註46〕麥谷邦夫〈唐玄宗《道德眞經》注疏之撰述與其思想特徵〉，頁361。

總之，可以斷定的是，玄宗的《御注》是完成於開元二十年。其後，由一些道士和集賢院諸學士開始修撰玄宗《疏》；而《疏》最遲於開元二十三年三月以前即已完成。因此，玄宗《注》、《疏》的撰述主要集中於開元二十年至二十三年之間，殆無可疑。

二、頒布年代

關於頒布年代的考察，目前以麥谷邦夫〈唐玄宗《道德真經》注疏之撰述與其思想特徵〉之探討較為充分。根據麥谷邦夫之考察，玄宗《注》、《疏》於開元年間的頒布時間約是在《疏》完成後，將《注》、《疏》一併頒布於天下，其時約莫在於開元二十三年間。而在頒布之後，即有一些相關的活動隨之進行。此外，玄宗亦曾於天寶年間再度頒布新的版本；但根據現有的資料來看，這個新版本的影響，似乎未如開元年間所頒布的版本的影響來得深遠。以下將對麥谷邦夫之說加以討論。

首先，關於玄宗御注頒示之時間，據前引《冊府元龜・帝王部・尚黃老》可知，玄宗《注》、《疏》的頒布時間，應在開元二十三年三月。又，據張九齡〈請御注道德經及疏施行狀〉所云：

> ……伏奉恩勅，賜臣等於集賢院與諸學士奉觀御注道經及疏本，天旨玄遠，聖義發明，詞約而理豐，文省而事愜。上足以播玄元之至化，下足以闡來代之宗門。非陛下道極帝先，勸宣祖業，何能迴日月之暑度，鑿乾坤之戶牖，使盲者反視、聾者聳聽。……請宣付所司施行[註47]。

對於張九齡之請示，玄宗亦有所批答：

> ……朕恭承餘烈，思有發明；推校諸家，因之詳釋。庶童蒙是訓，亦委曲其詞。慮有未周，故遍示積學，竟無損益，便請宣行。朕之不才，甘失旨於先帝？卿等虛美，豈不畏於後生？循環此情，未知所適。可廣示朝廷，有能正朕之失者，具為條件，錄姓名以聞，當別加重賞[註48]。

根據以上兩則資料，麥谷邦夫認為：

〔註47〕《曲江集》卷8，頁8。
〔註48〕見《全唐文》卷37〈答張九齡請施行御註道德經批〉，頁174；據張九齡《曲江集》卷8所收玄宗御批來看，當為〈答張九齡請施行御注道德經〔及疏〕批〉，頁8。

　　　　向來認爲御注是完成於開元二十年而首先施行，而御疏是在開

元二十三年完成纔頒佈的看法是不正確的，應該是一開始御注和疏

就是作爲一對而同時公佈於世的〔註49〕。

然而，筆者以爲，麥谷邦夫所云「一開始御注和疏就是作爲一對而同時公佈

於世的」這樣的說法可能未臻完善。因爲，從以上兩則資料的記載來看，我

們的確有理由相信，玄宗《注》、《疏》是在張九齡的請示之後才「公佈於世」

的（否則張九齡便毋需作此請示）；但是，很顯然地，在張九齡的請示之前，

玄宗《注》、《疏》亦確曾公示於集賢院中，否則張九齡等人便無從觀閱。此

外，還有一點很值得懷疑。據麥谷邦夫所說：

　　　　可知御注和疏一開始是下賜於集賢院的學士，然後經有司之手而

施行的。……可以推測確定御注是在開元二十年初步完成之後，暫時

保留在玄宗那裡，等到疏也完成之後，併同注一起同時公佈的〔註50〕。

假如眞是如麥谷邦夫所說，御注是先保留在玄宗那兒，於開元二十三年才公

佈，則爲何玄宗會在開元二十年下〈頒示箋註道德經勅〉？再看玄宗〈頒示

箋註道德經勅〉之內容所說的「是詢於眾」云云看來，與上文所引玄宗〈答

張九齡請施行御註道德經〔及疏〕批〉中所謂的：「慮有未周，故遍示積

學……」，頗有暗合之處。因此，似乎可以認爲，玄宗大抵是於開元二十年完

成御注，爾後下賜於集賢院等人，以徵詢眾人之意見；故而下〈頒示箋註道

德經勅〉一文，此次當爲御注的第一次頒示。其後，玄宗又於開元二十一年

「加《老子》策」，並令天下臣庶家藏《老子》一本；唯此家藏之《老子》不

包含玄宗之《注》（詳後）。由於此時（開元二十年）《疏》才開始修撰，因此，

這一次應只是單獨頒示御注，而未及於《疏》。

　　再者，依張九齡〈請御注道德經及疏施行狀〉所言，可以認爲，玄宗《疏》

本在開元二十三年完成後，亦下賜於集賢院及張九齡等人觀閱；其後，依張

九齡之奏請，才開始將《注》、《疏》施行於天下。

　　因此，玄宗《注》、《疏》的頒布至少應有兩個階段：首先，《注》先於開

元二十年頒示於公卿百官（含集賢院）、學子，以及道釋二家；而《疏》於開

元二十三年完成後，亦頒示予張九齡等集賢院與諸學士觀閱；爾後經張九齡

〔註49〕　麥谷邦夫〈唐玄宗《道德眞經》注疏之撰述與其思想特徵〉，頁363。根據此
　　　　文所出之書——《道家文化研究》——之主編所云，麥谷邦夫此文之日文版
　　　　本已闕如，故筆者仍以《道家文化研究》之中文版爲準。
〔註50〕　麥谷邦夫〈唐玄宗《道德眞經》注疏之撰述與其思想特徵〉，頁359。

之請，玄宗《注》、《疏》**輒**一併宣行於天下。而玄宗《注》、《疏》之頒布天下，至遲應如《冊府元龜》所載，當在開元二十三年三月間。

　　由此，於《舊唐書》所載的：

　　　　（開元）二十一年春正月庚子朔，（玄宗）制令士庶家藏老子一

　　　本，每年貢舉人量減尚書、論語兩條策，加老子策〔註51〕。

云云，從以上的討論可知，在這一條制令頒行之時，玄宗御注已頒示予讀書士子，故其所加之《老子》策，實已包含玄宗御注。但另一方面，此時御注尚未頒示於全天下，《疏》則尚未完成；因此，玄宗令士庶所家藏的《老子》，理應未含玄宗的《注》、《疏》。除此之外，還可以另一條資料爲佐證，亦即玄宗〈命貢舉加老子策制〉，其云：

　　　　老子道德經，宜令士庶家藏一本：每年貢舉人，量減尚書、論

　　　語策一兩條，準數加老子策。俾尊崇道本，宏益化源。今之此勅，

　　　亦宜家置一本，每須三省，以識朕懷〔註52〕。

若以之與前引〈請御注道德經及疏施行狀〉及〈答張九齡請施行御註道德經〔及疏〕批〉對照來看，則玄宗在〈命貢舉加老子策制〉中，很明確地只以《老子道德經》來稱呼其令士庶所家藏之書；該文中亦未嘗提及「疏」、「注」或「御注」等等的字眼，可見，此時所令宣行天下的，只是《老子》，而非玄宗之《注》或《疏》。但據〈頒示箋註道德經勅〉所云，此時玄宗御注已頒示予學子等讀書人觀閱；是以，有封演（唐代宗時人）所云：「元宗開元二十一年親注老子道德經，令學者習之」〔註53〕之語。封氏所作，既名爲「聞見記」，

〔註51〕《舊唐書》卷8〈玄宗本紀〉，頁70。於《冊府元龜》中則記載爲：「開元二十年正月，制曰：『老子道德經宜令士庶家藏一本……』」云云；然據《冊府元龜》此條前後，分別爲：

　　　　1、十九年正月壬戌，置五岳眞君祠廟……

　　　　2、二十年四月己酉，勅曰五岳先制眞君祠廟……

　　　　3、二十年正月，制曰老子道德經……

　　　　4、二十二年十月，勅曰……

　　　則可推斷，此所謂「二十年」，當爲「二十一年」之誤：見《冊府元龜》卷53〈帝王部・尚黃老〉，頁590～592。關於這一點，可見於今枝二郎〈玄宗皇帝の《老子》注解について〉，頁24～25。

〔註52〕《全唐文》卷23，頁115。

〔註53〕封演《封氏聞見記》卷1，收於《叢書集成初編》（上海：商務印書館，據雅雨堂叢書影印，1936）。又，今枝二郎在〈玄宗皇帝の《老子》注解について〉之註10中云：

其可信度應頗高；則「玄宗御注先示予讀書人」之論，正由此可證。

隨著玄宗對道教的信仰愈來愈強烈，御注於開元二十三年頒示天下之後，其推廣活動可說是如火如荼地進行著；有關御注之頒行與推廣等情況，有以下幾點可供參考。

其一，據歸有光〈跋唐石臺道德經〉云：

> 右唐元宗注老子道德經。開元二十三年用道門威儀司馬秀言，令天下應修官齋等州皆於一大觀立石臺刊勒，邢州故有龍興觀。開元二十七年刺史李質立石摹勒如制〔註54〕。

而歐陽修〈唐石臺道德經〉亦云：

> 右老子道德經，唐玄宗注。開元二十三年道門威儀司馬秀等請於兩京及天下應修宮齋等州，皆立石臺，刊勒其經文。御書其注，皆諸王所書。此本在懷州〔註55〕。

是知，當玄宗於開元二十三年頒示御注及《疏》之後，嘗以司馬秀等人之奏請，於兩京及天下應修宮齋等州，皆立石臺，刊勒御注於其上。而有關這些石臺的記錄，目前猶能知者概為易州、懷州、邢州的道德經幢。關於懷州本御注道德經幢之建立，歐陽修《集古錄跋尾》云：「道士尹愔奏請懷州依京樣摹勒石臺，乃開元二十五年也〔註56〕。」至於易州本道德經幢則在河北易縣龍興觀，該幢額題「太上玄元皇帝道德經大唐開元神武皇帝注」，末題「開元廿六年歲次戊寅十月乙丑朔八日壬申奉勅建」，是知乃建於開元二十六年。而歸有光所記錄的邢州本道德經幢，在於河北邢台縣龍興觀。其額題「大唐開

《封氏聞見記》云：「開元二十一年，明皇親注老子道德經，令學者習之。則是時御注初成，領諸天下，遍令士子傳習也。」

經筆者比對後，知今枝先生之所引，實非《封氏聞見記》原文，而乃出自王昶《金石萃編》（臺北：國風出版社，1964），頁1448。**而「則是時御注初成，頒諸天下，遍令士子傳習也」云云，蓋為王昶之推測，不應視為《封氏聞見記》之言。特此注明。另，上引今枝先生「領諸天下」云云，疑為「頒諸天下」之誤。**

〔註54〕歸有光《震川先生集》，收於《聚珍仿宋四部備要》（臺北：臺灣中華書局，據家刻本校刊，1965）；其後並曰：「至宋端拱初，觀臺已廢沒，知州軍事何纘始修復之。方余至邢州，龍興觀已廢；……而石臺尚存，隱於屋後。」可略知當時石臺存廢狀況。

〔註55〕見歐陽修《歐陽修全集》（臺北：世界書局，1961）卷6〈集古錄跋尾〉，頁1165～1166。

〔註56〕見〈唐群臣請立道德經臺奏答〉，收於《歐陽修全集》卷6〈集古錄跋尾〉，頁1166。

元聖文神武皇帝注道德經壹部」十六篆字；而末題「大唐開元廿七年歲在單
閼月中南呂五日乙丑皇五從弟中散大夫使持節邢州諸軍事守邢州刺史上柱國
質建」等字。若依歸有光所言，則邢州之御注道德經幢或許即是循著當時建
經幢的潮流而來的；而此幢則於開元二十七年建立〔註57〕。由是可以發現，
這幾處道德經幢的建立，可以說都是隨著開元二十三年司馬秀之奏請而來
的。易言之，於開元二十三年時司馬秀奏請之後，開元二十五年懷州石臺建
立、開元二十六年建易州石臺，而開元二十七年則建了邢州之石臺。這些道
德經幢之建立，可以作爲我們玄宗御注傳播情形的佐證之一。

　　其二，除卻這些道德經幢之外，於《冊府元龜》亦有言：

　　　　開元二十四年八月庚午，都城道士於龍興觀設齋，發揚御書道

德經〔註58〕。

此亦可視爲玄宗御注頒行及傳播的情況之一；當然，其時道士們對玄宗的道
教信仰之應和，由此也可見一斑。而這個「發揚御書道德經」的行動，不但
相當接近於司馬秀奏請之開元二十三年；甚至還在上述三處道德經幢建立之
前。可見，自開元二十三年後，玄宗之頒行御注，確實也陸續產生其影響及
效應。此外，關於開元二十三年司馬秀所奏請的內容，還有另一筆資料：

　　　　玄元皇帝道德經御注。右檢校道門威儀龍興觀道士司馬秀奏，

望□兩京及天下應修官齋等州，取尊法物，各於本州一大觀造立石

臺，刊勒經注，**及天下諸觀並令開講**。敕旨依奏。開元廿三年九月

廿三日〔註59〕。

是以，上述所引「於龍興觀設齋，發揚御書道德經」一事，或許可視爲與司

〔註57〕可見於無求備齋《道德經十一種》之易縣、邢台縣拓本，收於嚴靈峰《無求備
齋老子集成初編》。另易州本亦可參照錢大昕《潛研堂金石文跋尾》（臺北：
藝文印書館，約1966～1968）卷6，頁15；邢州本可見歸有光《震川先生集》
之所載。另，從先天二年十一月（十二月改元開元，故此年亦爲開元元年）
至開元二十六年間，唐玄宗之稱號皆爲「開元神武皇帝」；自開元二十七年二
月起，改爲「開元聖文神武皇帝」；至天寶元年二月才又改爲「開元天寶聖文
神武皇帝」。是以，上引之易州本及邢州本之日期當無誤。關於玄宗稱號，可
參照《舊唐書》卷8、卷9〈玄宗本紀〉，頁63、72、74。此外，據邢州本碑
末之端拱元年〈重修邢州龍興觀道德經臺記〉可知，邢州本所建立之月份乃
在八月。

〔註58〕《冊府元龜》卷53〈帝王部・尚黃老〉，頁592。

〔註59〕〈開元聖文神武皇帝注道德經敕〉，收於陳垣編纂，陳智超、曾慶瑛校補《道
家金石略》，頁118。

馬秀所奏相關的活動。

其三，在敦煌本的玄宗御注殘卷中也能看到有關開元二十三年之頒行的記錄。於 P3725 號的玄宗御注殘卷末尾，有以下之記錄：

> 國子監學生楊獻子初校
>
> 國子監大成王仙周再校
>
> 開元廿三年五月□日令陳琛
>
> 宣德郎行主客主事專檢校寫書楊光喬
>
> 朝議郎行禮部員外郎上柱國高都郡開國公楊仲昌
>
> 正議大夫行禮部侍郎上柱國夏縣開國男姚弈
>
> 金紫光祿大夫禮部尚書同中書門下三品上柱國成紀縣開國男林

甫〔註60〕

由此可知，於開元二十三年，由禮部製作的御注抄寫本，亦正流傳於各地〔註61〕；更可知玄宗當時對於信仰及發揚道教的用心。

不過，玄宗《疏》的資料似乎不如御注來得多。目前筆者所見，除《正統道藏》所存者外，唯敦煌殘卷本。然而，由於敦煌本之殘缺不全，玄宗《疏》的抄寫年代、抄寫者等等相關資料，並沒有保存下來。據王重民所言：「（玄宗）《疏》自五代後，流傳漸少，僅賴道藏以存〔註62〕。」因此，根據上述這些資料，在此只能佐證御注的頒行情況；而無法確知《疏》的詳細頒行狀況。順道一提，在上述所引的資料中，由於御注有刊勒於石臺上，所以關於御注的頒行情況是頗爲明確的，同時也比較不容置疑；而一切有關《疏》之頒行的資料（如敕文、石刻資料等等），唯賴張九齡《曲江集・請御注道德經及疏施行狀》中的「及疏」二字，以及《冊府元龜・帝王部・尙黃老》之記載，否則實在難以證明玄宗《疏》的頒行情況。因而，對於御注的頒行情況，今日尙可略知一二；而對於《疏》的頒行情形，目前似乎只能姑且保留《曲江集》及《冊府元龜》的說法，以俟日後更明確的證據。

〔註60〕 大淵忍爾《敦煌道經》圖錄編（東京：福武書店，1979），頁 489。

〔註61〕 可參照陳智超〈唐玄宗《道德經》注諸問題──與李斌城同志磋商〉（《世界宗教研究》1988 年第 3 期），頁 146～150；麥谷邦夫〈唐玄宗《道德眞經》注疏之撰述與其思想特徵〉，頁 359～360。

〔註62〕 王重民原編，黃永武新編《敦煌古籍敍錄新編》（臺北：新文豐出版公司，1986），頁 58。

不過，除卻以上所言，關於玄宗頒示其《注》、《疏》的記錄，還有另外一組。即在於《舊唐書》所載：

> 天寶十四載……冬十月……甲午，頒御注《老子》并《義疏》於天下〔註63〕。

於《冊府元龜》則記錄爲：

> 天寶十四載……十月，御注《道德經》並《義疏》分示十道，各令巡內傳寫以付宮觀〔註64〕。

關於這一次的頒示動作，麥谷邦夫的觀察很值得參考。首先，我們可以先參考《全唐文》卷三十一的〈分道德爲上下經詔〉所言：

> ……自今已後，天下應舉，除崇元學生外，其餘所試道德經宜並停。仍令所司，更詳擇一小經代之。其道經爲上經，德經爲下經。庶乎道尊德貴，是崇是奉。凡在遐邇，知朕意焉〔註65〕。

從《全唐文》所訂的詔文名稱來看，玄宗似乎是將《道德經》分爲上下兩個部分。然而，根據麥谷邦夫的考察，自魏晉以來，《道德經》已被分爲《道經》和《德經》上下二卷；因此，麥谷邦夫以爲就這個理由而言：「（玄宗）特意下詔命令分爲上下經是沒有意義的〔註66〕。」而從詔文所云「其道經爲上經，德經爲下經。庶乎道尊德貴，是崇是奉」來看，麥谷邦夫認爲：

> 其目的在於玄宗出於對老子及《道德經》的深厚的敬仰，而想改變《道德經》在國學、科舉中的地位，給於與儒教經典同樣或超越於儒教經典的位置。所以，不輕意使用「道德」這個帶有至高無上的價值的詞語，而下令變「道經」、「德經」之名稱爲「上經」、「下經」〔註67〕。

〔註63〕 《舊唐書》卷9〈玄宗本紀〉，頁77。

〔註64〕 《冊府元龜》卷54〈帝王部・尚黃老〉，頁605。

〔註65〕 《全唐文》卷31，頁152；亦見《冊府元龜》卷54〈帝王部・尚黃老〉「天寶五載四月戊寅」條，頁598。

〔註66〕 麥谷邦夫〈唐玄宗《道德眞經》注疏之撰述與其思想特徵〉，頁364。另，據敦煌本S75、P2370的《老子道德經序訣》所云：「（老子）……於是作道德二篇五千文上下經焉。」此時已可見「上下經」之字眼；見大淵忍爾《敦煌道經（圖錄編）》，頁509。而成玄英《道德經義疏》亦早已以「上經」稱呼《道經》、以「下經」稱呼《德經》，如《道德經義疏》卷4開頭云：「上經明道，下經辨德。……」見成玄英撰，蒙文通輯《道德經義疏》（四川：四川省立圖書館，1946）。

〔註67〕 麥谷邦夫〈唐玄宗《道德眞經》注疏之撰述與其思想特徵〉，頁364。

從玄宗御注所使用的「道經」、「德經」之詞語看來，目前筆者也同意麥谷邦夫的這個看法。

此外，《唐會要》中還有另一項重要的記錄：

> 其載（天寶五載）二月二十四日，詔曰：朕欽承聖訓，覃思元經。頃改《道德經》載字為哉，仍隸屬上句。及乎廷議，眾以為然。遂錯綜真銓，因成註解〔註68〕。

由於此時的玄宗已深信道教，而將《道德經》視為神聖的宗教經典，故有吩咐傳寫以付宮觀之舉。或許正因玄宗看待《道德經》的角度已大異於從前，再加上其對《道德經》作了一些更動，玄宗於天寶十四載才有再度頒行《注》、《疏》之舉。由以上兩則資料來看，玄宗於天寶十四載所頒示的《注》、《疏》理應相關於這兩次的詔令。倘若這兩次的更動及天寶十四載頒示的《注》、《疏》確實對唐代所傳的玄宗《注》、《疏》版本造成影響，則今日所見者亦應都是經過改寫後的《注》、《疏》。然而，當我們徵諸道藏本的玄宗《注》、《疏》時，卻仍可以發現一些與這兩次詔令所示不一致的痕跡。

例如，在道藏本御注中，仍沿用著「道經」、「德經」的稱呼；唯於《道經》、《德經》中又各自依其卷而分有上下篇，即：以卷一的部分為「道經上」、以卷二為「道經下」，《德經》類之。以道藏本之例與〈分道德為上下經詔〉相較，今存之道藏本御注顯然並不符合詔文所云「其道經為上經，德經為下經」之敘述〔註69〕。此外，御注第十章章名仍為「載營魄章第十」，經文開頭的「載」亦未移至第九章經文末尾；同時，於第五十一章注文中猶留有「……具如載營魄章所釋」的字句。然而，於道藏本二十章注的注文中，卻有這樣的敘述：「下經云：含德之厚，比於赤子。如此所以獨異於人。」而在開元二十六年所刻的易州本御注經幢中恰恰缺乏這段文字，可知這段文字是後來補充上去的。就此而言，道藏本所保留下來的御注雖有受天寶頒示版本影響的痕跡，但這個影響（即御注文字的改寫）卻不是全面性的。

另外，就道藏本玄宗《疏》來考察，可以發現以下幾個情形。其一，在

〔註68〕 王溥《唐會要》武英殿聚珍版（臺北：世界書局，1960）卷77〈論經義〉，頁1411。

〔註69〕 於易州龍興觀的碑刻則以「老子道經卷上」、「老子德經卷下」分之；以道藏本與之比對，則可知道藏本之將《道經》、《德經》各自又分上下的情形，當是道藏編纂時，自行將《道經》、《德經》分別析為二卷的緣故；當非玄宗御注之原貌，但畢竟仍保留了《道經》、《德經》之稱。

第一章與第三十七章之前，並沒有明顯的「道經」、「德經」或「上經」、「下經」之類的大字；而在第三十三章疏文中，有「故下經云：守柔曰強……」之字句；於三十八章及五十二章中則有「上經云」的字樣。再者，於第三十七章名之後的釋題中亦有「故演暢此章於上經之末」之字句；而於〈唐玄宗御製道德眞經疏釋題〉中，則有云：

　　　　……則知道者德之體，德者道之用也。而經分上下者，先明道
　　而德之次也。……則上經曰：是謂玄德；……下經曰：失道而後
　　德……。

在這些例子中，皆已反映了玄宗天寶五載的詔令。但四十五章疏文中，卻又有這樣的文句：「注云『直而不肆』，上卷道經之文也。」由此可以推知，今存於道藏本的玄宗《疏》，雖然極有可能是天寶十四載所頒示的版本；但此版本對於開元二十三年版本的改寫，卻非全面而滴水不漏的，因此多少有更改不完善之處。若再就「頃改《道德經》載字爲哉，仍隸屬上句」之詔文效果來考察道藏玄宗《疏》時，亦可以發現：道藏本《疏》第十章之章名，仍爲「載營魄章第十」；其經文亦以「載營魄」起首。即令是疏文，其開頭亦云：「載，初也。」可見並未依天寶五載的詔令改寫之。然而，於此章章名之後的釋題文中，則云：

　　　　……不雜則無疵。營魄已下至滌除，戒修身所以全德。愛人已
　　下至明白，示德全可以爲君。……〔註70〕

由此可以看出道藏本玄宗《疏》對「頃改《道德經》載字爲哉，仍隸屬上句」之詔令乃有依有違的。而由後周郭忠恕《佩觿》中所云：「是故《老子》上卷改載爲哉」〔註71〕來看，玄宗之詔令確有所施行。從而可以推測，道藏本玄宗《疏》即使爲天寶十四載所頒示的版本，其對於開元二十三年之版本的修改亦非全面而嚴謹的。關於開元及天寶版本之間的問題，武內義雄於《老子の研究》中認爲：

　　　　……現今所傳的玄宗《注》與《疏》是開元時的初注與疏，此
　　外或許還有再修本〔註72〕。

〔註70〕此章章名、釋題及疏文等等情況，敦煌本皆與道藏本相同；關於以《道經》、《德經》爲《上經》、《下經》的相關證據，敦煌本恰皆缺乏之。
〔註71〕郭忠恕《佩觿》（臺北：藝文印書館，據該館《鐵華堂叢書》覆宋本景印，1971）卷上，頁9。
〔註72〕武內義雄《老子の研究》，頁233。

筆者以爲，若如武內義雄所言，現今流傳的玄宗《注》、《疏》是開元年間的「初注本」，而此外或許還存在著「再修本」（即所謂天寶十四載的版本）的話，則較不易解釋今存道藏本之所異於易州開元幢之處。亦即，既然今傳版本是開元之初注本，則理應無所異於易州開元幢；或者可以說，於道藏本與易州幢之間的差異應不致如此明顯──尤其是上引道藏二十章注所云「下經云：含德之厚……」一段未出現於易州幢之例；而在道藏本也不應有反映天寶詔令的情形存在。因此，麥谷邦夫認爲：

> 現在我們能看到的玄宗的御注和疏是開元二十三年頒佈的，假定就算在此後進行了修改，但其書（筆者案：指天寶本）也沒有被廣泛的採用，這點是明確的〔註73〕。

如此，麥谷邦夫是認爲，今存的《注》、《疏》應是以開元的初注本（借武內義雄的話來說）爲基礎，爾後經過天寶年間依詔令修改而流傳下來的版本。按照目前所有的證據來看，這個看法可能頗爲接近現實。不過，天寶的再修本本身會否即是以開元的初注本爲基礎進行改寫或增刪的版本呢？若我們回頭來看以上在今存《注》、《疏》中所顯示的證據的話，還可以發現一些現象。

亦即，在道藏本御注中，並沒有反映「改載爲哉」的詔令的證據。不過，另一方面，就以「道經」爲「上經」等等稱呼的詔令而言，雖然在主要的部分仍沿用著「道經」、「德經」之舊稱；但卻有如二十章注所增補的「下經云」之類的句子。而在《疏》的部分，其對於「改載爲哉」的詔令亦幾乎都沒有反映出來；而就以「上經」稱呼「道經」等等的詔令而言，大體上卻皆已有所修訂。換言之，在「改載爲哉」之詔令部分，《注》、《疏》幾乎都沒有反映出來。而對於「稱道經爲上經」等詔令，反映在《疏》的部分明顯比御注的部分來得多。再者，如果天寶十四載的版本確實已「改載爲哉」，則應於杜光庭《道德眞經廣聖義》中有充分的反映，然而這樣的證據卻未能存在於道藏本之中。由此，或許可以認爲，今存於道藏本的《注》、《疏》可能即是天寶十四載所頒示的再修本。但由於此天寶版的《注》、《疏》根本就是在開元初注本的基礎上進行增刪等等修訂的；而此修訂又未能嚴謹完備地進行，導致今日所見之版本出現與天寶五載「以道經爲上經等」之詔令不一致的情況。至於「改載爲哉」一事，則可能根本就沒有在天寶十四載的再修本中進行；以致今日幾乎未能見到有力的相關證據。

〔註73〕麥谷邦夫〈唐玄宗《道德眞經》注疏之撰述與其思想特徵〉，頁366。

　　不過，值得注意的是，玄宗雖然曾在天寶十四載十月頒示了《注》、《疏》的再修本；但由於十一月即爆發了安史之亂，故此再修本可能未得廣泛流傳。因此，對唐代當時的讀書人而言，真正能發揮影響力的仍應是開元的初注本。而根據易州幢所留下來的資料顯示，在開元初注本與天寶再修本之間（即今存於道藏本的版本）的差異並不大。故本文對於玄宗《注》、《疏》背景的考察，仍將以開元二十三年以前爲主。

　　於此，筆者擬將玄宗《注》、《疏》的修撰、頒示及相關事件年代作一整理，以小結本節〔註74〕。

年　代	月份	事　　　件
開元 20	不詳	玄宗完成御注。
	9 月	崔沔與道士王虛正、趙仙甫並諸學士參議修道德經疏。
	12 月	玄宗頒示御注於集賢院，同時頒〈頒示箋註道德經勅〉。
開元 21	正月	玄宗令士庶家藏老子道德經一本；每年貢舉人，量減尚書、論語策一兩條，準數加道德經策。
開元 23	3 月	《疏》的修撰完成，併同御注頒示公卿士庶及道釋二門。 禮部製作御注抄寫本，流傳於各地。
	9 月以前	依道門威儀龍興觀道士司馬秀奏，於兩京及天下應修官齋等州，取尊法物，各於本州一大觀造立石臺，刊勒經注，及天下諸觀並令開講。
開元 24	8 月	都城道士於龍興觀設齋，發揚御書道德經。
開元 25	不詳	懷州御注道德經幢建立。
開元 26	10 月	易州御注道德經幢建立。
開元 27	8 月	邢州御注道德經幢建立。
天寶 14	10 月	御注《道德經》並《義疏》分示十道，各令巡內傳寫以付宮觀。

第二節　注疏之版本及卷數考察──兼論才字號《玄宗疏》之真僞

　　關於玄宗《注》、《疏》所據之《老子》版本及《注》、《疏》版本卷數的考察，武內義雄及今枝二郎之著作雖有相當程度的研究，但在細節部分仍有

〔註74〕關於此年代之整理，亦可參考武內義雄《老子の研究》，頁 232。唯筆者之整理有異於該書。

待討論。以下筆者將於二氏研究的基礎上，作更進一步的考察及討論。

壹、所據《道德眞經》底本

首先討論玄宗《注》、《疏》所據之《老子》版本方面。在《新唐書·劉子玄傳》中有云：

> 嘗議《孝經》鄭氏學非康成注，舉十二條左證其謬，當以古文
> 爲正；《易》無子夏傳，《老子》書無河上公注，請存王弼學。宰相
> 宋璟等不然其論，奏與諸儒質辯。博士司馬貞等阿意，共黜其言，
> 請二家兼行，惟子夏《易傳》請罷。詔可〔註75〕。

徵諸《唐會要·論經義》可知，劉子玄之請廢河上公注、存王弼學一事，乃在開元七年四月七日；而玄宗之詔許罷子夏傳、兼行河鄭、王孔學一事，則在開元七年五月五日〔註76〕。據此可知，至少在開元七年間唐代主要仍用河上公注本的《老子》。

但《舊唐書·隱逸列傳》又載云：

> 承禎頗善篆隸書，玄宗令以三體寫《老子經》，因刊正文句，定
> 著五千三百八十言爲眞本以奏上之〔註77〕。

根據《冊府元龜》所載，玄宗令司馬承禎以三體書寫《老子》之事乃在開元九年三月。而於《新唐書·隱逸列傳》中，關於此事之記載在於「開元中，再被召至都。玄宗詔於王屋山置壇室以居」之後；而於《舊唐書·隱逸列傳》中，此事亦被記錄在「十五年，又召至都。玄宗令承禎於王屋山自選形勝，置壇室以居焉」之後。則以三體書寫《老子》之事或於開元九年，但刊定《老子》五千三百八十言之事，卻有可能是在於開元十五年左右。無論如何，在開元九年至十五年左右，總之是出現了由司馬承禎刊定的新的《老子》版本。而武內義雄認爲，若綜合 1、開元初劉子玄論廢河上公注事；2、開元中召司馬承禎刊定《老子》文句；3、開元二十一年玄宗制令士庶家藏《老子》之事；以及 4、開元二十三年用司馬秀之言，於天下立石臺、並刻御注《老子》等等事件來看，則：

> 似乎劉知幾的奏言成爲議題、河上公注成了疑問，而命司馬承

〔註75〕《新唐書》卷 132，頁 1160。
〔註76〕《唐會要》卷 77〈論經義〉，頁 1407～1410。
〔註77〕《舊唐書》卷 192〈隱逸列傳〉，頁 1309。

　　　　禎刊定而帝自行作注。從而，玄宗注的經文就是司馬承禎的刊定本
　　　　吧〔註78〕！

從武内義雄的推理過程看來，玄宗《注》、《疏》所據的版本的確頗有可能即
是司馬承禎所刊定的版本。今枝二郎亦認爲：無論從上述玄宗之於《老子》
文本的舉動，乃至從玄宗與司馬承禎的關係及信賴度來推想，玄宗《注》、《疏》
所據的《老子》文本確實頗有可能即是司馬承禎刊定而來的。不過，道藏男
字號本御注所留下來的《老子》文本，卻比司馬承禎刊定出來的五千三百八
十言少了一百零七字。即使對校各個御注版本，仍然難以探求司馬承禎的原
本；因此，我們並沒有確切的證據能證明玄宗《注》、《疏》的確是採用了司
馬承禎的刊定本〔註79〕。

　　然而，設若玄宗《注》、《疏》並非採用司馬承禎的刊定本，則其比較可能
採用的底本應是河上公注本。但經過玄宗《注》、《疏》與河上公注本及王弼本
的比對之後，可以發現：玄宗《注》、《疏》所採用的《老子》底本與河、王二
本各有異同之處。換言之，仍然無法斷定玄宗《注》、《疏》之《老子》底本究
竟是否採用了河上公注本或王弼本。而若再與中宗景龍二年易州龍興觀道德經
碑的《老子》經文比對，亦可以發現：此碑經文或較近於河上公本；但跟玄宗
《注》、《疏》本比較起來，玄宗《注》、《疏》的《老子》經文較爲整齊。同時，
玄宗《注》、《疏》之《老子》底本仍有既相異於景龍道德經碑、亦相異於河上
公本之處〔註80〕。假若景龍碑本是唐代的通行本，則玄宗《注》、《疏》所據的
《老子》底本顯然經過增刪修改而成的。則從這些材料來看，玄宗《注》、**《疏》**
所據之《老子》底本極有可能即是司馬承禎所刊定的眞本。唯據今日所傳的版
本，已難回復該本五千三百八十言《老子》文本了。

〔註78〕武内義雄《老子の研究》，頁184。

〔註79〕今枝二郎〈道德眞經玄宗御注本について（一）〉（《中國古典研究》第15號，
　　　　1967），頁32～33。

〔註80〕而又有景龍碑本與河上公本相同或相異之處，如十三章中：
　　　　　　河上公本作「何謂寵辱？辱爲下。」
　　　　　　景龍碑本作「何謂寵辱？辱爲下。」
　　　　　　王　弼本作「何謂寵辱？寵爲下。」
　　　　　　而玄宗本作「何謂寵辱？寵爲下。」
　　　　但在玄宗底本中作「故貴以身爲天下，若可寄天下；愛以身爲天下，若可託
　　　　天下」之處，河上公本作「故貴以身爲天下者，則可寄於天下；愛以身爲天
　　　　下者，乃可以託於天下」；而景龍碑本作「故貴身於天下，若可託天下；愛以
　　　　身爲天下者，若可寄天下」。

　　既然玄宗《注》、《疏》所據的《老子》底本是經過增刪修改的版本，則該本究竟是依據什麼版本來進行更動的呢？若從開元七年劉子玄請廢河上公注、存王弼學一事之始末來推量，其所依據的版本可能即是河上公本及王弼本。而根據武內義雄之研究，他認爲：

　　　　……現在若將其本文（指玄宗御注之底本）與河上公本比較起來，大致上與河上公略本亦即景龍碑相類似。……開元本與景龍碑比較起來，其不一致的部分，我想大多是依據王弼的略本吧〔註81〕！

換言之，武內義雄亦認爲玄宗《注》、《疏》之《老子》底本可能是以唐初所通行的河上公本與劉子玄大力推舉的王弼本所修改的。這個結論，無論是從歷史背景或是從版本文句來看，都應是正確的觀察〔註82〕。

貳、注的版本及卷數

　　關於開元與天寶御注的版本，於上一節中已有所討論，此處便不再贅述。而今日所能見到的玄宗御注版本，大抵如下：

1、道藏男字號下《唐玄宗御註道德眞經》

2、易縣龍興觀道德經幢

3、邢台縣龍興觀道德經幢

4、敦煌殘卷 P3725 本

5、杜光庭《道德眞經廣聖義》所引，收於道藏羔字上下、羊字上下、景字上中下、行字上下

6、唐明皇、河上公、王弼、王雱等《道德眞經集註》所引，收於道藏靡字上下、恃字上（簡稱王雱等《道德眞經集註》）

7、顧歡述（僞）《道德眞經註疏》所引，收於道藏信字上中下

8、強思齊《道德眞經玄德纂述》所引，收於道藏使字上中下、可字上中下、覆字上

9、李霖《道德眞經取善集》所引，收於道藏墨字上下、悲字上中

10、劉惟永編集、丁易東校正《道德眞經集義》所引，收於道藏染字上中下

〔註81〕武內義雄《老子の研究》，頁186。

〔註82〕對於唐代通行的河上公本詳略之分的探討，可參照武內義雄《老子の研究》及《老子原始》（收於《武內義雄全集》第五卷，東京：角川書店，1978），頁32～39。

這其中，6～10 之版本爲集本，在體例上未必與玄宗御注本身相同；因此在討論玄宗御注體例時不宜列入其中。而 5 的《道德眞經廣聖義》是杜光庭個人著作，亦自有其體例；尤其是在卷數方面，由於杜光庭對玄宗《注》、《疏》敷演甚多，故其卷數亦無從與玄宗《注》、《疏》相同。因此本文在論及玄宗《注》、《疏》的版本及卷數的問題時，乃直接參照 1～4 的材料來作探討〔註83〕。

1、道藏男字號本

收於道藏男字號下的《唐玄宗御註道德眞經》是四卷本。就其體例而言，卷一是從第一章到第十九章，卷首標示「道經上」；卷二是從第二十章至第三十七章，標示「道經下」；從第三十八章至五十九章爲卷三，卷首標示爲「德經上」；卷四則從第六十章至第八十一章，是爲「德經下」。其中各章均以經文開頭數字爲章名，於章名下又標示該章之序數，如作：「上德不德章第三十八」。其經文與注文的寫法，是讓注文緊隨在該句經文之次行；經文與注文未以大小字體作區分，而以注文低於經文一字並換行書寫爲分辨之方。另在文字書寫上，經文之「民」字、「淵」字、「虎」字及「治」字均未見缺筆情況；於注文中則未見有以「泉」字代「淵」字、以「武」字代「虎」字之情況，而以「人」字代「民」字及以「理」字代「治」字之現象亦少見〔註84〕。

2、易縣龍興觀道德經幢本

不過，易縣龍興觀道德經幢和邢台縣龍興觀道德經幢的體例卻不同於男字號本〔註85〕。在易縣龍興觀道德經幢中，玄宗御注乃分爲上下二卷：其第一章至第三十七章是爲上卷；而於第一章首句經文之上標示有「老子道經卷上」。自第三十八章以後爲下卷，並在第三十八章首句經文之上標示著「老子德經卷下」。每一章皆無章名，亦無章之序數；各章之間以一大字左右大小之空白爲間隔，藉此區別不同之章文。其經文爲大字楷書；注文爲小字楷書，並以雙行夾注的方式緊隨在該句經文之後。於經文之中，「民」字、「淵」字、「虎」字皆缺末筆，注文則分別採「人」、「泉」、「武」等字代之，此信爲避

〔註83〕 以下主要爲筆者自己的考察；若有參考學者意見之處，皆已附加註腳說明之。
〔註84〕 較明顯有代字現象者，爲第五十七、五十八、六十四章之以「人」代「民」字；另於七十五章中，有一句以「人」代「民」字，而另一句不然之現象。此外，關於「治」字，如第八、第十章均未以「理」字替代，但於第五十七章則有代換現象。
〔註85〕 筆者所據之版本，爲無求備齋《道德經十一種》之易縣、邢台縣拓本，收於嚴靈峰《無求備齋老子集成初編》。

唐高祖、唐太宗及高祖武德時所追尊的唐太祖之諱；凡男字號本為「驕」字者，皆作「憍」字〔註86〕。另外，於經文之中，「治」未缺筆，但注文中卻均以「理」字取代「治」字，亦應為避唐高宗之諱。其餘差異較大的部分，主要為易縣碑文省略了許多虛詞、連詞或代名詞，如「之」、「其」、「哉」……等字；但亦非完全省略〔註87〕。從而，易縣碑文之總字數少於男字號本。不過，從易縣碑文書寫的方法來看，其略字之情況，或許是因為受限於石臺的書寫空間而省略的吧！

3、邢台縣道德經幢本

不過，同樣是以道德經幢樣態出現的邢台縣道德經幢本，在文字方面卻與易縣碑本有些許的不同。其分卷的方法亦是將《老子》分為二卷，以第一章至三十七章為「老子道經上」，書於第一章經文之前；而自第三十八章起為「老子德經下」。可見其分卷的安排是同於易縣道德經幢，但異於男字號本。唯邢台縣本於第八十一章注文之後，又有「老子德□卷下」之字樣；而第三十七章注文之後，由於碑拓模糊之故，未能得見有無「老子道經（卷）上」之字樣。其次，邢台縣本各章亦無稱章名與章序，章與章之間以一大字的空白為區隔；在經注文的書寫方式上，經文為大字楷書，注文亦以雙行夾注的小字楷書緊隨在該句經文之後。在文字方面，經文之「民」字、「淵」字皆缺末筆，在注文亦分別以「人」、「泉」字代之，仍為避諱之例；男字號用「驕」字之處，邢台縣本皆用「憍」。另外，雖以碑拓模糊，但以筆者所見，其經文「治」字似缺末筆〔註88〕；而注文則一律以「理」字取代「治」字，應為避唐高宗之諱。唯「虎」字之諱，以碑拓殘缺模糊之故，未能得見其情狀。然而，易縣本省略許多虛詞、連詞或代名詞之情況，卻未出現在邢台縣本上。從這兩處道德經幢之外型上來看，據無求備齋《道德經十一種》所載，易縣本拓片之高為 4.19M，寬為 0.41M；邢台縣本拓片之高為 4.30M，寬為 0.63M。

〔註86〕唯第三十章經文所用之「憍」字與道藏敦字號《疏》本同，而異於男字號御注經文。但第九章中，易縣本經文注文皆用「憍」字；男字號經文注文皆用「驕」；而敦字號《疏》本之經文為「驕」字、疏文則用「憍」字。

〔註87〕其中也有具有意義的字被略去，但筆者推敲應是意外寫漏的。如第六十七章《老子》之「天下皆謂我道大似不肖」，被寫成「天下皆謂我大似不肖」，其間遺漏了「道」字，但據碑文下面之夾注所云「老君云天下之人皆謂我道大無所象似……」，可知該「道」字是漏寫而非刻意刪去的。

〔註88〕相較於其他有「口」之字，「治」字之末筆皆近似於無。故云之。

則邢台縣碑似較易縣碑爲大，可書寫的面積自然也較多；則邢台縣本之所以未如易縣本般略去許多虛詞或代名詞，或許即是因爲不乏書寫空間之故。與道藏男字號本相較，邢台縣本之經文或繁或簡，兼而有之，未詳其故；但在總字數上，總之是比易縣本接近男字號本的。

4、敦煌殘卷 P3725 本

再則以敦煌殘卷 P3725 本來看〔註89〕。據大淵忍爾《敦煌道經（目錄編）》所載，P3725 本首部殘損、尾部完具；附卷軸處尙存；並有跋〔註90〕。殘卷所保留下來的部分，相當於道藏男字號本第三十四章注文「（上缺）欲可名於小」開始，至第三十七章卷末。於卷末第三十七章注文之後，書有「老子道經卷上」的字樣，因此可以看出敦煌鈔本也是以二卷本的形式出現的。其各章均無章名與章序，章與章之間乃以換行書寫爲區隔的標準。而經文爲大字楷書；注文則爲小字楷書，以單行注的方式緊接在該句經文之後。在保存下來的經文中，恰缺「民」字、「虎」字與「治」字，而「淵」字缺末筆；於注文中則可見以「泉」字代「淵」字、以「理」字代「治」字之現象〔註91〕。而諸如「之」、「兮」等虛詞、連詞及代名詞等等，則未見其有較道藏本省略之現象。

由以上四種版本相互比較之下，可以發現幾點耐人尋味之情況。

一，在卷數的分法上，可列表如下：〔註92〕

男字號本（明）	敦煌本（唐）	易縣本（唐）	邢台縣本（唐）
卷一道經上（卷首）	老子道經卷上	老子道經卷上	老子道經上（卷首）
卷二道經下（卷首）	（卷尾）	（卷首）	
卷三德經上（卷首）	（老子□經卷下）	老子德經卷下	老子德經下（卷首）
卷四德經下（卷首）		（卷首）	老子德□卷下（卷尾）

此外，關於玄宗御注的分卷方法，彭耜於《道德眞經集注雜說》中引董迫《廣川讀書志》云：

〔註89〕本文所引敦煌本，蓋出自大淵忍爾《敦煌道經》圖錄編。

〔註90〕大淵忍爾《敦煌道經》目錄編（東京：福武書店，1978），頁241。

〔註91〕以「理」字代「治」字者，爲第三十五章注。

〔註92〕雖然今枝二郎在〈玄宗皇帝の《老子》注解について〉中也有列表，但其不知何故將易縣及邢台縣本之「德經（卷）下」部分誤植爲「道經（卷）下」；同時也遺漏了邢台縣本卷尾猶有「老子德□卷下」字樣的現象，從而也影響到今枝先生該文其後的討論。

　　　　唐元宗旣注《老子》，始改定章句爲《道德經》。凡言道者，類
　　之上卷：言德者類之下卷。刻石渦口老子廟中〔註93〕。
其所言者，確與今日所見之開元版本相符。而於《新唐書・藝文志》中亦如
此記載著：
　　　　　　　　　　　　　　　　　　　　　天寶中加號《玄通道德經》，世
　　　　玄宗注《道德經》二卷，又《疏》八卷。
　　不稱之
　　　　　〔註94〕。
由此可知，玄宗御注在唐代開元年間之原貌應爲二卷本。而其上卷爲《道經》、
下卷爲《德經》。而自天寶元年所頒〈分道德爲上下經詔〉開始，玄宗有意改
稱《道經》爲《上經》、《德經》爲《下經》。〔註95〕而此二卷本，乃以第一至
三十七章爲上卷，即《道經》；而從第三十八章起至第八十一章爲下卷，即《德
經》。因此可知，道藏男字號之所以爲四卷本，顯然是由後人所析分的〔註96〕。
　　　　二，就各章章名與章序的問題來看。在以上四種御注版本中，唯男字號
本有章名與章序；其餘三種唐代開元之版本則無之。就此而言，玄宗御注原
先可能是沒有注明章名及章序的。不過，在第五十一章中卻有如此之敘述：「具
如載營魄章所釋。彼章言人修如道，此章明道用同人。」或許亦可以視爲御
注有章名而無注明章序的證據。然而，從此句的敘述來看，御注未稱章序之
情況固然無疑；但此句亦未必得以證明御注有章名。因爲，如果御注有章序
的話，若在某章引用他章之文字，以章序來稱呼應是較爲容易的；從而，御
注本來就未標示章序是比較有可能的。若無章序，則以冒頭之二三字來指稱
該章亦不失爲合理的作法；而男字號本之玄宗御注又恰以各章冒頭二三字來
指稱該章。換言之，除非男字號本之御注乃至《疏》不是以各章冒頭二三字
爲章名，否則無法證明所謂「載營魄章」者，究竟是表示有章名、或者只是
一時的權宜之稱。
　　　　再者，若以開元的敦煌《疏》本作對照的話，可以發現敦煌《疏》本中
已有章名與章序──一如道藏男字號本。又，從敦煌《疏》本亦避「淵」字諱
的情形來看，該本應也是唐代之版本。根據大淵忍爾所云：
　　　　要之，敦煌道經的鈔寫年代，大抵是從六世紀半到八世紀半以

〔註93〕見彭耜《道德眞經集注雜說》，《正統道藏》38 冊，頁 161。
〔註94〕《新唐書》卷 59〈藝文三〉，頁 404。
〔註95〕關於〈分道德爲上下經詔〉之內容與意義，請參見本章第一節貳之二。
〔註96〕參見今枝二郎〈玄宗皇帝の《老子》注解について〉，頁 23。

　　後之大約二百年間；即使由筆風來看，其大多數似爲唐高宗至玄宗

朝時的書寫的作品，大抵無誤〔註97〕。

據此而論，則敦煌《疏》本之年代亦不下於玄宗朝。因此，玄宗的御注亦有
可能已有章名與章序，唯今日所見唐代諸本（尤其是敦煌本）恰省略之。又
或者是當初公布的時候，就是御注無章名章序、而《疏》本有呢？總之，筆
者以爲，今日所見的資料並不能確切證明當初的玄宗御注，究竟是否已採用
在經注之前標明「章名－章序」這樣的體例〔註98〕。

　　三，就避諱的情況而言。如上所述，在以上四種版本中，除道藏男字號
本之外，其餘諸本皆將經文中的「淵」字、「民」字以缺末筆的方式來避諱；
而在注文中則分別以「泉」字及「人」字替換之。至於「治」、「理」二字，
在道藏男字號本注文中，呈現二字互見之情形；其餘諸本皆以「理」字代「治」
字。但在經文部分，除敦煌 P3725 本無「治」字外，男字號本及易縣本之「治」
字顯然既無缺筆亦無代字；而唯邢台縣本似有缺筆現象。另外，「虎」字之諱
唯在易縣本中得見。不過，就注文以代字避諱的方面而言，以上四組字詞之
情形，仍應爲唐人避諱之例〔註99〕。以此三本對照於男字號本，則可知男字
號本大部分已復避諱之初：其經文不再缺筆，於注文則將「泉」改回爲「淵」、
「武」改爲「虎」；原書爲「人」者，則多將其改回爲「民」。唯書爲「理」
字者，則或改回「治」字、或未改之。至於改動者是否爲明以前之人則不得
而知，然男字號本顯經唐後之人改動則爲事實。

　　四，就虛詞、連詞、代名詞等省略與否的問題來說，與其他諸本差異最
大的恐怕就屬易縣本了。略經比對之後，筆者以爲，易縣本之略字，除了不
意訛脫之字外，其餘所略，應是書者以石碑之書寫空間有限，爲了節省空間
而從略的。經過這樣的省略之後，共有八面的易縣碑，在最後一面還留下了
約七分之三面的空間。若以該碑一面約莫可寫一千三百字餘的體例來算〔註

〔註97〕大淵忍爾《敦煌道經》目錄編，頁7。
〔註98〕今枝二郎亦認爲御注可以分爲「不分章本」和「分章本」二種形式，但何者爲
　　　　原型則是難以斷言的。見今枝二郎〈道德眞經玄宗御注本について（一）〉，
　　　　頁32。
〔註99〕王重民云：「然則唐人避諱之例，舊文則缺筆，撰述則採用代字。」見王重民
　　　　原編，黃永武新編《敦煌古籍敍錄新編》，頁58。
〔註100〕據王昶《金石萃編》所考，易縣碑前三面兼有碑名、玄宗敕文及經注文，而
　　　　最後一面經注文唯六十字，下列各官姓名後皆爲空白（不將宋朝、清朝人之
　　　　題字算進去的話）。其餘諸面之體例爲：「皆十一行，行一百十九字。」經查

100〕，其空白處至少還可寫五百六十一大字。換言之，書寫者省略太過了。從而，無論後出的邢台縣道德經幢是否參考了易縣本的經驗，其石碑既然大於易縣本，則在書寫空間上更不必如此省約。或許這些因素即是兩處經幢雖同爲石刻、但書寫策略或經文字數不一的原因吧！

從以上的討論可知，**明道藏所存之男字號本已經唐後之人改動文字**；而開元的石刻本中，易縣本訛脫及省略之字甚多、邢台縣本又頗多殘損；至於敦煌本僅存三章內容及上卷卷末資料。雖然此四本皆有缺憾之處，但我們對於玄宗御注之基本體例，大致上仍可以了解其輪廓。至若御注全文詳細之文字，今枝先生已於〈道德眞經玄宗御注本について〉（一）～（四）〔註 101〕中以敦煌殘卷 P3725 本、杜光庭《道德眞經廣聖義》、王雱等《道德眞經集註》、顧歡述（僞）《道德眞經註疏》及強思齊《道德眞經玄德纂述》等諸本作校刊之功。其文雖偶有錯誤，但小疵畢竟不掩大瑜，筆者亦不敢掠美之。有興趣之讀者可以自行參閱。

參、疏的版本及卷數

在今存道藏中，名爲《唐玄宗御製道德眞經疏》者有二：其一在道藏效字上下，共有十卷；另一在才字上，爲四卷本。然而，無論是四卷或十卷本，在卷數上均與文獻上的記錄有差異（詳下文）；因此，關於玄宗《疏》的卷數問題，似有必要作進一步的探究。此外，效字號與才字號《疏》的內容差異不小；則有關二者之間的關係，以及何者才是玄宗的《疏》本等等問題，確也有待我們進一步地探討。以下即分別就效字號本及才字號本對以上問題作分疏。

一、效字號本

（一）版　本

有關與效字號本玄宗《疏》近同之版本，今日可見者計有以下幾種：

1、道藏效字上下《唐玄宗御製道德眞經疏》
2、敦煌殘卷 P3592 本
3、敦煌殘卷 P2823 本

證可知，王昶是以大字（即經文）來計算的；故一面共計可書寫一千三百零九個經文大字。見王昶《金石萃編》，頁 1446。
〔註 101〕見收於《中國古典研究》第 15～18 號，1967、1968、1969、1971。

4、敦煌殘卷 S4365 本

5、杜光庭《道德眞經廣聖義》所引，收於道藏羔字上下、羊字上下、景字上中下、行字上下

6、強思齊《道德眞經玄德纂述》所引，收於道藏使字上中下、可字上中下、覆字上

7、劉惟永編集、丁易東校正《道德眞經集義》所引，收於道藏染字上中下

在討論御注版本時，筆者曾提到，由於杜光庭之《道德眞經廣聖義》乃杜氏個人敷演玄宗《注》、《疏》而成的著作，在卷數上勢必與玄宗《注》、《疏》有所出入，故暫不列入比較版本之行列。而其他屬於集注之版本，以其體例未必同於玄宗《注》、《疏》，因此亦暫不列入討論。同樣地，本文在討論玄宗《疏》時，上述 5〜7 之版本亦將暫擱；而以 1〜4 之版本爲主要討論對象。

1、道藏效字號本

道藏效字號本之《唐玄宗御製道德眞經疏》共有十卷。在卷一之前（亦即不含在卷一之中）有一篇〈唐玄宗御製道德眞經疏釋題〉。其文大致在分說《老子》之「道」與「德」；其文末則有云：

> 每惟
>
> 聖祖垂訓，貽厥孫謀；聽理之餘，伏勤講讀。今復一二詮疏其
>
> 要妙者，書不盡言，粗舉大綱，以裨助學者爾〔註102〕。

〈釋題〉之後方爲《唐玄宗御製道德眞經疏》卷一。此本《唐玄宗御製道德眞經疏》共有十卷。卷一由第一章至第十章；卷二自第十一章至第十八章；卷三乃由第十九章至第二十六章；卷四爲第二十七章至第三十四章；卷五由第三十五章至第四十章；卷六從第四十一章至四十八章；卷七爲第四十九章至第五十六章；卷八自第五十七章起至第六十四章；卷九從第六十五章到第七十三章；自第七十四章以後則爲卷十。值得注意的是，這樣的分卷法似乎取消了一般將《老子》分爲《道經》、《德經》的界線（即前三十七章爲《道經》、第三十八章以後爲《德經》之分類）；並且，在分卷之外亦不見有「道經」、「德經」乃至「上經」、「下經」之類的標示。各卷所分配到之章數不一，最多者爲卷一，共有十

〔註102〕〈唐玄宗御製道德眞經疏釋題〉，見於《正統道藏》19 冊，效字號，頁 638。另，「每惟」之後、「聖祖」之前的空白爲表示尊敬而換行的，本文因之，以維持原貌。

章；最少者爲卷五之六章。其餘除卷九之九章外，均爲八卷。至於其卷序（如「唐玄宗御製道德眞經疏卷之一」）則於卷首卷尾均有標示。

其各章之開頭，先示該章章名及章序，如：「道可道章第一」；章名章序下，則以雙行夾注之方式寫有該章章旨。於章旨後始爲《老子》經文；而疏文則以每行低經文一字之方式緊隨在該句經文之後。其每段疏文之首，題有一「疏」字以示之。

效字號本之《老子》經文與男字號本偶有出入，有略其代名詞者，如第四章男字號本作：「吾不知其誰之子」者，效字號本作「吾不知誰之子」；有異字者，如第五十八章男字號本作：「是以聖人方而不割，廉而不劌，……」，而效字號本作：「是曰聖人方而不割，廉而不穢，……」。此外，效字號本訛誤之處亦復不少。如於第三十五章中，男字號本《老子》經文原作：「道之出口，淡乎其無味。視之不可見、聽之不足聞、用之不可既。」效字號訛爲：「視之出口，淡乎其無味。道之不足見、聽之不足聞、用之不可既。」於疏文中更訛誤爲：「視不足見、德不足聞」；而於第二十章猶重出一句「忽若晦寂兮似無所止」。

至於其文字之中，「淵」、「民」、「治」、「虎」等字均不見缺筆現象。其疏文避諱而成之「武」字，均已改爲「虎」；唯疏文中之「淵」、「民」、「治」等字，則「淵」、「泉」、「民」、「人」、「治」、「理」等間而有之，未特別得見避諱情狀。

2、敦煌殘卷 P3592 本

敦煌殘卷 P3592 本之首尾皆有損毀之處，其內容約相當於效字號本卷一第二章疏文「（上缺）過去□來及以見在」開始，乃至卷一第十章疏文「（上缺）功若無知者故云能」爲止。全篇不見任何分卷或「道經」、「德經」之類的標示。其各章均於經文之前標示章名及章序，格式一如道藏本；其後乃有章旨，但以換行齊頭之方式書寫。其經文部分乃以朱筆書寫、疏文則於次行以墨筆開始書寫〔註103〕。而章名、章序、章旨、經文及疏文等，字體大小均無異。而各段疏文起首均無一「疏」字，想是以用墨不同於經文已足以區分經疏之故。

〔註103〕唯 219 行及 222 行例外。大淵忍爾認爲是本文寫漏，而後在前文的疏文之下插寫進去的。見大淵忍爾《敦煌道經》目錄編，頁 242。又，本文所謂敦煌本之行序，概以大淵忍爾《敦煌道經》圖錄編爲準。

於經文方面，恰缺「虎」字，而「民」字、「淵」字、「治」字皆缺末筆；於疏文則有以「武」、「泉」、「理」三字分別代「虎」、「淵」、「治」等字之現象，亦可見唐人避諱之例；但疏文中對於「民」之避諱方式，則缺筆及代字（即以「人」字代之）兼而有之。其餘文字與效字號本相較，則偶有異體字、錯別字，但整體之差異不大。

3、敦煌殘卷 P2823 本

敦煌殘卷 P2823 本亦殘損其首尾部分。其內容由相當於效字號本卷三第二十三章「（前缺）廣理 喻 以 結 成」〔註104〕至同一章「既生惑滯則執言求悟」爲止。在體例上，大致同於前述 P3592 本。唯以其殘損，故未能見其卷序、章名、章序之寫法，乃至章名章序與該章章旨之間的排列關係。其可知者在於：章旨亦在首句經文之前；章旨、經文與疏文以齊頭換行之方式書寫，三者字體無明顯的大小差異。其經文爲朱書、而疏文爲墨書；疏文亦緊隨在該句經文之後，而疏文之首並無標一「疏」字。

於文字之中，恰無「民」、「淵」、「治」等字。疏文之「虎」字未以「武」字代之；其末筆亦非明顯缺筆之現象〔註105〕。此外，與道藏效字號本差異最大的，當屬 P2823 本第四行至第六行之疏文，以下將列出其差異。

效 字 號 本	P2823 本
……言者在乎悟道悟道則忘言不可都忘要其詮理但自然之理不當有與不有希言之義亦不定言故以希言之言用顯自然之理故云希爾	……言者在理執滯非悟教之人理必因言都忘失求悟之漸則明因言以詮理不可都忘悟理則言忘故云希尒

值得注意的是，P2823 本的這段文字，與道藏本杜光庭《道德眞經廣聖義》中所保留的玄宗疏相同；而效字號本之文字中，以「悟道則忘言不可都忘」一段與御注近同，但御注作「……不可都忘悟道則言忘」。並且，P2823 本之「明因言以詮理不可都忘」一段亦與御注本相同。兩者皆有作爲御注之複注的可能性，亦有可能恰是開元版與天寶版之不同所在。唯以文義順暢的程度而言，P2823 本似優於效字號本。

〔註104〕「廣理」者，大淵忍爾《敦煌道經》目錄編誤寫爲「廣利」，特此誌之。見該書頁 244。

〔註105〕其「虎」字最後兩筆寫作「儿」；在末筆筆畫上，其「乚」字形鉤起之痕跡並不明顯。但大淵忍爾認爲如此即是「缺筆」現象，筆者存疑。

4、敦煌殘卷 S4365 本

根據大淵忍爾所云，S4365 本殘破壞損之處爲首部及中間下面的部分；而 S4365 本之尾部則是由紙與紙之間的接縫處所掀起的〔註106〕。其所保存下來的部分，相當於敥字號本卷三第二十五章「（上缺）道法自然」至第二十六章「重有制輕之功靜有持躁」爲止。就體例而言，於第二十六章之首，標有章名與章序，即：「重爲輕根章第廿六」，此寫法與敥字號本作「重爲輕根章第二十六」大同小異；於章名章序後爲該章章旨，以單行墨書書寫（異於敥字號本之雙行夾注。）章旨之後爲首句經文；唯其經文與疏文同爲墨書而非朱書。其疏文亦緊隨在該句經文之後，而疏文之首亦無標一「疏」字。而章旨、經文與疏文亦以齊頭換行之方式書寫，三者字體無明顯的大小差異。

在文字方面，恰無「淵」、「民」、「虎」、「治」之類的避諱字。於第二十五章之部分，凡敥字號本作「清淨」者，S4365 本皆作「清靜」；其餘除少數異體字、錯別字外，與敥字號本差異最大的，在於第二十六章「重爲輕根」之前半段疏文。以下將列表以示之。

敥　字　號　本	S4365 本
疏根本也草木花葉之 ¹ 花葉輕花葉稟根蔕 ² 而生則根蔕躁既重爲 ³ 本故曰重爲輕根夫重則靜輕則躁躁則靜 ⁴ 輕者根則靜爲躁者君矣……	根本也草木根蔕重 ¹' 花葉輕花葉稟根蔕 ²' 而生則根蔕爲花葉之 ³' 本故曰重爲輕根夫重則靜輕則躁既重爲 ⁴' 輕者根則靜爲躁者君矣……

※表內之阿拉伯數字爲筆者所加。

兩相比較起來，很顯然地，S4365 本之文句及文義均較敥字號本通順。若以 S4365 本爲準來看敥字號本的話，不難發現：

1、敥字號本 1 的部分爲誤植了相當於 S4365 本 3' 的部分之結果；

2、敥字號本 2 的部分爲誤字；

3、敥字號本 3 的部分爲誤植了相當於 S4365 本 4' 的部分之結果；

4、敥字號本 4 的部分疑爲涉上文而誤。

是以，就 S4365 本之作爲文獻資料的意義而言，S4365 本無疑具有得以校正敥字號本之用。

〔註106〕見大淵忍爾《敦煌道經》目錄編，頁 245。

在上述四種版本中，唯有在道藏效字號本可以發現分卷的方法；其分法乃以十卷來分，而取消了一般——甚至是開元御注中——所使用的《道經》、《德經》或《上經》、《下經》的分類法；但在文字中，卻兼有「上經」及「道經」之說〔註107〕。故今存於道藏版本之分卷法，頗有可能是後人所析分出來。

其次，就章名章序以及章旨的問題而言，除 P2823 本之章名章序付之闕如外，其餘諸本對於章名章序的寫法原則上是相同的。而章旨的部分，唯有效字號本是以雙行夾注的方式抄錄於章名章序之下；其餘皆是以與章名章序同等大小之字體，自章名章序之次行以墨筆書寫之〔註108〕。則其章名章序之寫法，應爲開元年間公示天下時即具有的體例原貌；而章名章序後有一段章旨之情況，雖亦應爲原有之體例，但其字體大小與是否自章名章序之下開始抄錄、或自其次行開始書寫的問題，似乎未必有固定規格，當是視抄錄情況而定的。

再其次，就經文與疏文的寫法來看。在敦煌殘卷本中，章名章序、章旨、經文與疏文皆是以齊頭、換行的方式書寫的；並且，在這幾個項目之間，並無字體大小之差異可言。而在道藏效字號本中，是以整段疏文皆低於經文一格之方法來區隔；這種寫法，應是《正統道藏》自身之體例，而未必是原著作之體例。另外，在 P3592、P2823 本中，其經文是以朱書書寫，而疏文皆以墨書抄錄。於《經典釋文》中有云：「今以墨書經本、朱字辯注，用相分別，使較然可求〔註109〕。」則以朱墨區分經注，應是當時通行的方法；唯以敦煌 P3592、P2823 本來看，朱墨之用於經或注，應無定然之規格。不過，據 S4365 本之未用朱墨分書的情況來看，如此的區分方法，應非唐人固定之格式；恐怕只是視個人所需與方便而採用的方法吧！

又其次，就其避諱的問題而言，敦煌《疏》本避諱之情形似乎較敦煌御注本來得混亂。雖然在經文的部分皆以缺筆表示避諱，但在疏文的部分，則或有代字、或有缺筆（甚至有難以斷定爲缺筆之字）；不似御注一般，經文皆用缺筆、注文皆用代字之情況。至於道藏效字號本的情況，則如同道藏男字號本御注一樣，就唐人缺筆之部分，一律回復字形原貌；對於避諱而採用代字的部分，則

〔註107〕可參看本章第一節貳之二。

〔註108〕唯 P2823 本不能保證是書於章名章序之次行，但可確定是墨書；據其章旨與次行之首句經文的關係來看，P2823 本之章旨也很有可能是抄錄於章名章序之次行。

〔註109〕陸德明《經典釋文》（湖北：崇文書局，開雕，1869〔同治 8 年〕）卷 1〈條例〉，頁 2。

或有復其本字者、或有留存代字痕跡者。不過，就上述之情形來看，敦煌本仍應爲唐人之寫本；而道藏效字號本則顯然是經過後人改動後的版本。

最後，就記載文字之差異來看，敦煌殘卷本在異體字、錯別字的部分固然可供與道藏效字號本互相參校；但其文句卻大致較道藏效字號本通暢。尤其是 S4365 本所保留的第二十六章的文字，實可爲校正效字號本之重要文獻。由此亦可以得知，道藏效字號本雖然大體上保存了玄宗《疏》之全貌，但既經唐後之人輾轉抄寫，其訛脫之處亦復不少。所幸，藉由其他文獻之保存，我們得以對校出一些道藏本訛誤之處，進而一窺《疏》本較爲可能的「原貌」。

（二）卷　數

承上所述，在敦煌諸本中皆失卻了關於《疏》本卷數及分卷方法的記錄，而今所存之道藏本又似已經後人改動；因而，關於《疏》本的卷數問題實有藉其他文獻資料而進一步討論的必要。

現有文獻資料對於玄宗《疏》卷數之記錄大抵如下表：

出　　處	記　　載
道德眞經廣聖義（唐）	疏凡六卷〔註110〕
新唐書・藝文志（宋）	玄宗注《道德經》二卷、又《疏》八卷〔註111〕
郡齋讀書志（宋）	明皇老子注二卷、疏六卷。右唐元宗撰。元宗既爲注二卷，又爲疏六卷〔註112〕
通志・藝文略（宋）	八卷，唐明皇撰〔註113〕
冊府元龜（宋）	親注老子并修疏義八卷〔註114〕
崇文總目（宋／清）	（宋）道德疏六卷，唐元宗撰。（清）侗按：讀書志作老子疏，宋志作道德音疏〔註115〕
宋史・藝文志（元）	唐玄宗道德經音疏六卷〔註116〕

〔註110〕杜光庭《道德眞經廣聖義》卷 4〈釋御疏序下〉，頁 170。
〔註111〕《新唐書》卷 59〈藝文志〉，頁 404。
〔註112〕晁公武《郡齋讀書志》（臺北：廣文書局，1967）卷 11，頁 690。「唐元宗」者，皆爲「唐玄宗」：此爲本書清刻本避康熙諱之例。
〔註113〕鄭樵《通志》（臺北：臺灣商務印書館，1987 臺一版）卷 67〈藝文略第五〉。
〔註114〕《冊府元龜》卷 53〈帝王部・尚黃老〉，頁 592。
〔註115〕王堯辰等編次、錢東垣輯釋《崇文總目》（臺北：台灣商務印書館，1978），頁 134。
〔註116〕脫脫等撰，中華書局編輯部編《宋史》（北京：中華書局，1997）卷 205〈藝文志〉，頁 1340。

道藏效字號（明）	十卷
道藏才字號（明）	四卷

在上表所引的資料中，以杜光庭《道德眞經廣聖義》之記載最爲有趣。其曰：

> 疏凡六卷。義曰：……上下二經，疏各三卷，亦粗明一生三之意。六者陰數也，三者陽數也。三以象乾，合乾爲坤。離之則爲陽，合之則爲陰。言此疏包天地乾坤之要，窮陰陽變化之微，故成六卷爾〔註117〕。

從杜光庭這樣的敘述來看，其文本中所寫的「疏凡六卷」當非筆誤；據此得以判斷，玄宗《疏》在杜光庭之時應是六卷本的。而與杜光庭紀錄相同的，則有：《郡齋讀書志》、《崇文總目》、《宋志》。其他除今道藏版本外，均載爲「八卷」。其中，《唐志》與《通志》是將玄宗《注》、《疏》分別載爲「注二卷、疏八卷」；而《冊府元龜》之記錄較模糊，不易判定其所記載，是「注加上疏共八卷」、還是「疏八卷」。若是前者，則不能排除是「注二卷＋疏六卷＝八卷」的可能。不過，從以上紀錄來看，由於杜光庭對「六卷」說還作了一段敷演，可確知「疏凡六卷」的紀錄並非筆誤，故筆者以爲當以杜光庭最爲可靠；而對於「八卷」之說，今枝二郎認爲：「八卷」可能是由於形近而訛的；但也有可能是被後人析分卷數，從而導致「卷數增加」的情況〔註118〕。不過，從上表來看，筆者以爲後者的可能性比較低；因爲，假如玄宗《疏》在宋代時已被析分爲八卷本，則在元代的《宋志》中，不應仍作六卷本。因此，「形近而訛」的可能性應該比較高。

再者，從上引杜光庭之言來看，效字號之十卷本屬於「卷數增加」情況的可能性比較高。同時，在〈唐玄宗御製道德眞經疏釋題〉中，亦有言曰：

> ……則知道者德之體，德者道之用也。而經分上下者，先明道，而德之次也〔註119〕。

由此觀之，在原先的玄宗《疏》的體例上，亦應有「道經」、「德經」或「上經」、「下經」的區分；而此區分亦應如御注所示，以前三十七章爲「道經」

〔註117〕杜光庭《道德眞經廣聖義》卷4〈釋御疏序下〉，頁170。
〔註118〕今枝二郎〈唐玄宗御製《道德眞經疏》について至才字號本の檢討〉，頁57～58。
〔註119〕〈唐玄宗御製道德眞經疏釋題〉，《正統道藏》19冊，頁638。

或「上經」，其餘屬「德經」或「下經」。然而，今日道藏本之玄宗《疏》卻非如此。在效字號的十卷本中，前五卷包含了《老子》四十章以前的內容及《疏》，而後五卷自第四十一章開始。如此之分法，顯然與御注上下之分不相同；亦無法與〈唐玄宗御製道德眞經疏釋題〉及杜光庭《道德眞經廣聖義‧釋御疏序》相呼應。因此，道藏效字號之十卷本，當已是唐後之人（甚至可能是晚於元朝脫脫等之人）所析分出來的；而玄宗《疏》原先的卷數仍應爲六卷。

二、才字號本

關於道藏才字號本，嚴靈峰及日人武內義雄、今枝二郎等，已作過相當程度的考訂；以下本文擬於前述學者的成就之上，進行綜合性的討論。今所得見與才字號之近同者，唯以下二種版本：

1、道藏才字上《唐玄宗御製道德眞經疏》
2、顧歡述（僞）《道德眞經註疏》所引，收於道藏信字上中下

以下即討論之。

首先從體例的部分來看。在才字號本所標誌的《唐玄宗御製道德眞經疏》之前，附有一篇〈道德眞經疏外傳〉。其後則爲所謂的《唐玄宗御製道德眞經疏》共四卷。四卷之中，未見明顯的「道經」、「德經」或上下經之區別。其卷一爲第一章至第十四章，但其中缺了第六章；卷一與卷二之間漏了第十五章。自第十六章至第三十六章爲卷二，其中缺第二十一、二十八、三十四章；卷二與卷三之間缺第三十七章。卷三自第三十八章開始至第五十四章，其中無第四十、四十二、四十九、五十一章之文字。卷四自第五十五章起至第七十八章止，其中少卻第五十六、六十二、六十三、六十六至六十八、七十至七十五、七十七章。其後則不見第七十九至第八十一章之文。在此四卷之中，卷一及卷三皆各有十三章；卷二最多，有十八章；而卷四只有十一章。共計五十五章。

再者，在各卷首尾均有如「唐玄宗御製道德眞經疏卷之一」之字樣。而在卷首上述字樣之後，爲該卷首章之章名及章序，如「道可道章第一」；此體例一如道藏本御注，以及道藏效字號本《疏》。繼章名及章序之後，爲經文，其後爲該句「疏文」（姑稱之）。不過，此才字號本並未錄《老子》經文之全文，有些章節甚至只有一句經文（有些則整章都省略了）。至於所錄之「疏文」亦只有從屬於該句經文者。換言之，才字號至多只是「節選本」而已。

　　在才字號本的內容方面，首先可考察置於卷首的〈道德眞經疏外傳〉。在〈道德眞經疏外傳〉中，其內容正如嚴靈峰在〈喬諷《道德經疏義節解》改版序〉中所指出的：

> 「道德眞經疏外傳」乃刪改杜光庭「道德眞經廣聖義序」、「敍經大意解疏序引」之首段與「釋疏題明道德義」之末段，及道教徒傳說之老君史蹟爲之〔註120〕。

經與杜光庭本相對照之，可知嚴氏之說無誤。而在〈道德眞經疏外傳〉的文字中，尤爲重要之證據，乃以下之記載：

> 道德經古今箋注者多矣，見行註者六十餘家，開列于後：……
> 玄宗皇帝 所注道德經上下二卷講疏六卷 即今所廣疏矣。……〔註121〕

此段文字亦正與杜光庭〈道德眞經廣聖義序〉所言相同。就此而論，〈道德眞經疏外傳〉絕不可能是玄宗所作。因此可以判定，〈道德眞經疏外傳〉應由杜光庭本刪削而來。

　　其次，關於才字號本正文內容，武內義雄於《老子の研究》中指出：就內容來看，才字號本卷首之〈道德眞經疏外傳〉夾帶了杜光庭《道德眞經廣聖義·釋御疏序》部分的文字；而在內文之中，更有指出玄宗《注》、《疏》及杜光庭《義》之處，並間有摘錄者的意見，因此頗類似於《崇文總目》中所介紹的喬諷的「疏義節解」。〔註122〕就此部分的意見而言，嚴靈峰在〈喬諷《道德經疏義節解》改版序〉中，也有頗值得注意的考察。嚴氏曰：

> ……今校明皇注疏並杜光庭道德眞經廣聖義各書，知此書（才字號本）即係喬諷所撰。……而首題：「道可道章第一」。有「疏」無「注」及「義」，且皆非玄宗與杜光庭之作。實係取自道藏「信」字號。舊題：「吳郡徵士顧歡述」之「道德眞經注疏」中之成玄英「疏」也。料此章「節解」早已亡佚，後人以此補綴之耳。……杜光庭本據玄宗注疏二書而廣其義，而喬諷則刪削竄改杜本而成，其書稱「疏義節解」者在此〔註123〕。

〔註120〕嚴靈峰〈喬諷《道德經疏義節解》改版序〉，見於嚴靈峰《無求備齋老子集成初編》所收喬諷《道德經疏義節解》卷首，頁2。

〔註121〕〈道德眞經疏外傳〉，收於《正統道藏》19冊，才字號，頁731～732。

〔註122〕武內義雄《老子の研究》，頁237。

〔註123〕嚴靈峰〈喬諷《道德經疏義節解》改版序〉，頁1～2。

關於上述二位學者所言之喬諷《道德經疏義節解》者，於《崇文總目》有云：

> 《道德經疏義節解》上下各二卷，原釋僞蜀喬諷撰。諷仕蜀，
> 爲諫議大夫，知制誥，奉詔以唐明皇注疏、杜光庭義掇其要，附以
> 己意解釋之。侗按：《宋志》無上下二字〔註124〕。

將《崇文總目》所言之喬諷《道德經疏義節解》與才字號本對照之，可知武內先生與嚴氏將此本視爲是喬諷《道德經疏義節解》的推論大抵無誤。

再者，就卷數方面而言，武內義雄云：

> 但喬諷《疏義節解》被記作二卷，而與此本（才字號本）是十
> 卷這一點不一致，因此也許是別本；不過，因爲宋志所記載的卷數
> 與道藏不合這又是常有的事，所以大致無誤〔註125〕。

關於武內先生之說，今枝二郎已於〈唐玄宗御製《道德眞經疏》について－才字號本の檢討〉中，提出二點修正，即：

> 武內先生言：「但喬諷《疏義節解》被記作二卷，而與此本（才
> 字號本）是十卷這一點不一致。」但實際上，才字號本是四卷本而
> 非十卷本；而屬於十卷本的，實爲效字號本。

《崇文總目》稱喬諷的《道德經疏義節解》爲「上下各二卷」，故總共有四卷，正與才字號本卷數相同。是以在卷數上應無問題〔註126〕。（嚴靈峰於〈喬諷《道德經疏義節解》改版序〉中亦已指出此點。）

是以，才字號本實應爲喬諷所作的《道德經疏義節解》，其內容乃刪削玄宗《注》、《疏》及杜光庭《道德眞經廣聖義》而來。

此才字號本又與信字號顧歡述（僞）《道德眞經註疏》之關係匪淺。在上文所引嚴氏之〈喬諷《道德經疏義節解》改版序〉中，認爲才字號本第一章之內容乃是：

> 取自道藏「信」字號。舊題：「吳郡徵士顧歡述」之「道德眞經
> 注疏」中之成玄英「疏」也〔註127〕。

不過，今枝先生於〈唐玄宗御製《道德眞經疏》について－才字號本の檢討〉中，以才字號本第一卷之內容，對照於道藏信字號本顧歡述（僞）《道德眞經

〔註124〕《崇文總目》，頁 134。
〔註125〕武內義雄《老子の研究》，頁 237。
〔註126〕以上兩點，並非原文之翻譯，而爲筆者依其意義所作的歸納；今枝先生之說，
　　　　請參見〈唐玄宗御製《道德眞經疏》について至才字號本の檢討〉，頁 59。
〔註127〕嚴靈峰〈喬諷《道德經疏義節解》改版序〉，頁 1。

註疏》中之「疏」、及道藏使字號強思齊《道德眞經玄德纂述》中所引之玄宗「御疏」及成玄英「疏」等等，乃得出一結論。即今枝先生所云：「藉由前章的對比可知，才字號的疏似乎未必就是成玄英的疏〔註128〕。」是則才字號本中的「疏」，未必全是成玄英之「疏」。而就才字號「疏」的內容來看，有些是成玄英之「疏」的內容，有些文字則與效字號本玄宗《疏》近同；而有些寫作：「疏……者，……」，則是對效字號本玄宗《疏》的再注釋。此外，寫作「義云」者，則是杜光庭《道德眞經廣聖義》之「義」。

　　總之，才字號本基本上是喬諷所撰之《道德經疏義節解》；在卷數上則與《崇文總目》所載之數相同，皆爲四卷本。不過，其於內容方面，除了杜光庭之「義」、玄宗之「注」與「疏」，以及他人（可能是喬諷或後人）對玄宗注疏之再注釋之外，還間雜著成玄英之「疏」；因此可知，此才字號本應已經後人之綴補，當非喬諷所撰之原貌。

　　由以上考察可知，在《正統道藏》中所收之《唐玄宗御製道德眞經疏》，才字號之四卷本實爲喬諷《道德經疏義節解》，非玄宗之作；而唯效字號本爲是。而據種種相關資料之所顯示，亦可知效字號本已非玄宗《疏》頒行之原貌，而乃爲唐後之人更動過後的版本。不過，作爲研究玄宗《疏》的文獻，效字號本仍是目前唯一最完整之資料；至於敦煌殘卷本及其他集注所收之版本，則有提供玄宗《疏》原貌之線索之功。

〔註128〕今枝二郎〈唐玄宗御製《道德眞經疏》について──才字號本の檢討〉，頁82。關於今枝先生所作的對照，請參見該文頁59～81。

第三章　唐玄宗《道德眞經》注疏之思想(之一)──論「道」與「人」之體用哲學

　　玄宗《注》、《疏》最主要的論述對象分別是「道」與「人」,而其思想之架構則是「體用哲學」。因之,玄宗《注》、《疏》之思想可析爲四部分:「道體」、「道用」及「人」之「體」與「用」。以下將闡述如此分類之緣由,並就此四部分論述之。唯因玄宗《注》、《疏》對「人」之「用」的論述需要較多篇幅討論,故此部分將另闢爲下一章節論述之。

第一節　引　言

　　綜觀玄宗《道德眞經》注疏,可以發現眞正貫穿《注》、《疏》思想的是體用哲學,而非如成玄英般的「本跡哲學」〔註1〕。在《注》中,玄宗以體用

〔註1〕本文之所以未採用如熊鐵基先生等《中國老學史》之以「理身／理國」的架
　　　構來分析玄宗《注》、《疏》,其原因乃在於:理身與理國,只是作爲人──尤
　　　其是人君──的面向;若以此作爲《注》、《疏》的思想系統,則相對地弱化
　　　了「道」的面向。而無可否認的,「道」在《注》、《疏》的思想體系中,並不
　　　次於「人」的面向。因此,要探索玄宗《注》、《疏》思想,不宜只用「理身
　　　／理國」的角度來討論。此外,諸如盧國龍《中國重玄學》及中島隆藏《六
　　　朝思想の研究》等人之以「道／妙本」、「道生萬物 (或從本降跡)」、「治身」、
　　　「治國」等等分析玄宗《注》、《疏》的方式,由於在標題的安排上,拆離了
　　　道與人之間的理論聯繫 (如人性與道之性質近同之關係、或人爲何能如道一
　　　般地行「無爲」等等),從而忽略了玄宗《注》、《疏》文本以「體／用」架構
　　　來溝通道與人,並以此說明「道之性質」與「道之無爲」、「理想的人性」與

哲學貫串文本中的主要論述對象——道及人君；也以體用哲學兼含文本中的主要訴求——「清淨虛靜」與「無爲」。而這兩層意義，於《疏》亦然，因此可以認爲體用哲學是貫穿玄宗《注》、《疏》的〔註2〕。

如前所述，《注》、《疏》的論述對象，主要是「道」和「人君」；相關於這兩者的次要論述對象是「萬物」（一般特就「人民」而言）。貫穿這三個論述場域的「性質」，則是「清淨虛靜」。而若論及主要論述對象（道與人君）對於次要論述對象（萬物、人民）之行爲、作爲，則是「無爲」；而次要論述對象（萬物、人民）之受主要論述對象（道與人君）影響後的表現，玄宗《注》、《疏》則稱爲「化」或「自化」〔註3〕。換言之，「無爲」是道或人君對於萬物、人民的作爲；「自化」是萬物、人民接受「無爲」之後的影響；而「清淨虛靜」則是道、人君及萬物所共具的性質。

此外，玄宗之《注》、《疏》，頗有原天道以明人事的意味。藉由道生萬物的理論預設，玄宗之《注》、《疏》便以道體及其性質之虛寂清靜，推導出人性本應爲清淨虛靜之性；再以道成就萬物之「無爲」喻說，勸喻人們修心返性，以開展「無爲」之用，使天下自化，成就無爲淳樸之風。

因此，「體」之性質是「清淨虛靜」；「用」之行爲是「無爲」。「清淨虛靜」既是「道性」，亦是「人性」；「無爲」既是「道用」，也是理想人君之功用。

首先，就「體」的方面而言，玄宗承襲《老子》及眾多注疏者的說法，也認爲道體是無形、聲、味的；而且也是「湛然常寂」、「獨立不改」的，如

〔註2〕「人之無爲」間的內在關係。換言之，以上三者的分析法都不是充分表達玄宗《注》、《疏》之思想的好方法。唯有根據玄宗《注》、《疏》文本所提供的體用哲學，也才能充分地明白其思想的架構。上述學者之見解，請參見：熊鐵基先生、馬良懷、劉韶軍《中國老學史》（福建：福建人民出版社，1995）、盧國龍《中國重玄學：理想與現實的殊途與同歸》（北京：人民中國出版社，1993）、盧國龍《道教哲學》（北京：華夏出版社，1997）、中島隆藏《六朝思想の研究》（京都：平樂寺書店，1985）。

〔註2〕至於成玄英「本跡哲學」的影子，只出現在《疏》。在《疏》中，玄宗雖然在一章疏中提及「從本降迹」及「攝迹歸本」；然亦云：「聖人約用以明本迹之同異」，可見本迹之名，須得藉「道用」才能成立，故後文又云須「本迹兩忘」。換言之，在玄宗的《注》、《疏》中，體用哲學才是關鍵；而本跡之說，不過是《疏》對前人之說略作承襲而已。或可以說，由於玄宗《注》時即已用「體用」取代「本跡」，故玄宗《疏》在引用本跡觀點說明「道生萬物」之餘，仍然時時以「體用」哲學爲思想主軸。

〔註3〕此所謂「自化」，乃承襲於《老子》「我無爲而民自化」之「自化」之意；與向郭莊注之「自化」、「獨化」意義不同。

二十五章注曰：「有物之**體**，寂寥虛靜，妙本湛然常寂，故獨立而不改」。由於妙本之性是清淨虛靜的，從而引申出修道之人乃至聖人，也需復歸、或保持身心的清淨虛靜。此種身心清淨虛靜的狀態，即是玄宗《注》、《疏》對於人性的規定；由於「人性」是人從道而生時天生本具的，因此，回復人性之虛靜，便成爲修道工夫的主要訴求。

就「用」而言，玄宗《注》、《疏》主要是放在「道」、「物」關係上討論的。也就是說，「道用」的要點在於道之生成萬物的功用；此生成者，除了道以動出沖和之氣的方式通生萬物外，還包括使萬物各得其性的「無爲」的功用——亦即「成」的功用——。而後由道成就萬物的功用出發，指向聖人成就萬物的作用，則是聖人之「無爲」；至於聖人要如何才能眞正地「爲無爲」，則當以修道工夫爲根基。可見，玄宗《注》、《疏》的出發點在於玄宗的淑世情懷，因此「無爲」實乃修道工夫的目的。

對君主而言，修道是「理身」；無爲則是「理國」。根據玄宗《注》、《疏》的想法，修道則德全，德全而又具備人君身份者，自然得以無爲理國。因此，「理身」與「理國」之間不是割裂的兩回事，反而是融通一貫的。玄宗《注》、《疏》也承襲了黃老思想以來，理身與理國相通的學術脈絡，並以自己之方式融會貫通。

第二節　道體與道用

如同一般的道家著作，玄宗《注》、《疏》的思想核心也在於道，其思想則以體用哲學爲架構。因之，玄宗《注》、《疏》之道論可析爲道體與道用二個主要部分。就玄宗《注》、《疏》之道體論而言，其尙自道體之論題中，分析出道的屬性一項，並以此道的屬性作爲人性論之依據，以作爲道與人之間的溝通，從而成全其人性論及修道論，乃至理想人格觀。再者，其對道用之詮釋亦可分析爲二部分：其一即道對宇宙萬物之通生作用〔註4〕；其二則論述道如何成就萬物的無爲作用。本文擬就此四段分別論述。此外，對於玄宗《注》、《疏》頗受關注的妙本說，本文亦特立段落以論之〔註5〕。

〔註4〕本文所謂之通生，非謂如基督宗教上帝般無中生有式的創造萬物；而是指道之由其無限的可能性中不斷分化、具象化，以生萬物的作用。

〔註5〕關於玄宗注疏之道論，日本學者如中島隆藏、今枝二郎、麥谷邦夫等，及大陸學者如熊鐵基先生、盧國龍、何建明等，均有提出或詳或簡的分析，唯因

壹、道體及其屬性

純就道體而言，玄宗《注》、《疏》認爲《老子》之「視之不見」、「聽之不聞」、「搏之不得」是指：道體是不能以聲、色、形來詰責的。〔註6〕然而道體並非不存在的，故玄宗《注》根據《老子》十四章提出的希、夷、微三者，以道所具有的功用來確立道之存在，而謂：

> 以其（道）於無色之中，而能色焉，故名曰夷。
>
> 以其於無聲之中，獨能和焉，故名曰希。
>
> 以其於無形之中，而能形焉，故名曰微。

玄宗《疏》則進一步肯定道體是「無色之色、無聲之聲、無形之形」，意謂若以聲色形求之，則道體是無形、無聲、無色的，因此在玄宗《疏》中稱道爲「至無」或「虛無」（二十五章疏）；因爲道「至精無形」（十四章疏），不由聲色形法有所分別，故又只是「精一」、「至一」〔註7〕。由於道是未分化、無分別的，故三十二章注也稱道爲「樸」〔註8〕。總之，由道體不可分別、不可認識的角度觀之，道是樸、至無、精一，故其體爲小〔註9〕。

另一方面，若以道之能形、能聲、能色的作用來看，道之內在其實又包含了至爲豐富的聲色形，故二十五章注疏均以「包含」說明道體之大〔註10〕。不過，玄宗《注》、《疏》論道本身的重點不在求道體的形象，乃在於探討道

筆者以玄宗《注》、《疏》自有之「體用哲學」重新分析之故，對上述諸學者的著作，均只有部分參考，終未全盤援用。但就玄宗《注》、《疏》採用之「方法」而言，本文對於盧國龍、何建明等以「重玄學」脈絡闡述玄宗《注》、《疏》之觀點，亦不敢否定：只是認爲玄宗《注》、《疏》思想之重心，當在於其「治國之道」，而非重玄學。對於麥谷先生及盧國龍所提出的，玄宗《注》、《疏》之「道」與「妙本」之差異，筆者雖亦同意有此差異；但亦需指出，在玄宗《注》、《疏》中，此差異並非從頭至尾貫徹一致的。因而筆者仍以「道體」、「道用」指稱玄宗《注》、《疏》之「道」的不同面向，期能以此方便讀者理解玄宗《注》、《疏》。關於「道」與「妙本」之問題，詳見本節之參。

〔註6〕故玄宗援用王弼之説而謂道曰「欲謂之無」（十四章疏）。此點同樣表現於注中，如十四章注亦云：「是謂無形狀之狀、無物質之象，不可名有，不可名無。」

〔註7〕如十一章疏云：「夫道者何？至無至一者也。」

〔註8〕其三十二章疏云：「樸，妙本也。妙本精一，故云小。」

〔註9〕不過，以上稱道爲至無、至一等之看法，均未見於注中，可視爲疏在詮釋上的發揮；唯精一一詞屢見於注。由此至一、至無之「至」字之使用，或可略窺疏的作者群在道教方面的學養與應用。

〔註10〕二十五章注云：「以包含目其體，強名曰大。」二十五章疏則進一步明指道體是「包含無外」的。

的屬性。

　　綜觀玄宗《注》、《疏》之論述，道的屬性是自然而湛然的〔註11〕。道無心〔註12〕，故不居為萬物主宰；道又是感應萬物而無為，故能「令物自化」，且又「應用不差」（二十一章注，疏義同）〔註13〕。

　　再者，玄宗《注》二十五章云：「妙本湛然常寂」。就注疏文本觀之，「湛然」一語主要當有二義：深靜與清淨〔註14〕。關於深靜之性質，四章注云：「淵，深靜也。道常生物而不盈滿；妙本淵兮深靜，故似為萬物宗主。」（疏義同）因此，玄宗《注》、《疏》認為道有深沉靜寂的性質，故以玄牝為道。而因其淵深，故無可測量〔註15〕。這種深妙而又無窮的性質，正如十四章注所云：

　　　　（道）不皦不昧，運動無窮。生物之功，名目不得，非物能物，
　　故常生物而未始有物。妙本湛然，故云復歸於無物。

由此可知，就道未始有物、無物的狀態而言，道既是至無，故而深妙；就道之生物、能物的能力而言，道又是至為豐富，故而不可量測。二十五章注又云：「有物之體，寂寥虛靜。」因寂，故靜；虛，故能寥〔註16〕。道體無聲，

　　　　────────────

〔註11〕注云：「（人君）又當法道清淨無為，令物自化。人君能爾者，即合道法自然之性。（二十五章注）」「若能因言悟道，不滯於言，則合自然。（二十三章注）」疏則在注的基礎上又作更進一步的說明：「自然者，妙本之性。性非造作，故曰自然。」

〔註12〕無心者，於六章疏中以無私稱之。觀玄宗注之意，疏作無私之解釋，正合注之意。

〔註13〕六章注亦云：「其用無心，故不勤勞矣。」

〔註14〕據張衡〈思玄賦〉：「私湛憂而深懷兮。」《文選》舊注：「湛，深也。」見蕭統撰，李善等註《增補六臣註文選》（臺北：華正書局，1981）卷15，頁274；而隋朝王通《中說・周公篇》：「其上湛然，其下恬然。」阮逸注：「湛、恬，皆靜。」見《文中子中說注》（臺北：世界書局，1959）；又，唐太宗〈三藏聖教序〉云：「法流湛寂，挹之莫測其源。」收於釋道宣《廣弘明集》卷22〈法義篇〉，T52，頁258b。由以上三例可知，湛字可作深、靜之義。而北魏酈道元《水經注・清水》又云：「有一石泉，方丈餘，清水湛然。」見王國維注校《水經注校》（臺北：新文豐出版股份有限公司，1987）卷9，頁302。可知湛然又可用作形容水之清澄。

〔註15〕如注云「杳冥不測」（二十一章注），而疏亦謂道是：「窈冥深昧，不可量測」（二十一章疏）的。

〔註16〕寂者，無聲，如晉陸機〈挽歌詩〉云：「魂輿寂無響」，見《增補六臣註文選》卷28，頁532。寥者，《大廣益會玉篇・宀部》云：「廓也。」見梁代顧野王著、唐朝孫強加字、宋朝陳彭年等重修《大廣益會玉篇》（臺北：新興書局，

故而寂靜；若相比於道用之運動，則道體亦是靜。關於虛的性質，在《疏》中較有進一步的說明，認爲是指道能「虛受應物」（二十八章疏）；如此，則與《疏》謂道體「包含無外」的性質相呼應。

再就清淨之性質而言。玄宗《注》、《疏》常云：「道性清淨」（如四十三章注、三十七章疏）、或又云：「妙本清淨」（三十七章注）。清淨者，玄宗《注》以不染雜訓之〔註 17〕；玄宗《疏》更進而以重玄觀點闡發不染雜之意，認爲不染雜須立基於無著〔註 18〕。換言之，道以其不執滯、不染著，而能成其清淨之性。因此，道生成萬物卻不居其功，而能任物自然、「令物自化」（二十五章疏），故云無跡。再者，道又是自然而然如此，不意爲萬物主宰，故亦是無心。如此心跡俱遣，得云無爲。由是便足以明白，玄宗注疏之所以經常將道的無爲接在清淨之後的意義所在〔註 19〕。

從上述討論看來，道體之無所形象與至爲豐富，顯然非相對的、經驗世界的人們或人君可以效法。而就道體屬性的角度而言，自然可由無爲時求之；湛然之性質所蘊涵的深妙之意義，直近於聖人境界，難爲修養之事，故只能在境界的範疇討論；而清淨、虛靜等等意義，既關人性、亦是修養，故玄宗注疏多以此二者來開展其人性論及修道論。

貳、道　用

一、通生萬物

玄宗一章疏云：

> 道者，虛極妙本之強名；訓通、訓徑。……可道者，言此妙本
> 通生萬物，是萬物之由徑，可稱爲道，故云可道。

由此可知，玄宗《疏》認爲，道這個名稱是指稱妙本之爲萬物宗源的面向。於注中雖未明確指稱道爲萬物之由徑，但亦認爲妙本爲萬物之宗源。由此，

1968），卷 11，頁 170。

〔註 17〕如四章注云：「和光同塵而妙本不雜，故湛分似有所存。」又如二十一章注云：「杳冥之精（道），本無假雜。」二十一章疏亦云：「至道妙物，既本非假雜……。」

〔註 18〕如二十七章疏云：「法性清淨，是曰重玄。雖藉勤行，必須無著。」於此疏中，「必須無著」是就勤行之人而言；而從另一層角度來看，無著顯然即是清淨之所以能成立的理由。

〔註 19〕如三十七章注：「妙本清淨，故常無爲」；二十五章疏：「（王）又當法道清淨無爲」。

玄宗注疏可說是標立了妙本的本原論特質〔註20〕。而由二十五章疏所言：「道者，妙本之功用。所謂強名，無非通生，故謂之道」可知，一章疏所謂通生也者，實即妙本之功用（注亦有此意）。故而，通生即為一種道用。

　　就通生萬物的層面而言，玄宗注疏承襲了道家一貫的想法，也認為人與萬物是來自於道的，亦即承襲了《老子》「道生一，一生二，二生三，三生萬物」的看法；但對於道與一、二、三及萬物之間的詳細環節，玄宗另有自己的一套解釋：

　　　　一者，沖氣也。言道動出沖和妙氣，於生物之理未足，又生陽
　　氣；陽氣不能獨生，又生陰氣。積沖氣之一，故云一生二：積陽氣
　　之二，故云二生三也。（四十二章注）

可見，玄宗注是以沖和妙氣當作道與萬物之中的環節。若以沖和妙氣相對於虛極妙本來看，如同虛極之指稱道／妙本的特質，沖和也意指該氣之特質；而妙則同樣暗示了道及氣應用之無方。在《疏》中，玄宗則曰：「一者，沖和之精氣也。」（四十二章疏）又云：「元氣沖和，群生所賴。」（四十二章疏）由此可見，玄宗《疏》仍用了重玄學所遠承的黃老思想，認為「一」是指精氣、元氣；但《注》顯然有意提出獨立之見解，乃以沖和妙氣或沖氣等詞詮釋之。

　　不過，玄宗《注》、《疏》所特異於黃老思想及重玄學之處，在於玄宗《注》、《疏》對「二」、「三」之解釋，分別是陽氣和陰氣。就玄宗《注》看來，沖氣、陽氣與陰氣都是道所動出的，一、二、三是指生成之理序，意謂著：道生沖和之氣、又生陽氣、再生陰氣；而不是指沖氣生陽氣、陽氣生陰氣。再者，說陽氣、陰氣之生，是由於「生物之理未足」，則三氣只是道生萬物、也是道具體化為萬物之過程中間的聯繫環節而已。就萬物的角度而言，必須三氣具足，才可能形成萬物。因此，玄宗於注釋「三生萬物」及「萬物負陰而抱陽，沖氣以為和」時曰：

　　　　陰陽含孕，沖氣調和，然後萬物阜成。故云三生萬物。萬物得
　　陰陽沖氣生成之故，故負抱陰陽，含養沖氣，以為柔和也。（四十二
　　章注）

而《疏》更曰：「三生萬物者，陰陽交泰，沖和化醇，則徧生庶彙也。」（四

〔註20〕有關道的本原論哲學的意義，可參考盧國龍《中國重玄學：理想與現實的殊途與同歸》，頁426～435。

十二章疏）是以，玄宗《注》、《疏》萬物生成論之模式，應如下：〔註21〕

《老子》原文　道→ 一 →　　　二　→　　三　　　　→**萬物**

　玄宗注　　　　道→沖氣→ 沖氣與陽氣→沖氣、陽氣、陰氣→萬物
　　　　　　　　　　　精氣

　玄宗疏　　　　道→元氣→ 沖氣與陽氣→沖氣、陽氣、陰氣→萬物
　　　　　　　　　　　沖氣

相較於河上公、成玄英、李榮之萬物生成論，可知在玄宗《注》、《疏》的萬物生成論中，和氣始與精氣等同，故其層級亦被提昇到一──亦即精氣、元氣的地位〔註22〕。

其次就陰陽二氣觀之。四十二章注所謂負抱陰陽者，於十章注中另有一段解釋：

　　　　人生始化曰魄，既生曰魂〔註23〕。魄則陰虛，魂則陽滿。言人
　　載虛魄，常須營護復陽。陽氣充魄則爲魂。魂能運動則生全矣。……

結合兩章可知，玄宗《注》、《疏》認爲人之初生，乃受陰氣而爲魄，其性質

〔註21〕何建明則認爲玄宗注疏的生成論模式可表示如下：
　　　　　道→精氣（沖和之氣）→精氣和陽氣（「二」）→精氣、陽氣、陰氣（「三」）
　　　　　→萬物（庶類）
　　　其亦認爲：
　　　　　然而，河上公注和李榮、成玄英等，都認爲「道」的「氣化生物」模
　　　　　式是：道→元氣（或稱「精氣」）（「一」）→陰氣和陽氣（「二」）→天、
　　　　　地、人（「三」）→萬物。
　　　以上見何建明《道家思想的歷史轉折》（湖北：華中師範大學出版社，1997），
　　　頁 90。不過，**筆者以爲其有混淆注疏之嫌**。
〔註22〕有關於河上公注、成玄英、李榮等的三，説是天地人固然可行，但値得注意的
　　　是，只有李榮是純以天地人爲三；而河上公、成玄英二氏均以淸氣、濁氣、
　　　和氣分別爲天、地、人。可參見王卡點校《老子道德經河上公章句》（北京：
　　　中華書局，1993），頁 169；成玄英著、蒙文通輯校《道德經義疏》（四川：四
　　　川省立圖書館，1946）〈道生章〉；嚴靈峰輯校《輯李榮老子注》2 冊，收於《無
　　　求備齋老子集成初編》（臺北：藝文印書館，1965）。其中，李榮注雖也有沖
　　　氣、沖和之氣之説，但他指的是陰陽二氣之相沖和；並非另有一沖之氣。
　　　此外，由上引文亦可知，玄宗注疏所謂沖和之和，乃謂調和、柔和，而非和
　　　諧之意。
〔註23〕「既生曰魂」者，當據道藏本《唐玄宗御製道德眞經疏》、杜光庭《道德眞經
　　　廣聖義》、王雱等《道德眞經集註》、強思齊《道德眞經玄德纂疏》改爲「既
　　　生〔魄，陽〕曰魂」。

爲虛；而陽氣之性質爲滿，充滿於魄則爲魂。直至爲魂時人之生才算完全。由陰陽兩氣的關係來看，上文所謂陽氣先於陰氣而生者，應是就生物之理的理而言。準此，陽氣是人所以全生的定義之所在，是人有生命力、能運動的關鍵，故對人生命的意義較陰氣來得優先。然而，魂必須依靠形體，才能存在、運動，進而發揮天賦之德，故陽氣不能獨在，須有陰魄來使之具形。陰氣（魄）是爲了成全陽氣（魂）而在的，因此在生物之理上後於陽氣〔註24〕。

　　依此關係來推演，則沖氣也應比陰陽二氣來得根本。故玄宗《注》亦曰：「萬物皆以沖和之氣爲本」（四十二章注）。對人而言，沖氣是使人和柔而生全者，也是萬物之得以生成之理由。此沖和之氣上對於道而言，可說是道的具象化，具有如道的性質，如柔、和，及其生成萬物之功用，故玄宗三十九章注曰：「一者，道之和，謂沖氣也。」沖氣下對於人而言，則是人生命最重要的基本質素──柔與和。由此可知，沖和之氣在理論上的重要性實是遠超過陰陽二氣；由於沖氣之媒介，人與道之間才在理論上有了明顯的聯繫。從而，人得生於道，人性並能因而通同於道的屬性。由此，修道論也才有了理論基礎。

　　既然三氣中以沖氣最要，故就道通生萬物的角度而言，道用之性質之一正是沖氣的沖虛柔弱。故四章疏云：

　　　　謂道以沖虛爲用也。夫和氣沖虛，故爲道用；用生萬物，物被
　　其功。（注亦有此意）

因此，在道之通生萬物的部分，沖氣即是道之作用〔註25〕。亦即，沖氣是道在通生萬物方面的作用；而此作用之性質爲沖虛。所謂沖虛，又來自道體至無、虛極之性質。如十一章疏云：

〔註24〕值得注意的是，上引十章注對於陰陽魂魄之解釋，實出自於《左傳》，其文云：
　　　　……人生始化曰魄，既生魄，陽曰魂。用物精多，則魂魄強，是以有
　　　　精爽至於神明。
　　原文本意在於解釋人死後是否有鬼之問題。但在《左傳》原文中，僅提到陽
　　魂，未見陰魄之說。所謂「陽曰魂」者，杜預注云：「陽神氣也。」而孔穎達
　　疏云：「……魄內自有陽氣。氣之神者，名之曰魂也。」由此可見，玄宗撰寫
　　御注時，的確受到開元十八年以來，陳希烈等人侍講道、儒二家經典之影響。
　　故於此段注釋中亦表現出化道爲儒的傾向。以上引文，請參見於（傳）左丘
　　明傳、杜預注、孔穎達疏《春秋左傳正義》（臺北：藝文印書館，1997）卷
　　44〈昭公七年傳〉，頁764。
〔註25〕正如中島先生認爲：「實際上，（沖氣）始終是道之具體性的作用。」見中島
　　隆藏《六朝思想の研究》，頁704。

　　　　夫道者何？至無至一者也，故能鼓動眾類磅礴，群材適使。萬
　　　殊區分，成之者一象；眾竅互作，鼓之者一響。則原天下之動用，
　　　本天下之生成，未始離於至一者也。……（《注》雖無如此詳細之説
　　　明，但亦可推出此意）

由此可知，因爲道體是至無，所以於其動作，則能「動出沖和妙氣」（四十二
章注，疏義同）而生萬物。因此，沖虛正説明了道並非死寂的空無，而是能
藉由沖虛之和氣，「自無而降有，其中兆見一切物象」（二十一章注疏）的。
換言之，虛謂道之無；而沖言道之動作。一旦道通生了萬物，自可藉由萬物
之有來驗證道用。故十一章注又云：「將明至道之用，約形質以彰。」因此，
若要探求道用，不是在於形上理論的建構，而應由形器層面去檢證之。故而，
形器層面的萬物乃是道用的彰顯；而藉由萬物之有，方能證實道之通生。因
此，萬物的存在是道用的證明。同時，十一章疏更曰：「自無則稱道；涉有則
稱器。欲明道用，必約形器。」因之，就道用之「自無而降有」的過程來説：
在無形質的層面，稱爲道；而形成了有形有質的層面，則稱爲器。萬物既是
道用之表現，則萬物便是道所呈顯出來的部分。是以，十一章疏更説明了，
道與萬物是既非一又非異的兩層面向。從而，沖氣也不能是另一個獨立的存
有者，亦只能是道之具體化的作用。

　　換言之，所謂道生萬物的理論，只是在藉有限的語言，來説明道體「從
本而降迹」（一章疏）的情況，及其所具之兩層基本面向。因而，萬物之生，
實乃道自我之呈顯。由此亦可知，道用是落實在有形質的層面——即萬物—
—而言的。因而，道用不僅僅是令萬物呈顯出來——亦即通生萬物——；也
務須成就萬物，使萬物充分展露其身爲道之一部分而應具有的道之完美；故
而，道用亦將涉及萬物之成。

二、成就萬物及其結果

　　承前所言，以本原論觀之，道用之一在於通生萬物；不過，亦如中島隆
藏所言：

　　　　然而，對於萬物而言，道不僅僅只是始源。因爲，若只不過是始
　　　源的話，則在悠遠往昔爲「始」爲「一」的沖和妙氣自道生出之時，
　　　（道）與「沖氣」之間，只不過具有生者與被生者的關係；而自天地
　　　以下，以至於草木昆蟲的一切存在四處亂竄的這個現實世界就變得與
　　　道沒有什麼直接的關係。如此，由於道直接參與一切存在之故，只當

作始源是不充分的〔註26〕。

換言之，道（妙本）不能僅僅只作爲始源意義的道——亦即萬物之通生者；若然，則道在通生出宇宙及萬物之後，就應該與萬物毫無關係了。那麼，《老子》三十九章所謂天清地寧云云，乃至六章之所謂「綿綿若存，用之不勤」者，便難以用道來詮釋；從而，三十七章之所謂「道常無爲而無不爲」亦將無從解釋。是以，中島先生認爲道是宇宙的始源、萬物的創造者，也是令各個存在物以應有的方式存在的「存在的究極者」〔註27〕。因此，道對萬物的作用，絕非止於通生萬物；而是在通生萬物之後，猶以無爲的方式來成就萬物。因此，除通生萬物之外，道用的第二個主要面向，即是成就萬物。

　　就成就萬物的面向而言，道之作用可略分爲三點而言之。首先可從道之對待萬物的態度出發〔註28〕，其次論及道對待萬物的方法，最後討論道用之結果。因而，道之於萬物的對待，顯然就是無爲；而由於道之無爲，萬物方得成就其自身，從而充分展現道之某一面向。是以，無爲是道之完美得以一再呈顯的關鍵。以下即就此三階段來闡述玄宗《注》、《疏》關於道之無爲的觀點。

（一）無　心

　　由前文可知道的屬性是虛靜清淨的，因而，道對於萬物的態度即出於虛靜清淨。如六章注云：

　　　　　橐之鼓風，笛之運吹，皆以虛而無心，故能動而有應。則天地
　　之間生物無私者，亦以虛而無心故也。

所謂「天地之間生物無私者」，由於道是既超越天地之封限、卻又不是外於天地者，故所謂「虛而無心」，可視爲指稱道對於萬物之態度，於六章疏則稱其爲無私。亦即，由於道體屬性之虛，可知道本身既非具形、亦無所封限，而是具足無限之可能的。因爲道之無所封限，故其對待萬物之時，亦無私心、無特定的意圖、意向；故曰無心。

　　另一方面，由於道的屬性是清淨的，故道之對於萬物，乃是不凝滯、無所染著的，從而「於物無欲」（三十四章注）。又因道不凝滯於物而無欲心，

〔註26〕見中島隆藏《六朝思想の研究》，頁703。

〔註27〕中島隆藏《六朝思想の研究》，頁704。

〔註28〕此處所謂「態度」者，僅爲方便之名稱。道對於萬物本是無心的，稱不上什麼態度；但以行文方便故，姑以「態度」爲稱。

故三十四章疏亦云：「夫道生萬物，愛養熟成而不爲主宰；於彼萬物，常無欲心。」故所謂無心，乃表示道之對待萬物，是無私心、無欲心，故而不自爲主宰的。職是之故，若論道用之成就的定義，當根據萬物自身的特質或功能來決定〔註29〕。

換言之，無心一方面表示道由其虛靜、清淨之道體屬性，而於物無私無欲。因此，道在對待萬物之時，乃能不任己意、不自爲主宰，順任萬物之自化於道；而道不會以某一特定的標準去評判、乃至干涉萬物的成長。因爲萬物在歸趨於道的途徑中各有其歷程，道一方面如同汪洋，只是任萬物趨流，而不爲其指定道路，決定道路者乃萬物自身。另一方面，無心亦意謂著，道也會在萬物歸趨的歷程上，給予萬物所需的幫助。因此，無心即是不造作，──亦即，不是故意的、有意的；故道對待萬物之態度又可謂之自然而然。如此無心之爲，即是無爲。

在道成就萬物的作用中，道所持守的原則在玄宗《注》、《疏》中稱爲道之常用。四十章疏云：「是知柔弱雌靜者，是道之常用。」由此顯示，因爲柔弱雌靜的原則，故道能夠不主宰、不干涉萬物，而能任物自適；又能輔助萬物，以眞正地成就萬物。因此，道之所以能成就萬物，乃在於道是以柔弱雌靜的、無心的、自然的態度來對待萬物。由此，方能無爲而無不爲，令萬物自化之。至於其對待萬物之方法，具如下文。

（二）物感而應

無爲既出自清淨湛然之道體屬性的無心之作用〔註30〕，則道是在何等情況下作用於萬物的呢？就玄宗《注》、《疏》觀之，道之所以能「善以沖和妙用資貸萬物且成熟之」（四十一章注，疏義同），其關鍵乃在於「物感而道應」的互動方式。如三十四章疏曰：

> 言道之爲物，非陰非陽，非柔非剛，汎然無繫，能應眾象：可左可右，無所偏名。故莊子曰：夫道未始有封。（注義同）

是以，由於道之無所封限，對於萬物之感，才能無限地回應。六章疏曰：「玄牝之用，有感必應。」又曰：

〔註29〕如三十九章注云：

> 物得道用，因用立名。道在則名立，用失而實喪矣。故天清、地寧、神靈、谷盈，皆資妙用以致之，故云其致之。（疏義同）

〔註30〕如三十七章疏云：「道性清淨，妙本湛然，故常無爲也。」

> 谷之應聲，似道之應物，有感即應，其應如神。神者不測之
> 名，……不測之應，未嘗休息。（注義同）

由此可知，道不僅於通生宇宙萬物時，才對萬物有作用；其通生之後，仍會以感應的方式作用於萬物。道對於萬物之回應是無限性的；其回應的方式之一，正如上文之「資貸萬物」，是作為萬物之資源，源源不絕地資助、支援萬物。如斯之回應，並非出自道本身的意圖，或者出自道對於萬物有任何的規定；而是隨應萬物之所需（即物感），給予適當的回應（即道應）。如斯道應，亦含一章疏所謂茂養之義〔註31〕。如此不限定的、無所特定、亦無條件之道應，即為玄宗《注》、《疏》對無為之詮釋。

　　由於道並無特定的意圖、意向或指示，因而道對萬物的回應是不測的；既然萬物各有所需，因此道給予的回應，亦應是「沖用無方」（六章注）的。玄宗《注》、《疏》更以道用的角度詮釋《老子》所謂的「周行而不殆」。亦即，既然道用本身無所封限而物感必應，因此就應用的範圍而言，是具普遍性的，故謂之周行〔註32〕；而就居於時空之中的萬物的角度來說，如此之周行應兼具時空向度的無窮性，否則無法成就異時之物，此之謂不殆。如此正似二十一章疏所言：

> 言道德生成之功，窈冥真精之信，始終無極，今古不渝。故物
> 得道用之名，天清地寧之類，自古至今，常不去也。……以此精真
> 之信，度閱萬物本始，令各遂其生成之用爾。

換言之，道用乃隨應萬物之所需、物感必應，故其無為應用之功能橫亙萬古而遍於群有。無為只是一種讓萬物各自成就的方式或作用，而道本身「雖居萬物之長，長育成熟，不為主宰，責望於物」（五十一章疏）。是以，無為之令萬物各自成遂，須出於道之無心；乃至無所意圖、無所責求於萬物，故亦不主宰萬物，而是令萬物自為主宰。

（三）萬物自化

　　道用無為的結果，在於令萬物自化。由於道無所求之故，則道之隨應萬物自是各隨所需，從而得能「物時以生，而無不為也」（三十七章注，疏未見此義）。是以，無不為者，乃指道用之使萬物各自成遂。而一章疏云：

> 有名者，應用匠成，有強名也。萬化既作，品物生成；妙本旁

〔註31〕故如五十一章疏亦云：「資給曰養。」
〔註32〕故二十五章疏謂其「徧於群有」（注義同）；二十一章注則云「應用不差」。

通，以資人用。由其茂養，故謂之母也。

由此可見，玄宗認為《老子》所謂之母，乃就道茂養萬物之意而言。就萬物的角度來說，萬物之所以能各自成遂，實出於道之無為之功；因而，玄宗《注》、《疏》將萬物所得之道用稱為德。故五十一章疏曰：

> 德畜之者：德，得也；畜，養也。謂萬物得道用而能畜養斯形，
> 則約茲畜養之處而受德名。故云德畜之。（注有此意）

可見德指道成就萬物之功；既是成就萬物之所願成就，故所謂「沖虛之用，物莫之違」（四章疏）者，並非指道對於萬物有什麼意圖、指向，或指稱道具有某種規範性，反而是在說明一種隨任萬物情況、令其各自成就之道用。

是故，道用之無為而隨應萬物，其作用的結果乃令萬物成遂；就萬物而言，可謂為自化。如斯自化，既是成就萬物、使其充分發展成熟；亦是使萬物各自成熟其特質或功用，致令「物殊而名異」（一章注）。各個萬物既有其獨特之特質、並得到充分的發展，因此，正如一章疏所言：

> 名者稱謂，即物得道用之名。……可名者，言名生於用，可與
> 立名也。非常名者，在天則曰清，在地則曰寧，得一雖不殊，約用
> 則名異，是不常於一名也。故云非常名。

換言之，由於無為之道用，得令萬物充分發展，並表現其特色；基於萬物各個不同之特色，方得為萬物訂立其名稱。因此，萬物之名，是出於道用的。所謂「約用則名異」者，可知道用所給予萬物的，乃依萬物個別之所需。因而，有名的形器世界，是道用「用無定方」之顯現〔註33〕。亦即，以物觀之，之所以能天清地寧、各有其名、各自成遂，以致呈現形形色色的世界，莫不由於道用之德。因此，萬物之德不可窮盡，萬物之名亦無所窮盡；從而，道的無限性亦得以無窮地開展、不斷地具象而落實〔註34〕。

不過，萬物這種自化與成遂，亦須隨道用之無窮，在時空中不斷地一步一步向前邁進。故三十九章疏云：

> 夫矜存者喪，執得者失。言天得道用以致清浮，若不守道沖和，
> 而但矜用其清，將恐至於破裂不成象也。
>
> 言地得道用而能致寧靜，當須忘其寧靜。若矜用其寧，將恐至
> 於發泄不成形也。（注義同）

〔註33〕故二十八章疏得曰：「妙本清淨，常德應用無窮。」（注義同）
〔註34〕以是，前所謂「涉有則稱器」（十一章疏）亦可由此得證。

換言之，萬物是道的展現，而道將無止境地藉著萬物展現無盡的自己；至於所有已被呈現出萬物，則亦終將回歸於道。然另一方面，道藉萬物以具現之整體活動，於到達某階段或境地之後，仍須進一步地往下一個階段或境地前進。倘若該物執著於某種成就而不思邁進，則道用亦無從再度依物之所需而有道應。因為某物一旦停滯不前，自然亦無更進一步的需求（此指成長上的需求），道亦將無從感應之；若然，某物便將喪失道用。從而，該物以及道之該面向，亦將失去進一步成就的機會，終將至於「歇絕」、「枯竭」，而不能「妙用」、「流潤」（三十九章疏）。因此，萬物即使得其道用而有所成就，亦當在成就上不斷地超越（即所謂忘），方得真正地往無窮處去開展道的可能性。

因此，五十一章疏云：

> 大道雖能生能畜，而終不恃不宰；德施周普而名迹不彰。豈非深遠不測之德乎！

可見，萬物一時之成就既然無可執著，自然亦沒有什麼物、什麼成就，乃至什麼功勞得令道主宰、依恃。因此，道用方得周行而不危殆，又能適時、適當地隨應萬物所需，並使萬物的成就無窮地開展。如此可謂道用之結果。

參、「道」與「妙本」

在玄宗《注》、《疏》中，用以表述《老子》之道的詞語，最具有特色的，應屬「妙本」一詞。有些中日學者認為玄宗《注》、《疏》中的「妙本」不僅代表《老子》之道，同時又與注疏中之道有意義上的差距。他們認為玄宗《注》、《疏》之道，乃妙本之體在通生萬物方面之用〔註35〕。然考諸玄宗《注》、《疏》，

〔註35〕如麥谷邦夫在〈唐玄宗《道德真經》注疏中的「妙本」〉中認為，玄宗注疏中的妙本是被規定為「世界根源性的始元性的實體」；而道則是妙本的「虛假名稱」。見麥谷邦夫著、朱越利譯〈唐玄宗《道德真經》注疏中的「妙本」〉，《世界宗教研究》1990年2期。其後，在〈唐玄宗《道德真經》注疏之撰述與其思想特徵〉一文中，麥谷先生又進一步地認為：妙本是在存在論上的「窮極的本源性的最高範疇」；而道則是妙本之妙用。麥谷邦夫〈唐玄宗《道德真經》注疏之撰述與其思想特徵〉，《道家文化研究》第十五輯（北京：三聯書店，1999），頁357～374。不過，麥谷邦夫所使用的語詞顯然有些值得討論。於哲學術語中，道無論如何都不能被規定為實體、範疇。因為道本身即是超越範疇、甚至也是產生範疇者；而實體為具形之有，故至無之道亦不得稱為實體。盧國龍則認為：

無名的「妙本」與有名的「道」，便構成了本體與名相、本原與通生途徑的關係，「道」也就成了連結妙本與萬物的中介。就「妙本」而言，「道」是顯現，是強名：就「萬物」而言，「道」則為本原。

卻不難發現玄宗對道與妙本的使用情況並非完全吻合其說。首先，在御注中，較能以上述學者們之方式解讀之注文，當屬一章注及二十五章注。一章注云：「道者，虛極之妙用。……」以此觀之，顯然符合上述學者之見。而二十五章注曰：

> 將欲明道立名之由，故云有物。……有物之體，寂寥虛靜，**妙本湛然常寂，故獨立而不改**；應用徧於群有，故周行而不危殆。……吾見有物生成，隱無名氏。**故以通生表其德，字之曰道；以包含目其體，強名曰大。**……

若以此角度來詮釋二十五章注，則妙本確可視爲是指體，而道指稱妙本生化之用的面向。然而，就全篇注文來考察，卻亦可發現道與妙本之間的區別並非如此嚴謹。如一章注所云：「無名者，妙本也。妙本見氣，權輿天地；天地資始，故云無名。」而四章注則曰：「言道動出沖和之氣，而用生成。」由此觀之，動出沖和之氣者，是妙本、亦是道。四章注又云：「道無不在，所在常無。在光在塵，皆與爲一，一光塵爾，而妙本非光塵也。」於此，妙本即是道，二者無別。因此，道與妙本在玄宗御注確實有混用之處﹝註36﹞。換言之，玄宗《注》中的道與妙本，可說皆是《老子》之道的異稱，雖偶有注文略言其異，但其體用之別畢竟不是很明確。如是，則上述學者之依據何在呢？細審其文，當是據玄宗《疏》而言之。

於〈唐玄宗御製道德眞經疏釋題〉有言：「大道者，虛極妙本之強名，名其通生也。……強名通生曰道。」一章疏亦云：

> 道者，虛極妙本之強名，訓通，訓徑。……可道者，言此妙本

見盧國龍《中國重玄學：理想與現實的殊途與同歸》，頁 429；或盧國龍《道教哲學》，頁 412。這段話在盧國龍所著的《中國重玄學》與《道教哲學》兩本書中一模一樣，參照其一即可。另，董恩林於《唐代老學：重玄思辨中的理身理國之道》中，亦言：

總之，唐玄宗的意思是，如果說：「道」是名稱，「妙本」就是實際內涵；「道」是用，「妙本」就是體；「道」是迹，妙本就是本。「自出而論則名異，是從本而降迹也；自同而論則深妙，是攝迹以歸本也。」就是說無名的「妙本」與有名的「道」，就其從本降迹後的稱謂而言是應該有所不同的，就其攝迹歸本後的本質狀態而言則是一樣的深妙。

見董恩林《唐代老學：重玄思辨中的理身理國之道》（北京：中國社會科學出版社，2002）頁 44。

﹝註36﹞於玄宗注中，道與妙本之混用情形亦可見於四章、十四章、十六章、三十二章、三十七章之注。

通生萬物，是萬物之由徑，可稱爲道，故云可道。

二十一章疏亦云：「虛極妙本，強名曰道。」由此數則可見，玄宗《疏》雖然承認道與妙本皆是指稱《老子》之道，但更著重強調妙本之有別於道。五十一章疏云：「妙本，道也。至道降炁，爲物根本，故稱妙本。」換言之，玄宗《疏》乃舉妙本作爲有物之體，而以道爲有物的生化萬物之用及其強名。對照之下，可知上述學者之所言，其實是玄宗《疏》之特殊主張，原非通貫玄宗《注》、《疏》之舉。故其視之爲玄宗《注》、《疏》特點之說，恐有待商榷。

　　玄宗《疏》之所以有此獨見，實與唐初道教學說的發展關係密切。自六朝以來，佛道論爭不斷。其論爭主題由初期的社會、制度等問題，至唐初則轉變爲義理之爭。此中，自然與道的優位問題，亦逐漸成爲釋子詰難道士之焦點，如《集古今佛道論衡》便有關於自然與道的典型論爭〔註37〕。於玄宗二十五章疏中，更能窺見其對自然與道問題之思考，其云：

　　……言道之爲法自然，非復倣自然也。若如惑者之難，以道法效於自然，是則域中有五大，非四大也。又引《西昇經》云：「虛無生自然，自然生道。」則以道爲虛無之孫、自然之子。妄生先後之義，以定尊卑之目，塞源拔本，倒置何深！且常試論曰：虛無者，妙本之體，體非有物，故云虛無；自然者，妙本之性，性非造作，故云自然；道者，妙本之功用，所謂強名，無非通生，故謂之道。

〔註37〕其事云：

　　（高祖）武德八年，……（慧乘法師）先問道云：「……未知此道更有大此道者？爲更無大於道者？」答曰：「天上天下唯道至極最大，更無大於道者。」難曰：「道是至極最大，更無大於道者：亦可道是至極之法，更無法於道者。」答曰：「道是至極之法，更無法於道者。」難曰：「老君自云：『人法地，地法天，天法道。道法自然。』何意自違本宗，乃云更無法於道者？若道是至極之法，遂更有法於道者，何意道法最大，不得更有大於道者？答曰：「道只是自然，自然即是道，所以更無別法能法於道者。」難曰：「道法自然，自然即是道，亦得自然還法道不？」答曰：「道法自然。自然不法道。」難曰：「道法自然。自然不法道。亦可道法自然，自然不即道。」答曰：「道法自然，自然即是道，所以不相法。」難曰：「道法自然，自然即是道，亦可地法於天，天即是地。然地法於天，天不即地。故知道法自然，自然不即道。若自然即是道，天應即是地。」於是仲卿在座，周慞神府，抽解無地，忸赧無答。

釋道宣《集古今佛道論衡》卷丙〈高祖幸國學當集三教問僧道是佛師事第二〉，T52，頁381a～b。

幻體用名，即謂之虛無、自然、道爾。尋其所以，即一妙本，復何
所相倣法乎！則知其惑者之難，不詣夫玄鍵矣！〔註38〕

由此，玄宗《疏》之作者群一則對唐初佛道論爭問題作出回應，同時也統整
了歷來認知模糊的自然、道、虛無等之間的關係。玄宗《疏》認爲，所謂自
然、道、虛無等等，均是妙本之異稱。就體而言，稱爲虛無；就用而論，名
之曰道；就性而言，則謂之自然。如此，自然、道、虛無這三種向來具有至
高無上性質的道學名稱，便被統攝在一妙本之上。不僅如此，玄宗《疏》甚
至將此三個名稱，分別就其意涵畫分其指涉面向。由此，不僅解決了道學名
稱之紛亂及其衍生的爭議，也爲這些名稱建立於一哲學體系之下。就此而論，
玄宗《疏》實可謂爲老學詮釋的一大進步〔註39〕；於此也可見得玄宗《疏》
的作者群在道教義理學上的涵養與企圖〔註40〕。

肆、小　結

總而言之，玄宗《注》、《疏》的道論是以體用哲學爲架構的，又爲了使其
人性論得以合理地上通道論，玄宗《注》、《疏》並提出了道的屬性說。就道體
而言，玄宗《注》、《疏》可謂一承歷代老學的觀點，認爲道體是不可分別、不
可認識的。此外，道不僅是樸、至無、精一，亦是包含無限可能的至大者。

就道體屬性而言，玄宗《注》、《疏》不僅舉出道體屬性之自然、虛靜，
其特點更在於其以無著爲義的清淨爲道體屬性；這使得玄宗《注》、《疏》在
道學與佛學之間，作了更進一層的融合。

再就道用觀之，玄宗《注》、《疏》在宇宙生成論上，實有著鮮明的特色。
他一方面抬高了沖氣的地位，使之與傳統學說中的精氣、元氣爲一；另一方
面，更使得沖氣貫串於整個生成論之中，從而讓人得能於其自身含養沖氣。
換言之，沖氣不只是道通生萬物時中間的過渡環節，也是整個通生過程最後
的萬物及人得以守、得以養的沖和之氣。由此，人與沖氣的關係可謂更爲直
接而親近。

〔註38〕「且常試論曰」之「常」，當爲「嘗」字之誤。

〔註39〕關於玄宗《疏》在唐代道論上的成就，上述的盧國龍、麥谷邦夫及董恩林等學
　　　　者之評論大致上是正確的；唯一值得商榷的，是此成就應歸功於玄宗「疏」
　　　　而非玄宗「御注」。

〔註40〕關於玄宗《疏》的作者群，請參見盧國龍《中國重玄學：理想與現實的殊途
　　　　與同歸》第六章至第三節至二，頁413～427；及本書第二章第一節壹之二、
　　　　三。

　　再者，就成就萬物的道用而言，由無心而自然的態度出發，藉著物感而應的方式，道無爲地作用於萬物，使萬物得其所遂、各自成就。此之謂自化。

　　最後，由玄宗《注》、《疏》的妙本說來看，可知玄宗《疏》的作者爲了解決初唐以來的老學問題，將御注中不甚明確的妙本之定位予以明確化；同時也有建立妙本說的哲學架構之企圖。由此，玄宗《疏》成功地使老學詮釋中的道論有了理論上的突破，因此也可視爲玄宗《疏》在老學史上之重要貢獻。

第三節　人性論與修道論

壹、人性論

　　所謂人性，綜觀玄宗《注》、《疏》，其對人性之定義實爲：「人之理想的、根源的身心的狀態」。就「根源」義而言，一章注曰：「人生而靜天之性」。所謂「天之性」即意指人性是人「天生的狀態」。以「道生萬物」的角度來說，人爲「道」所生，故於人身中，理當具有「道」所賦予的質性；因此，人性即是「道所賦予者」。如十六章疏云：

> 虛極者，妙本也。言人受生，皆稟虛極妙本，是謂眞性。及受
> 形之後，六根愛染，五欲奔馳，則眞性離散，失妙本矣。

由此可知，稟承於道者爲人性，故人性是「眞理之具足於人身」，亦是人身之中、能與道契合無礙的那一點，故亦謂「眞性」。

　　人性既爲道所賦予，而道又是人修道之指向，則人性是具理想性的，故又謂之「正性」。由此理想性出發，對照四十三章注所云：「吾見身心清淨，則能合道。」可知人性實是兼攝身心而言的；而所謂「清淨」、「虛靜」等等，俱是用來指稱這理想的、根源的身心的狀態。既然道的性質是人性的根源與理想，而玄宗《注》、《疏》認爲道性是清淨虛靜的；是故，玄宗《注》、《疏》亦以清淨、虛靜爲人性的基本內容〔註41〕。由此可知，清淨、虛靜確亦爲人性；從而，是人身心的理想狀態，故亦爲玄宗《注》、《疏》所言聖人、至人等理想人格之性質。

　　由於人藉由道所動出的沖和之氣、及陰陽二氣而化生，故人亦稟賦了沖氣的性質——柔弱。不過，值得注意的是，於《注》、《疏》中所提到的「柔

〔註41〕如四十三章疏云：「夫人之正性，本自澄清。」六十四章注曰：「人正性安靜」，
　　　　六十四章疏又云：「人之受生，正性清靜。」

弱」的性質，多半都是專就人的「生命」方面的保全與否而言的。可見，對人來說，沖氣是人生命之「本」，故持守柔弱之沖氣，乃所以「全生」而已。又，因爲沖氣在理論上是次於道的，從而「柔弱」亦只是跟隨著「清淨」、「虛靜」而來的；故於《注》、《疏》中的修道，主要都是以復返「清淨」、「虛靜」的人性爲說。而且，只要人能回復身心之清淨與虛靜的狀態，自然能「和氣在躬，爲至柔也。」（四十三章疏）〔註42〕

　　總之，玄宗《注》、《疏》顯然是以修「性」爲主、修「命」爲輔。亦即，以心性修養爲主，以「養氣」次之。歸納玄宗《注》、《疏》的修道論，更可知其主要的修道都是在所謂心性之修養上。但鑑於「修心」與「正性」之意義不爲同一層面之故，本文不擬直以「心性修養」含混討論玄宗《注》、《疏》之修養論；乃析如下文。

貳、修道論

　　道家思想將修道之依據與目標，環繞在其學說的核心——「道」——之上，故道爲道家修道論共通的價值標準；道家之修道是以道爲目標，然後修己以合道。由於道具有宇宙本原及萬物生成根源的意義，故道家之修道論，俱以「返」爲要質。既然是返，則從形上的角度來說，固然是人「返」於道；就自身修養的角度來看，人亦應有通同於道的本然之質，才能使人有可以「復

〔註42〕由此可見，玄宗《注》、《疏》雖仍保留了道教（包含河注）的「命功」之說，也有養氣、修命的觀點，但畢竟以調養心性爲主。是故，玄宗《注》、《疏》之修道論，並不全如盧國龍形容的唐初重玄學一般，是「性命雙修」的。盧國龍云：

　　　這個（唐初重玄學之新的體道論）觀點有兩個方面，一是心性修養可以復歸道本，二與「從本降迹」相對應的「攝迹歸本」的養氣可以復歸生命本初，從而全生或長生。

盧國龍《中國重玄學：理想與現實的殊途與同歸》，頁435。不過，盧國龍之所以提出這一段文字，主要是說：

　　　妙本沖用顯現爲泰和一氣，是一種……新的本原論觀點，以這個本原論觀點爲理論基礎，所謂性命雙修得到了新的解釋。性命雙修之所以能夠復歸於本原之道，就因爲眾生萬物與道之間有此泰和一氣或沖用妙氣相聯繫，這也是從唐初重玄學中發揮出的一種新的體道論觀點。……可以看出此期道教服務於心性修養或精神復歸，有一個本體論向本原論的宗趣轉化。（頁434～435）

換言之，他主要是在指出，藉由沖氣，使得唐初的重玄學有了「本體論向本原論的宗趣轉化」。因此這段話可以視爲雖包括玄宗《注》、《疏》，卻非專指玄宗《注》、《疏》而言的。

歸」之處。但此一本然之質，於《老子》中並不明顯；或者可以說，它在《老子》中並無一專有的稱呼。於《老子》文本中，我們最多能知道聖人、修道者要如何修養（如損、專氣等等）；能知道聖人是「我獨泊兮其未兆」的，然而，那「其未兆」之處又是什麼呢？對於這個沒有明言之處，玄宗之《注》、《疏》以相應於道之性質的「人性」爲說。而人性之所以爲修養所欲返之處，乃因其根源於道、並通同於道，故可爲返的工夫的依據。同時，如上所述，人性也是不外於人之身心的；因爲除卻身心，人不能成其爲人。因此，人性之作爲修道之依據，應當是即道即身的。

　　其次，既然以返回本然作爲修道目標，則當是因爲有離開本然的現實情況發生，否則無從日返。正如若某甲本在甲地，而未曾離開甲地，則如何能說「某甲欲返回甲地」？不過，在玄宗《注》、《疏》中，所謂失性者，是指人起了欲心，以致「迷乎道原」（一章注）；所以，失性並不是一種斷截性的離開。因此所謂返，亦非拋卻此身此地，另外去尋求一個目的地；而是在其自身之中，撥雲見日，使道的性質虛靜自正。換言之，修道，是在使人心從情欲興動的混雜擾亂中，返回人本然的、理想的狀態——亦即「正性」。

　　而於玄宗《注》、《疏》之所謂「心」，爲一負責感覺、認識、思考、決定意義、判斷價值的單位；有時也指具有特定意向的心念、念頭。此心之單位若決定價值在於某物而想要獲取之時，則此朝欲望動作的心念，稱爲「欲心」；當心之單位不執取任何有相或無形之事物，自在清明，純然反映事物之本然時，稱爲「虛心」，其作用則或以「心照清明」稱之。而玄宗《注》、《疏》認爲人心本來是清明安靜的，亦即無所特好、無所執取的。此時人無私心、欲望，對於淡而無味的道，便特別能感應；如此之人智慧充滿，思考特別清楚，情感及情緒方面較平穩沉靜。俗夫之所以迷失清淨虛靜的本性，便是因爲其心惑亂不明。因此，修道即須修心以正性；亦即，修心是修道之途徑；正性則爲修道之目的。既然復返人性之清淨虛靜是修道之目的，則須先明白人失性之緣由。

一、修道之前提——失性

　　關於人之失性，玄宗《注》、《疏》純粹就人心來討論。如一章注云：

> 人生而靜天之性，感物而動性之欲。……若不正性，其情逐欲而動；性失於欲，迷乎道原……。

由此來看，人性之所以爲欲心所迷，是因人爲外物、外境所感而動，從而產

生欲心；欲心又引發「情」。有關人性與情欲之問題，《疏》則更以重玄學之根基，進一步地說明：「欲者性之動，謂逐境而生心也。」（一章疏）〔註43〕又，六十四章疏曰：「人之受生，正性清靜；感物而動，則逐欲無窮。」是以，虛靜之人性之所以擾動，實由外境、外物所感而起；並且，於人內心亦生起了欲心，乃至逐欲無窮。而所謂欲心者，如二章注云：「美善者，生於欲心。心苟所欲，雖惡而美善矣。」亦即，欲心是指一種「想要」的心理狀態。此「想要」的心理狀態在《注》、《疏》中有兩種程度：其一，是指起心動念想要什麼；另一種則是此心念超過其本分，稱爲「貪欲」，如：「眾人俗學有爲，熙熙逐境，如臨享太牢、春臺望登，動生貪欲」（二十章注）。相對於天性之靜，這兩種層次的欲都是一種動。而欲心的擾動，正是人之所以失去清淨虛靜之本性的緣由。

由欲心這種想要的心理狀態，便引發了心理上的價值判斷──「情」。唯此情並非實情之意，而是一種價值判斷之情。故二章注繼前引文而云：

> 美善無主，俱是妄情。皆由封執有無、分別難易，神奇臭腐，以相傾奪〔註44〕。

由於情是依於欲心的，故云「無主」；以情爲「妄」，可知情並非實有或恆常的心理狀態。值得注意的是，對於《老子》第二章所謂之「美惡」及「有無之相生」等七句，玄宗《注》強調的是人之欲心，而《疏》則以重玄學所吸收的佛學語詞，分別就「有無之相生」、「難易之相成」等句，分析「有無」等等如是形象，謂其「性空」、「法空」云云，以此說明一切情欲，乃自生於人心而已。換言之，《疏》頗重視分析一般人以爲實有的外在事物及形象，從而呈顯出人之內在才是問題的根源，此見可說具有佛學之性格；而《注》則沒有這種明顯的分析性格。可見《注》、《疏》確有其差異。「情」這種價值判斷既由欲心生起，自亦有所偏私。故五章疏曰：

> 言天地能芻狗萬物者，爲其間空虛，故生成無私，而不責望。亦猶橐之鼓風、笛之運吹，常應求者，於我無情。故能虛之而不屈撓，動之而愈出聲氣。（注義略同）

〔註43〕此段疏文後面又云：「又解云：欲者，思存之謂，言欲有所思存而立教也。」但由於本句爲「常無欲以觀其妙，常有欲以觀其徼」之疏，故這段文字只是就《老子》本文中的「有欲」、「無欲」而言的。綜觀《注》、《疏》，「欲」者多作「欲心」之謂，而非「思存以立教」之意。

〔註44〕「妄情」者，二章疏則補充云：「妄情則不常。」

因其「無私」，而稱「無情」；故「情」是「有偏私」之心理情感。結合情欲的關係來看，「情」既生於「欲」，故而有私；偏私之心既起於「想要」的念頭，故而是「無主」而「虛妄」的。由於情欲二者彼此之間相依相從的關係，故《注》、《疏》中多直接以「情欲」二字，合稱使人失性迷道者。是以，修道工夫亦將以情欲作為對治的對象。

此外，必須指出的是，情欲二者皆是一種心理狀態；是指人心對於外境、外物之耽著的心念及具價值判斷的私心。因此，修道即是作修心之工夫——即，在心上下工夫，目的則在使情欲不生、從而正性。換言之，修心乃所以正性者也。因此玄宗《注》、《疏》對人失性之問題的解決途徑，亦只在於修心而已。

二、修道歷程

從玄宗《注》、《疏》修道所求的境界來看，其所求的是人與道的相即而不離。亦即，就人與道的關係而言，不但要藉由道生萬物的角度，來說明道與人在生成論上有根源性的通同；而且要求人的修為境界乃至言行，皆要能全德而合道。而若要實現這樣全德合道的理想，須先對治使人失去清淨虛靜本性者——情欲。情欲既然為人內心之問題，故應就人之內心對治之。因此，玄宗《注》、《疏》或以「除情去欲」為說，或以「忘」、「遣」、「損」等等作為對治情欲之道；這些對治之道總歸起來，就是不執滯。而另一方面，既然修心的目的在於正性，則對於正性之清淨虛靜、乃至真常之道，當是持守而不離的。從而，玄宗《注》、《疏》之修道論有兩個基本面向：在失性的面向，要以不執滯的方法對治之；在正性的面向上，則以不離為說，以示二者之別。雖然《注》、《疏》中呈現了這樣「正性／失性」、「不執／不離」的區分；但這兩個面向卻又是一體之兩面。若根據《注》、《疏》來看，不執滯的結果也就是不離於人性及真常之道。只要人能無所執滯，即能尋回人通同於道的自然本性。因此，不執與不離，二者又謂不一不異的。而不執與不離二者，即以這種二而一的關係貫串玄宗《注》、《疏》的修道歷程中，造就修道者境界一層層的開展。以下即就修道歷程討論之。

（一）從聞道至修行

正如《老子》四十一章有言「上士聞道」云云，玄宗《注》、《疏》亦認為，修道者之所以能有向道而行的機會，實因其得聞正道，從而能悟道。如二十三章注屢言「因言以詮道」、「因言悟道」，而四十八章疏曰：

> 言初修學者，日求見聞以為益因益；為道則忘遣功行以為損。

> 所以者何？夫爲學者，莫不初則因學以知道，修功而補過；終則悟
> 理而忘言，遺功而去執。故注云：「益見聞爲修道之漸」，蓋言其初
> 也；「損功行爲悟道之門」，蓋言其終矣〔註45〕。

《注》則認爲益見聞以爲學，此爲「積功行」；而爲道則是「損功行」。由此
觀之，《疏》之將爲學、爲道視爲一始一終的關係，並未違背《注》的思想。
因此，《注》、《疏》皆認爲見聞方面的言教是人「聞道」之工具或媒介；藉由
言教之媒介，人得以聞道、知道。由是亦可見得，玄宗《注》、《疏》皆肯定
「學／益見聞」一事，在思想上可說已不同於以往的道家思想，而是取法於
儒的。

　　然而，此時學者之學仍屬於見聞之知的層面。亦即，學者雖然因益見聞，
並從中得聞正道——亦即傳述眞理之言教（本文姑稱爲「眞知」），但於此層
面中，學者之「所知」都還是有分別相的。所謂「知」者，於《注》中並無
明確之解釋，唯於三十三章疏有云：

> 知，識察也。夫心與境合，是以生知。生知之心，識察前事，
> 是名知法。言人役心生智，知前人之美惡者，則俗謂之智爾。

由此來看，此所謂「知」，是指心對境的「明辨」能力。在見聞之知的層面，
若人「矜其有知」（五十三章注）、「妄生見著」（七十一章疏），亦即只執著於
所見所聞，並執滯於具有分別相的價值判斷之知，從而有所「智詐之用」（十
九章注），則是所謂「俗智」。另一方面，「眞知」既以言教的形式呈現於學者
面前，故也有爲人執滯的可能。所以玄宗《注》、《疏》更提出要不執滯於言
教上，亦即超越言教。唯有超越言教，修道才成爲可能。猶如二十三章注所
言：「從事於道之人，當不執滯言教。」而對於言教的超越，七十章注曰：「言
者在理，理得而言忘。」而二十三章注亦云：

> 希言者，忘言也。不云忘言而言希者，明因言以詮道，不可都
> 忘。悟道則言忘，故云希爾。若能因言悟道，不滯於言，則合自然。

在二十三章疏中，則更以道之不凝滯來闡釋「忘言」之理據，而認爲「忘言」
一言，仍需超越之。此爲《注》、《疏》之異。

　　總之，玄宗《注》、《疏》皆認爲「見聞之知」是必須加以超越的，即使
所聞者爲眞知亦然；不過，此時的超越只是指超越言教的形式；對於言教所
傳達的眞理——道卻是不可忘的。

〔註45〕第二句句末之「因益」二字，疑涉上文而衍。

　　超越言教形式的所知，玄宗《注》、《疏》稱爲「了悟之知」，如五十六章注云：

　　　　知，了悟也。……了悟者，於法無愛染，於言無執滯，故云塞
　　其兌。（疏義同）

由此可見，修道者雖以聞道作爲修道之開端，但藉由不執滯的工夫原則，修道者方得以進入了悟之知的階段。就玄宗《注》、《疏》的角度而言，這個層面的知法，應已脫離世俗分別、判斷之俗智，但以眞知爲所依。以眞知爲所依，亦即仍存留著知法。因此，了悟之知仍然是一種知法。此層面正是修道歷程中承上啓下的階段。對於了悟之知所知的眞知之內容，就《注》、《疏》來看，可有兩種層面的意義。

　　首先，就其承上的意義而言，了悟之知是指對眞知之理解與掌握。二十五章注言：「若能了悟，則返在於身心而證之（道）矣。」（疏義同）何以能於身心體證道呢？以《注》義觀之，玄宗《注》所論之身，除十三章外多非負面義，反而大多肯定身之可貴，謂身爲修道、致道之所在。而十三章注云：

　　　　身相虛幻，本無眞實。爲患本者，以吾執有其身，痛癢寒溫，
　　故爲身患。

於此，所謂「身相虛幻」者，實因「天地委和，皆非我有」之故；因此，十三章注所否定的，實爲「起心執著身相」之心念，而非身本身。《疏》則進而認爲，藉由眞知，修道者一方面能夠「照法性空，悟身相假。」（四十九章疏，注無此意）從而超越對身相的執著；在另一方面，修道者則能：

　　　　照了眞性，眞性清靜，無諸偏雜。（五十四章疏）

　　　　觀身實相，本來清靜，不染塵雜，除諸有見。（五十四章疏）

亦即藉由觀察自身和合而成的性空性質，明瞭自己眞性之清靜，從而能去除對分別相的執滯而超越之。此段論述之細膩，未見於《注》中；因而可知《疏》在身相之問題上，實富含佛學或重玄學之意義，開展了《注》的理論深度。

　　另一方面，了悟之知又是指對言教等分別相的超越。如七十章疏所云：

　　　　夫唯代人之惑，無了悟之知，封著名相，不能暢理。於事執事、
　　於言滯言，是以不知吾教以無言無事之意〔註46〕。

〔註46〕以上斜體字之引文是未與《注》重複之文字。雖然如此，但《注》後文有云：
　　　「了知我忘知之意」云云。比對於前文「無言」、「無事」之意，可知《疏》
　　　實無違於《注》之本義。

換言之，了悟之知表示修道者對言教所表達的道理的充分理解，亦即獲得眞知。此時修道者所超越的，不僅是言教等名相；同時於法亦無所執滯。至於爲什麼可以不執滯於法呢？在《注》中並沒有給予明確的解釋，《疏》中卻有進一步的說明。如四十三章疏曰：「人了悟諸法一無所有。」又二章疏云：「……如代間法，皆和合成，則體非眞，是皆空故。」可知，在玄宗《疏》中，實已揉合了佛家性空之觀念，欲以說明世間諸法，無可執滯；從而修道行人能夠超越言教、名相的封限。而這種從眞知而來的對諸法的理解，正是所謂「了悟之知」。

因此，就上述的意義而言，了悟之知一方面可以指對清靜眞性的了解與持守；一方面又是指對有見等分別相的超越。若借用佛家名相來說，則了悟之知一方面是「知我空與法空」；另一方面則是「知眞性與實相」。從而可知，眞知所揭示於修道者的，即是這兩方面的道理。

其次，了悟之知啓下的意義，乃在於令修道者從事修行。亦即四十一章注所言：「（上士）了悟故勤行。」關於修行之道，在《疏》中更順著重玄「言教無滯」的原則，有一番細膩的說明。如二十七章疏曰：

> 言教無滯，則不異門也。……若能了諸法皆方便門，究竟清淨，
> 不生他見，則無勞籌策算數，目能深入一乘〔註47〕。

於此，就修道法門上來說，修道者之所以能夠不生他見，正是因爲知道諸法只是方便門而已。又八十一章疏云：

> ……言體道了悟之人，在乎精一，不在多聞。
>
> 夫多聞則滯於言教，滯教則終日言而不盡。既非了悟，故曰不知。

因此，修道者既獲眞知，亦能觀諸法性空，故於修道法門上，知道不需求多聞、多門，否則只是徒然令自己惑滯而不通。這也就是二十二章疏所說的：

> 夫少自取者則無失，故云得；多自與者則人必爭，故云惑。修
> 身既爾，修道亦然。當須抱守淳一，自全眞素。若欲廣求異門，則
> 招亂惑。故亡羊必因歧路，喪生諒在多方。是以聖人抱一不離，可
> 爲天下法式矣。

鑒於歧路亡羊之例，《疏》中明白表示，修道者只須按照一個法門來修行即可。因此重點只在於修道者能依眞知而身體力行之而已。換言之，修道歷程雖由聞道開始——亦即從聽聞眞知之言教開始，但卻不能執滯於眞知之言教；而

〔註47〕「目」者，當爲「自」字之誤。

必須以身體力行的方式超越言教。也就是說，要忘卻眞知之言教的理性思辨，而以修行的方式去體驗眞知所欲表達的境地。是以，經由對於言教之超越，修道者得以眞正進入修道的歷程。而其修行的歷程，一方面亦是於心上不執滯諸法；一方面又是不離眞常之道的表現。

（二）從修行到體道

　　承前所言，修行之道在於修心以正性。因而，修行之綱領亦即《老子》十九章所說的：「見素抱樸，少私寡欲。」以玄宗《注》的話來說，便是：「絕棄塵境染滯，守此雌靜篤厚。」（十六章注，疏義同）由此可知，修行之工夫仍是不執與不離。所謂修心，如前文所述，主要指對治內心之情欲。《注》稱之爲「除情去欲」（七十二章注），《疏》則更進一步藉《莊子》之詞詳論云：「人當忘情去欲，寬柔其懷，使靈府閑豫，神棲於心。」（七十二章疏）不過，值得注意的是，雖然說是「除情去欲」，但這個行爲實際上指的是令心不執滯於外境，同時也不執著於自身的身相，如此則使心境清靜，從而回復正性之清淨虛靜。因此，對治情欲是修行的方法之一，而非修行之目標。是故，修行之道有幾種層次：

1、就人與外境之關係而言之，則藉由「性分」、「諸法皆空」的角度入手，令心不執滯於外境。

2、從人自身的層面來說，則將藉由「身相虛幻」的角度，讓修道者不執於己身，從而將有某主體與客體相對的立場拆除。

　　經歷這兩種層次的修行之後，修道者即具有明的智慧；從而能進一步地超越前一個階段所謂的眞知之法，並超越本身那想要修道之心念，達到與道冥合的境界。

1、就人與外境的關係而言

　　由前引第一章注來看，人初初受形之後，即爲外境所感而動，從而引發情欲。由此觀之，人之爲外物、外境所動似乎是情欲發生的開始。因此，若由人與外境的關係談起，則玄宗《注》有言：

> 兌，愛悅也。目悅色，耳悅聲，六根各有所悅，縱則生患，是故塞之。不縱六根愛悅，則禍患之門閑矣[註48]。故終身不勤勞矣。
> （五十二章注）

[註48] 「閑」者，當據道藏本王雱等《道德眞經集註》及強思齊《道德眞經玄德纂疏》引文改爲「閉」。

在此，根據眼耳鼻舌身意等六根對聲色等外境有所「愛悅之情」的情況來看〔註49〕，《注》文借用佛家的名相所欲表明的是，情欲之所起，可能是由於人的六根自有與之相接相引的外境之故。六根雖自有愛悅，仍得不縱之，且須塞之。而其理由何在？可見於十二章注：

> 目悅青黃之觀，耳耽宮徵之音，口燕芻豢之味。**傷當過分**，則坐令形骸聾盲。馳騁代務，耽著有爲，如彼田獵，唯求殺獲。**日以心鬥**，逐境奔馳。靜而思之，是發狂病。

於十二章《老子》文本的「五色」乃至「五味」，實不易看出《老子》是否有明確指出奢華的意味；但玄宗《注》則意謂「五色」等爲奢華之物事。**有趣的是，於十二章疏文曰：**

> 色謂青黃赤白黑，音謂宮商角徵羽，味謂酸鹹甘苦辛。……目視色，耳聽聲，口察味，傷當過分，則不能無損。……

就《疏》文來看，五音、五色等亦不必有奢華之意義。相形之下，《疏》在此點上似較接近《老子》本來面目。《疏》文並認爲，其所指的情況並不限於五音、正色等，還包括「代間聲色諸法」（十二章疏）。由上文來看，《注》、《疏》皆認爲人對外境之愛悅，乃以過分爲患，故須不縱。不縱即是不令過分〔註50〕。但是，外境本身並不構成六根或修道者的「傷」、「過」與「奔馳」；因而，這些「過分」的動作，其實是指自身對於超過本分之外境的「耽著」或「執滯」──亦即五十二章注所謂的「縱」。

至於十二章之所謂「田獵」，《注》、《疏》皆以之爲譬喻，只是《疏》以爲畋獵乃譬喻：

> 耽聲滯色之人，馳騁欲心。亦如畋獵，但求殺獲，欲心奔盛，逐境如馳。靜而思之，是心發狂病也。

亦即，《疏》認爲畋獵之喻，乃用以反省人「逐境而生欲心」的情形。而《注》認爲「田獵」乃用以譬喻「代務」與「有爲」；並以爲這是使人執滯者之一。唯《注》文並未進一步闡釋「有爲」、「俗學」與「代務」。而二十章疏則對「有爲」與「俗學」作了詳解：

> 絕學者，絕有爲俗學也。夫人之稟生，必有眞素，越分求學，

〔註49〕依玄宗《注》、《疏》之文義，姑稱聲色爲外境。

〔註50〕所謂的「分」，當指人的基本需要。所謂「過分」之物，乃指其他想要卻不需要之物。因此，所謂「貪欲」即爲此過分的「想要」之心念。

傷性則多。若令都絕不爲是，使物無修習。今明乃絕有爲過分之學，
即莊子所謂俗學，以求復其初者。若**分內之學，因性之爲**，上士勤
行，未爲不絕也。故曰絕學無憂。

由此可知，在《疏》詮釋下的所謂「有爲」與「俗學」，蓋以個人之性分爲標
準。然而，如何才能界定其所爲所學是否超過性分呢？二十章疏或曰：「眾人
俗學躭著，矜誇巧智，是法皆執。」或曰：「凡人愛染有爲」；又云：「凡俗之
人，不畏俗學，所以躭滯逐境，未曾休息。」由此觀之，「俗學」、「有爲」者，
皆是「使人有所執滯者」也。而「有爲俗學，動生情欲」（二十章疏），是故，
有爲俗學乃世俗之所以執滯塵務是非者也；而凡是有所執滯，即是「動生情
欲」，亦即是「違分傷性」。就此觀之，再對照上引《注》文來看，《注》文其
意亦然。

因此，情欲是一種耽著執滯的心念。既爲耽著執滯的心念，則掃除情欲
之方法，首先當在使心念不執滯於外境。專就掃除心念的執滯而言，六十四
章注曰：

言人正性安靜之時，將欲執持，令不散亂。故雖欲起心，尚未
形兆，謀度絕之，使令不起，並甚易耳。

欲心初染，尚自危脆，能絕之者，脆則易破；禍患初起，形兆
尚微，將欲防之，微則易散耳。

換言之，修道之人在對外境將起心之際，須得自我把持原本安靜之正性，從
而自絕其情欲、令情欲不起。這是從執滯的心念將起而未起的角度來說。而
若「欲心已動」（六十四章疏），則須於心念執著未深之時，防微杜漸，以免
自己愈陷愈深。

於此，值得注意的是，《注》的文字似乎只點到這裡爲止——亦即以性分
之說去規範執滯的心念；《疏》文卻大量地援用佛學思想，來說明心念不能執
滯於外境之理由，乃在於——諸法性空，此亦即上文所說「眞知」所揭示的
內容。

總之，《注》、《疏》皆認爲修行方式，乃是修道者藉著這種防微杜漸的自
我提醒，一再提醒自己不要執滯於外境上，從而解消對外境有所價值判斷的
俗學的成見；然後藉由這種對外境、是非、價值判斷一再的超越，將眞知之
所揭示融入自己的心念中。換言之，修道者之所爲，乃是藉著身體力行的方
式，將眞知納爲自己之知；由此將眞實的智慧化爲自己的智慧。另一方面，

這樣的除情去欲也是在使自己能夠回復正性之清淨虛靜，從而與道冥合。故五十二章疏云：「絕欲，守母之行也。」亦如四十三章注所說：

> 無有者，不染塵境，令心中一無所有；無間者，道性清淨，妙體混成，一無間隙。夫不爲可欲所亂，令心境俱靜，一無所有，則心與道合，入無間矣。故聖人云，吾見身心清淨，則能合道。

因爲人不起欲心、不耽著於外境，即不因外境而動生情欲。如此是謂心境俱靜——心不隨境起舞，亦不因而亂之。內心不亂而不染雜，故曰身心清淨；由此則能復返清淨虛靜之正性，從而達到合道之境地。在四十三章疏中更直接道明，云：

> 無有者，謂人了悟諸法，一無所有，則返歸正性，與道合同，入無間矣。

其用語雖與《注》有異，然理論上推究起來，其義實無不同。

2、就人自身的層面而言

又如上文所述，眞知之內容除法空之外，尚包括我空。關於這方面的修行，主要皆體現在十三章注疏中。在十三章注文中，認爲「身相虛幻，本無眞實。」故而不可執有其身。而《注》、《疏》皆認爲《老子》之「無身」就是超越身相的方法。故《注》文曰：

> 能知天地委和，皆非我有。離形去智，了身非身，同於大通，夫有何患？

換言之，修道者由於知道其身乃「天地委和」而「非我有」，是以要「離形去智，了身非身」，放棄對身相的執著。而《疏》文則云：

> 無身者，謂能體了身相虛幻，本非眞實，即當坐忘遺照，隳體黜聰，同大通之無主，均委和之非我。自然榮辱之途泯、愛惡之心息。

由此來看，若「隳體」、「離形」是表示不以爲自己有四肢百骸；則「黜聰」、「去智」便是化解自我對外境的取著或認識的作用。《注》、《疏》中的這種無身的方法，可見於《莊子・大宗師》的「墮肢體，黜聰明，離形去知，同於大通，此謂坐忘 〔註51〕。」而向郭注嘗云：

> 夫坐忘者，奚所不忘哉！既忘其迹，又忘其所以迹者，內不覺

〔註51〕本文引自郭慶藩集釋《莊子集釋》（臺北：華正書局，1987 年），頁284。

其一身，外不識有天地，然後曠然與變化爲體而無不通也〔註52〕。
是以，「離形去智」者，乃指修道者一不以其身爲己有，而執有身相；二不因
「執有身相之見」而以爲自身可用聰明智識去認識外境、乃至執滯於外境。
換言之，「無身」是以天地委和的觀點，來拆解以爲有能所之分的能——主體；
亦即，取消以爲有外境與之相對的我的立場。若能達到「無我」（十三章疏），
自然也沒有外境可供我執滯；因此，「離形去智」在理論上可說是更進一步的
超越。不過，根據《疏》文之意，當人能達到心境俱靜之境地時，修道／體
道者即可達到無所分別的境界：

> 修道行人則坐忘去欲，心無造作；凡所施設，功與化冥。於爲
> 非爲，故曰無爲；此明心也。即事不滯，故於事而無事；此明身也。
> 即味不躭，故於味而無味；此明口也。三業既盡，六根塵自息爾。……
> （六十三章疏）

因此，所謂「三業既盡，六根塵自息爾」，即是表明，當體道者於其所思、所
行、所言都一無執滯，則其心、身、口都無業可造；因此，六根六塵（亦即
能所之對立）亦自然消除。而當人達到這樣無我、無能所分別的境界時，即
是以眞知爲己知，也是令自心復返正性、從而通同於道的性質。因而，成爲
冥合於道的體道者。

（三）體道境界

由不執滯於外境到不執有身相，在修道者而言，正是「用其光，復歸其
明」的。關於「光」、「明」之意義，《疏》的解釋遠較《注》更豐富而清楚。
在《注》中，只是簡單地區分二者云「用光外照」與「復歸守內明」；亦即區
分爲「外光」與「內明」。而五十二章疏則云：

> 光者外照而常動；明者內照而常靜。由見小守柔則爲明。爲強
> 不矜，明而用強，故雖用光外照，還歸內明。此轉釋見小守柔之義，
> 使息外歸內。故曰復歸其明也。
>
> 言用光外照，於物無著，還守內明，不自矜耀。守母存子，返
> 照本源，自無殃咎。是謂襲常者，密用曰襲，……密用眞常之道也。

由此可知，《疏》文認爲，修道者一旦不執滯於外境——亦即「用光外照」而
「於物無著」——如此則能回歸身心本源而有內明。如此息外歸內，正是一

種對眞常之道的持守；在此意義上，《疏》不僅沒有違背《注》義，反倒豐富了光、明之意義。而十六章注則有云：「守靜復命，可謂有常；知守常者，更益明了。」可見《注》所謂的「內明」，確如《疏》所闡釋的，是一種冥合於道而有的眞實的智慧。而具有這種「明」的智慧的體道者，因其復返正性，故「心照清靜」（五十章注）、「慧心無滯」（二十七章疏），而其心「凝寂」（二十七章疏）。又因其與道冥合，故而又是「德全於內、和氣沖盈」（五十五章疏）的。因而，體道之境界可就三種層面來說——

　　首先，就人性及人生之所本而言，體道者與「道」、「沖氣」是不相離的；

　　其次，就體道者與萬物的關係而言，體道者對於萬物是無所執滯，而應用無方的；

　　最後，就體道者對諸法的態度而言，體道者因爲「了法性空」（七十一章注），故能「於法無住」（二十章疏）。

　　以下即以此三方面討論之。

1、就人性及人生之所本而言

　　如前所述，體道者內心不生情欲，因此「獨怕然安靜，於其情欲，略無形兆〔註53〕。」（二十章注，疏義同）；體道者又「不凝滯於物」（十五章注疏）、於物無著，故而「識心清淨」（四十一章疏）。而由其能夠復返清淨虛靜的身心狀態，因此體道者是正性之人，也就是能持守道所賦予人的清淨虛靜本性之人。是以，體道者即是通同於道者，故所謂體道者乃「抱道含和，復歸於嬰兒之行。」（二十八章注，疏義同）之言，亦即表示體道者對道之持守而不離。從而，沖氣也將不離於體道者。

　　就體道者與人生之所本——沖氣的關係而言，在這樣明的智慧中，體道者所達到的無能所之境地，也就是無分別的。而十二章疏曰：「無分別則全和。」所謂「全和」者，一如五十五章注所云：

> 至人含懷道德之厚者，其行比於赤子。……赤子骨弱筋柔，而能握拳牢固；未知陰陽配合，而含氣之源動作者，猶精粹之至。終日啼號而聲不嘶嗄，猶純和之至。此赤子之全和也。

由是可知，「全和」是指體道者冥合於道時，內在含懷道德而不有分別相之情況，故《疏》亦曰：「取其內無分別」（五十五章疏）、「常德不散，即是全和」

〔註53〕「怕」者，當據道藏本強思齊《道德眞經玄德纂疏》改爲「泊」。

（二十八章疏）。同時，由於體道者正性清淨，不執分別相（如所謂「未知陰陽配合」之言），故其表現可如道之整全與無限，故曰「精粹之至」、「純和之至」。亦如前文所述，當其冥合於道，即是「令虛極妙本必自致於身」（十六章疏，注義同），從而柔和之沖氣亦將不離其身，故而是「和氣沖盈」（五十五章疏）的。此外，五十五章疏又曰：「心有是非，而氣無分別。故任氣則柔弱，使心則強梁。」由此可知，體道者含懷至純之和氣，故而只要任氣之自然，則可致柔弱之本性，則自能「全生保年」（七十六章注），從而以此身行道於天下，而「歿身不殆」。

此外，雖然玄宗《注》、《疏》皆認為體道而全和者能致虛極妙本於身，但《注》始終未曾明言「沖氣」與體道者之關係；直至《疏》中才作明確的指認。由此亦可見得《疏》的作者群對於道教思想的運用。

2、就體道者與萬物的關係而言

由於體道者無所分別而「恬淡無欲」（五十六章疏），因此對待萬物之時，自能「心無偏私」而「和光順物」（皆五十六章疏，注義亦同）。可見體道者無所取著，故亦不取有特定之物相；所以不會偏愛某一特定之物；故謂「心無偏私」。故曰：

> 善士懷道抱德，宇量曠然寬大；於物悉能含受。如彼虛谷，無
> 不包容。（十五章疏）

體道者不分別而無所執，自然於物無著，而能悉受萬物。從而能夠：「含容應物，應物無心。既無私邪！故為公正。」（十六章注，疏義同）而「無心」正是對於體道者之於萬物態度之最佳形容。

所謂無心者，既指無私心；亦是指無常心。如四十九章注云：

> 聖人之心，物感而應，應在於感，故無常心。心雖無常，唯在
> 化善，是常以化百姓心為心[註54]。（疏義同）

也就是說，體道者由於沒有偏私之心，亦不執滯於萬物，因此其與萬物接觸時，是「物感而應」的。既然因感而應，故體道者因應之方當是沒有特定形式的；故亦無特定的因應行為。亦即，體道者之因應，是順任萬物之所需的，而不會以一己之私心去要求有某種特定的結果。體道者隨應萬物，故無常心

[註54] 在玄宗《注》、《疏》中所謂之「常」，乃以「恆常」、「固定不變」為義，「常」
　　　字本身並無正面或負面之差異。至於玄宗《注》、《疏》中以「常」聯繫之詞
　　　語之評價，端視其行文脈絡而定。特此誌之。

——不會只有一種特定的因應之心，或者說，不會以執滯於某種情境、某種對象、某種方法、某種結果的心念去因應萬物。不過，其對應萬物之方式雖不固定，卻如道對應萬物一般，有個基本的大方向，即所謂「化善」。在《疏》中亦繼承此意，唯以道教習慣用語而謂其「義存慈救」（四十九章疏）。如是觀之，玄宗《注》、《疏》對於聖人及道的無心之解釋實有所限定。

又，四十九章注云：「聖心凝寂，德照圓明，渾同用心，皆爲天下。」以此可知，由於體道者無心，故於其因應萬物之時，其用心是渾同的，亦即沒有特定的、具分別的私心；因此，其「應用」無窮，而其應用之德亦能如道一般整全——此即所謂「全德」。關於「全德」云云所牽涉到的應用的層面，請參見本文第四章；於此不再細論。

3、就體道者對諸法的態度而言

如前所述，體道者是無所凝滯、無所分別的；不過，從重玄學強調「玄之又玄」的立場來說，即使是這樣的境界也是不可執滯的。就這一點而言，《注》、《疏》表現在兩個方面。

其一，就體道者之心念而言，則應體現爲「無欲於無欲」。如一章注云：「猶恐執玄爲滯，不至兼忘，故寄又玄以遣玄，示明無欲於無欲。」而一章疏進一步闡釋所謂「無欲於無欲」云：

　　　無欲於無欲者，爲生欲心，故求無欲；欲求無欲，未離欲心。
　　今既無有欲亦無無欲，遣之又遣，可謂都忘。

是以，「無欲於無欲」者，可以視爲體道者於其境界中，是連「欲求無欲」的心念都超越了。亦即，其不執滯於「想要修行」之類的「想要如何如何」的心念上。換言之，體道者之心念行爲都是出於自然而無所強求的。是以，復返清淨虛靜之正性者，同時也就是復返自然之正性者。故體道者是無所造作的。因而，其於心念上無所執滯，同時也是體得道性無限之表現。

其二，就諸法皆空的角度而言。承前所述，修道者之所以進入修道之歷程，乃由於其所聽聞的眞知；修道者並且以身體力行的方式將眞知化爲自己切身的體會，從而體道成爲可能。不過，當修道者體道之時，由於是無能所、無分別的，所以也不應再有所謂眞知、俗智之見；否則仍然是落入分別之見的。因此，七十一章注云：

　　　（聖人）了法性空，本非知法；於知忘知，是德之上。

《疏》文則更從重玄學的角度作進一步的闡釋，云：

夫法性本空，而非知法。聖人悟此，不有取相之知。於知不著，
故云不知，是德之上。（七十一章疏）

聖人正智圓明，了悟實相，於知忘知，故不爲知之所病。所以者何？以其病
凡夫有強知之病，故說眞智以破之；妄知之病既除，眞知之藥亦遣，故云不
病也。（七十一章疏）

　　由此可知，正如諸法性空之理，知法亦空；眞知亦爲知法之一，故眞知
亦不可執滯。因此，五十四章疏在《注》的解說之外，又加註云：

……有見既遣，知空亦空。頓捨二偏，迴契中道。可謂清靜而
契眞矣。

亦即，體道者既然已無分別相，繼而更能超越無分別相之斷見；如此不執滯
於有、亦不執滯於空，方爲契合於既是至無又是至一的道。於此可窺知《疏》
在重玄學方面學識之深厚。

　　以上是玄宗《注》、《疏》以重玄學所強調的不斷超越的角度來說的。另
一方面，三十三章疏則強調，應由得道者「明」的智慧觀照法性之空。故云：

若反照內察，無聽以心，了心觀心，不生知法，能如此者，是
謂明了。

由此可知，在明的智慧中，體道者能以超越之法觀照其內心；明白人之所以
誤認爲有諸法、乃至有「眞知／俗智」之分的原因，是由於其心念在對物我
相、分別相產生執滯。諸法皆然，故而性空；而知法亦是如此。若能從這個
角度來觀照，則知法自然無從生起。而這也就是前文所謂息外歸內之用意。
因此，一切諸法只在「心識迴照」（二十章注）——亦即，在心念之了別。玄
宗《注》、《疏》稱「明」的智慧爲「內明」；而又說明的智慧是「融照以鑒微」、
「無所不照」（三十三章注）的。不過，《注》在討論明的智慧時，多強調其
「無微不至」、「無所不照」。而《疏》文較《注》文更強調反觀內心。因而可
說，《疏》的作者更注重反觀內省，將一切歸諸自我之內在。

　　由此觀之，明的智慧，既是對萬物、諸法的明鑒；在《疏》文中亦是對
內自心的覺察。是故，可以說明的智慧是觀照到內外一如的；又可以說，在
明的智慧中，並無內外之別、亦無能所之分。因此，體道者能夠：「更求勝法，
運動修行，令清靜之性，不滯於法，而徐動出也。」（十五章注）而唯有如此
「於法無住」（二十章疏），體道者之境界才不致有所耽滯，從而方能「更求
勝致，不以爲新成而便滯著矣。」（十五章疏）換言之，《注》、《疏》皆認爲

體道者必須一無所住，方能證成其體道境界。不但不能執滯於分別相，亦不能執滯於諸法。從而，體道者必須與時俱往、與物俱化。在時間之流中，以無著之心不斷地與道之無限相契相印；並藉由無心地因應萬物，而體得道用之德。換言之，體道者心如道而行如道，是處於人世之道；故而亦如道之無所執滯、無所偏私，從而體得道德之無限與整全。

由以上論述可知，復返人性之清淨虛靜，藉以通同道的性質，從而與道冥合、成爲一有德之聖人，實爲玄宗《注》、《疏》體用哲學中的基本理想。唯有確立這樣清淨虛靜而有德之體，用」之功效方得存在——道如此，人亦然。因而，清淨虛靜是道與人共通的性質；亦即，是體的基本性質。在玄宗《注》、《疏》所說的修道歷程中，修道者從以言聞道開始，藉由不執滯的超越工夫，一再一再地將自己的身心狀態撥亂反正；隨後亦須於法無住，並且亦不得執滯於某一情境時空下的境界。唯有不斷地與時俱往、與物同化，得道者之境界才能是時時與道冥合的。

因此，由這樣不執滯之體開展出來的用，亦無法執滯於特定的情境與應對方式，故而只能以「無爲」稱之。由此可知，道用的運作方式之所以稱爲無爲，實根據道體、道的性質而來。故玄宗《注》、《疏》所顯示的治國理想，亦當以無爲爲宗。以下即討論之。

第四章　唐玄宗《道德眞經》注疏之思想（之二）──論至人與聖人之發用

　　如前所述，玄宗《注》、《疏》乃藉由道與人之關係，將對於道的體用哲學轉爲人的體用哲學。就其文本的論述來看，道用最主要的性質是無爲；從而，無爲也是人──尤其是人君最主要的功與德。因此，在「用」的方面，玄宗《注》、《疏》以得道者之無爲應用類比於道用；而在此脈絡下的政治哲學中，乃將人君與人民的關係類比於道與萬物的關係；藉此說明君王之行無爲，乃爲成就百姓之德，從而提倡無爲淳樸之風。不過，即令是類比於道用，人之德用與道用畢竟有其差別。在玄宗《注》、《疏》中，道對萬物之功用，有創生萬物、成就萬物兩種面向；而得道者便只有成就萬物之功用。

　　再者，在玄宗《注》、《疏》中，大抵是將《老子》的理想人格分爲兩種來敘述。其一，將《老子》中的「聖人」皆界定爲政治領域中的理想的人君；而其它凡以政治領域的名稱出現的，亦逕入於政治領域；如：侯王，及文中與「百姓」、「民」所相對「我」等等。其二，對於整章中均未出現政治名詞的理想人格，則以「至人」爲稱；或以文中本具的名詞──得道之士、上善之人等等爲稱。換言之，玄宗所詮釋的理想人格，概分爲二：其一具有政治意義，主要以「聖人」爲稱──在概念的內含上，「聖人」是位於人君之尊的理想人格（即得道者）；其概念之外延則包含《老子》文中的「聖人」、「侯王」及與「民」、「百姓」相對的「我」。在玄宗《注》、《疏》中則有時以「侯王」、有道或有德之人君、君主、帝王等等爲稱。其二，只具有理想人格的質料，而不具有人君之形

─121─

式的，主要以「至人」爲代表——在概念的內含上，至人即是得道者，即得道而有德的理想人格；在概念的外延上，至人具有「成爲人君」的可能性；包含《老子》中的「我」（不與百姓、民相對的）、「上善」、「勤行之士」。而在玄宗《注》、《疏》中，除有沿用《老子》的上善或勤行之士來稱呼之外，也有用得道之人來稱呼的。不過，由《老子》第八章的「上善」及第五十五章的「赤子」（含德之厚者），玄宗都統一以「至人」爲稱的情況可以得知，在玄宗《注》、《疏》中，「至人」即是得道者；而「聖人」是得道者中具有帝王身分者。換言之，「聖人」是「至人」中的一部分。「至人」是玄宗《注》、《疏》對所有得道者之稱呼，主要是在指涉其得道的特質；而「聖人」則是其中具有「人君」之形式的那一部分。因此，在探討玄宗《注》、《疏》中所述得道者之應用時，理應兼涵以「至人」爲代表的廣義的得道者，以及以「聖人」爲代表的政治領袖之特殊得道者。不過，由於玄宗《注》、《疏》在詮釋得道者之時，格外著重於具有政治領袖身分的「聖人」；因而實應將玄宗《注》、《疏》對於「聖人」——亦即牽涉政治領域的得道者的部分——獨立討論，方能看出玄宗注疏目的所在。因此，本文將先討論「得道者」（以下概稱爲「至人」）之應用；其次再將「聖人」（即位於人君之尊的得道者）之應用另闢一節來探討。

第一節　至人之發用——得道者之德用

　　如前所述，至人之體已通同於道，其用亦自能通同於道的無爲而周普。不過，從道生萬物的宇宙本原論的角度來說，至人作爲一由道所生的具體有限物，就創生的能力而言，顯然無法如道一般，無限地創生普遍的萬物。因而，五十一章疏雖將道之「生而不有」詮釋爲：「道生萬物，不見其有生之可名，忘生之義。結上道生之義也。」但對於得道者「生而不有」之功用，玄宗《注》、《疏》則特別解釋爲：「令萬物各遂其生，不爲己有。」（二章注，疏義同之）由是可知，就玄宗《注》、《疏》而言，道與至人／聖人對萬物的生而不有之功是有差別的。亦即，至人／聖人並沒有創生萬物之功用；唯有令萬物遂生之功用。因此，道之創生萬物是將道自身無限可能性的一部分落實爲具體事物；而至人／聖人對萬物的生之作用，乃是輔助萬物自身，令其生存與發展。因此，至人聖人之用只有成就萬物的作用，而不及於創生的部分。以下乃就至人「成就萬物」的作用討論至人得道之應用。

壹、就其心態而言

　　若論及至人對待萬物之心態，當由其回復清淨虛靜的人性的前提出發。從其性清淨的角度來看，清淨即是無著的表現。而無著正表示至人之心無情欲（五十五章疏），而不致對萬物有所執滯或欲求；自然也是「無心愛憎」（八章疏）的。是以，五十五章疏云：

> ……故寄赤子之生和，以況至人之全德。赤子，嬰兒之小者，
> 取其内無分別，不生害物之心爾。（注有此意）

由於至人不爲情欲所擾，對於萬物無所執滯，亦沒有宰制萬物乃至傷害萬物之心。而這樣對待萬物的心態，正是出於至人清淨虛靜的本性，也是導因於至人不會對外境起分別心乃至情欲。亦即，對至人而言，實無一外境外物可供執滯或取著；如此自然不會有情欲來擾亂其虛靜之天性。故六十三章疏云：

> 修道行人則坐忘去欲，心無造作：凡所施設，功與化冥。於爲
> 非爲，故曰無爲；此明心也。

由於虛靜，是以在心態上，至人對於萬物不會有什麼特定的意圖。而正如二十章注所云：「至人無心，運動隨物，無所取與。若行者之無所歸。」至人對待萬物之心態一如道，也是無心的——亦即沒有其特定或限定的意圖、意向或欲望，而毋寧是隨順萬物自化於道之天性的。故八章注云：

> 上善之人，虛心順物。如彼水性，壅止決流，既不違近於物，
> 故無尤過之地。（疏義同）

由是可知，至人對待萬物時，不是以一己之私而干涉或違迕萬物，反而是以順任萬物自然本性的方式去對待。由於至人虛心而隨順，故八章疏亦云：

> 水……乘流遇坎，與之委順，在人所引，嘗不競爭，此二能也。
> 惡居下流，眾人恆趨，水則就卑受濁，處惡不辭，此三能也。……
> 不爭表其柔弱，處惡示其合垢，此水性之三能。唯至人之一貫其行。
> 如此去道不遠，故云近爾。

也就是說，由於至人是無心而隨順的，因此，也就自然會以柔弱謙遜的表現來對待萬物。由這樣的態度出發，至人之用則一如道用，也是應用不差而令萬物自然成就。

貳、就其方式而言

　　承上所言，至人在成就萬物之時並無一己之私，亦無特定意向故無所造

作。因此，其成就萬物之方亦如道一般，也是以物感而應的方式來輔助萬物的。故八章注云：「（至人）物感而應，不失其時。」（「動善時」注）而八章疏則云：

> 至人之心，喻彼空谷，方之鏡像，物感斯應。如彼水性，春泮
> 冬凝，與時消息。（「動善時」疏）

簡言之，至人以其德用應用於萬物之時，並非出於一己之意圖，而去宰制萬物、或硬是要提供自以爲是的幫助；而只是當萬物在尋求幫助時方給予回應——此即「物感而應」。而至人之回應萬物——即其德用——相對於至人心靈境界之靜，正是一種運動。換言之，至人之所靜，是其心境之靜（即本性之清淨虛靜）；而至人之所動，是其應用之動。從心境之靜的角度來說，至人既然情欲不生，故而得以無心；從應用之動的角度來說，由於至人之無心，因而得以運動隨物。

又由於至人是出於無心而應待萬物的；因此，相對於萬物主動地有所感，至人本身是「處身柔弱」的（八章注），也是不爭而委順（八章疏）的。從而，如八章疏所言：

> 至人所居，善能弘益，如水在地，利物則多。又地道用卑，水
> 好流下，同至人之謙順，幾道性之柔弱，故云居善地。
> 至人善行，與物無傷；虛心曲全，未嘗爭競。波流頽靡，委順
> 若斯。既不違逆於物，故無尤過之地矣。（注義同）

由此觀之，不爭而柔順，恰使至人能「處惡不辭」（八章疏）；而這種德性正提供至人「潤益一切」（八章注，疏義同）的機會，使至人得以以被動之姿隨順萬物，而適時地給予萬物回應。

根據前引第八章注疏又可知，由於至人隨物而應用，因此其對萬物之回應也是不失其時的。也就是說，至人對萬物之回應是即時的：當萬物向至人尋求幫助之時，由於至人之無私，故至人不會爲了自己之利益傍惶顧盼，而得以即時回應萬物之需求。另一方面，至人之德用既然是隨順萬物之感而應的，因此，一如二十八章疏所言：

> 德全之人可爲天下法式。則眞常之道，隨應而用；應無差忒，
> 用亦不窮。

就至人回應萬物的目的而言，只在於萬物本身的成就，而不在其他諸如利益權勢等等可從屬於至人之物事；因此，至人是實際按照每個萬物的所需來給

予適當的回應。而這種回應的內容，亦是唯變所適的，因此沒有固定的形式，
或任何限定的立場，而是以道爲價值所在、以道爲歸而回應萬物。

　　由此觀之，至人之德用是在於成就萬物每個時期的成就，則此德用必定
也是因時而無窮的；因爲至人之德用是「應無差忒」的，所以同時也是廣泛
而普遍的。是以，在玄宗《注》、《疏》的詮釋中，乃認爲至人成就萬物之德
用一如道。其德用的目的，即在於萬物自身之成就，而不在其他。因此，至
人德用之模式亦如道成就萬物之模式——是以物感而應的方式回應萬物、輔
助萬物，而非以一己之私欲去宰制或干涉萬物自身的發展。從而，至人德用
之結果亦將如下文所釋。

參、就其結果而言

　　在玄宗《注》、《疏》的詮釋中，至人德用之結果可就兩個層面來考察。
其一，就至人德用之施與的方面來說。如八章疏所云：

> 至人弘濟，常以與人：善施之功，合乎仁行。如水潤物，無心
> 愛憎。……上善之人，言必眞實；弘化凡庶，善信不欺。

由是可知，至人其心如道而行如道；因此，凡所言行皆不失於道。也因此，
當至人回應萬物之時，也當是「發言信實」而「施與合乎至仁」的（八章注，
疏義同）。換言之，至人之發言未嘗不合於道，因此當至人爲眾生發言、以化
凡庶之時，其所言亦必合乎至道；而當其有施與之行時，其行也必不違背成
就萬物之「至仁」〔註1〕。

　　又由於至人柔順委順而合乎至道，故八章疏又云：

> 至人圓明，於物無礙；凡有運動，在事皆通。通則善能，是名
> 照了。如彼水性，決之爲川，壅之爲池，浮舟涵虛，無所不爲，是
> 善能也。

由此可知，至人所施與萬物的，當是適合萬物本身之所需的。而所謂合適與否
的標準，則是出自其悟道的圓明的智慧。由於此智慧是「不滯於物」（八章注）
的，因此也是無所滯礙的。從而，至人給予萬物的回應，不但是唯變所適的，

〔註1〕「至仁」者，五章注云：「夫至仁無親，……不獨親其親，則天下皆親矣；不
　　　獨子其子，則天下皆子矣。是則至仁之無親，乃至親也。」而五章疏云：「今
　　　天地至仁，生成群物，亦如人結草爲狗，不責吠守之功，不以生成爲仁恩。
　　　故云不仁也。」可知，玄宗《注》、《疏》之所謂「至仁」，乃指不出於一己之
　　　意圖地、無所偏私地生成萬物。

同時也是無所不爲的。換言之，至人對於萬物之回應，是無限而無窮的。

其二，就萬物成就自身的方面來說。所謂萬物之成就，是以道爲標準的。亦即，所謂的成就是從道的角度來定義的。由於萬物無一不是道的呈顯，而萬物每一刻、每一處、每一種的表現，都是道的一個面向。而既然道是萬物之本源，道的性質又是萬物之本性，則若說萬物有所謂至極之成就的話，其成就必是以道之性質的充分呈顯爲之。因之，萬物每一刻之所欲達到的成就，必定都是道之所欲呈現；從而，萬物之成就是以道爲歸趨的。故八章疏云：

> 至人於事，動合無心。正容悟物，物因從正。正則自理，非善
> 而何？如彼水性，洗滌群物，令其清靜。故云政善治。

是以，至人在對待萬物時，其本身雖無特定的意圖、意向，然由於其冥合於至道，故至人自身之心性及「形容」，正是萬物趨向道時最好的示範。從而，無論至人之呈現於萬物面前作爲一典範，或是至人從旁協助萬物之成長，至人之所行，皆是在於輔助萬物回歸其本性──亦即，在於輔助萬物趨向於道。而回復本性即是回復清淨虛靜的心性，是以，就萬物而言，至人之回應是自然而無心地使萬物自行正性──回復清靜本性。而如此復歸於道，正是萬物成就之所在。換言之，萬物之成長在歸趨於道；而萬物之成就則在復歸本性，從而以其清明的智慧充分展現道之賦予。

職是之故，至人之德用是以道爲源頭，而至人自身的心態是無心而因任的。從而，至人在給予萬物所需的回應時──如同道之成就萬物──也是以物感而應的模式，被動地（相對於萬物之主動）提供萬物成長之所需。在成就萬物的面向上，由於萬物之成就即是充分展現道之所賦予，故至人之輔助也應是無所限定的。從而，其德用之結果是使萬物在時時刻刻都得以充分展現其天賦，同時也就是在展現「道」的多元面向。

從玄宗《注》、《疏》的詮釋立場上來看，最爲其所重視的得道者之德用，無疑是政治領域的聖人（即得道者中身爲人君者）之德。因此對於至人德用的論述並不多；而對於得道者之德用的論述，絕大部分集中於對聖人德用之討論。因此，其論述「至人德用」的部分只是一種原則性的探討；而此原則既是適用於全部的得道者，因此也是聖人──位爲人君的得道者──適用的原則。而玄宗《注》、《疏》對於此特殊的得道者──即聖人──之德用的探討，遠較至人（普遍得道者）詳細。由此不難看出玄宗《注》、《疏》對聖人德用之重視程度。以下則就聖人之德用作一探討。

第二節　聖人之發用——得道人君之德用

　　本節將先探討玄宗《注》、《疏》如何將政治意義賦予「聖人」，以致其得能聯繫「治身」與「治國」此二層面於「聖人」身上；其次將就玄宗《注》、《疏》之政治哲學作一討論；最後，則揭示其政治哲學之理想所在。

壹、「聖人」的理論轉化——從「得道者」到「得道之人君」

　　根據《唐玄宗御製道德真經疏釋題》所言：

　　　　（老子）演二篇焉，明道德生畜之源；罔不盡此，而其要在乎理身理國。

由此可知，玄宗認爲《老子》的重點在於理身與理國。所謂理身者，已如上文所述，乃指修道者藉由不執與不離來回復人之正性。這種經過修養而得道之人，在《老子》中多以「聖人」爲稱——即指人中之最佳典範。而《老子》中之「聖人」，大致上兼具兩層意義：其一是指與道冥合之得道者，亦即理想人格（普遍義的）；其二由於與「百姓」、「民」等等具有政治意義的辭彙相對，因此有某種隱然的政治哲學意義的得道者（特殊義的）。然而，在《老子》中，卻缺乏將「聖人」明確規定爲人君的證據。也就是說，《老子》文中的「聖人」之作爲得道者的意義，殆無可疑；然而就政治哲學的層面而言，《老子》之「聖人」所有的，至多是隱然的政治意義。於玄宗《注》中，雖亦常將聖人視爲得道人君，但亦如《老子》未曾明言「聖人」之義；而玄宗《疏》則轉隱爲顯，藉由將「聖人」規定爲「有道之君」（六十三章疏），明確地賦予聖人——即得道者——政治哲學之意義；從而，在玄宗《疏》的詮釋之下，「聖人」是兼具「道德」與「政治」層面之意義的人格典範。因此，玄宗《疏》也將《老子》中聖人之「無爲」確實地轉化爲政治哲學的意義。

　　又，從詮釋系統來看，《注》、《疏》之詮釋實際上是以政治哲學爲其動機及目的。對人君而言，「理身」即可「理國」（依《注》、《疏》之見）；是以，理身與理國的關係也正是即體即用的。因此，玄宗《注》、《疏》中的政治哲學並非如盧國龍等所認爲的一般，只是對重玄學的衍生性運用，反而是玄宗注疏之動機所在。而玄宗《注》、《疏》中此一政治哲學的意含——即一般歸類爲理國的部分——亦非與理身對稱的議題；而是理身說的目的所在。換言之，在玄宗《注》、《疏》中，理國的思想可說是詮釋之所指向；而道體、人性與理身等等只是工具，藉以達到理國之目的、或豐富其理論性。

　　因此，就政治哲學的層面來看，理身與理國並非兩個毫無關係的面向，而實爲相互關涉的論題。在玄宗《注》、《疏》中將這兩個面向聯結起來的，是聖人。亦即，玄宗《注》、《疏》藉由賦予聖人政治意義，使得理身（修道而成爲得道者／聖人）與理國（聖人／人君之治國）成爲聖人於體於用的兩層面向。因此，聯結理身與理國的關鍵在於玄宗《注》、《疏》對於《老子》之聖人意義的轉化——亦即，將得道者轉爲得道之人君；從而，理身者也，乃所以成就聖人之體；而理國者，亦方爲聖人之用。

　　玄宗《注》、《疏》是如何將得道者轉化爲得道之人君的呢？大抵而言，有以下兩點可以作爲理論上的根據。

　　其一，十六章疏云：「言守靜致虛，歸根復命，其德如此，可以爲王。」由此可見，修養以致有德，實乃作爲人君的條件之一。又如十章注所云：

> 愛養萬人，臨理國政，能無爲乎？當自化矣！自上營魄，皆教
> 修身。身修則德全，故可爲君矣。

因此，從理論上來說，唯有德全之得道者才具有成爲人君的資格；從而在對待百姓時，方能如道之應用，使百姓萬物各遂其所生。就此而言，若無修養，則沒有當君主的資格。而對於已經身爲君主的玄宗來說，德全的要求應是一種自我惕勵。

　　又，就玄宗《注》、《疏》而言，並非全部的有德者都可以成爲人君。因此玄宗《注》、《疏》還援引了才性說作爲人君的條件之一。如二十八章疏云：

> 此云樸散則爲器者，明德全合道即能應用。應用迹麗涉於形器，
> 故云樸散則爲器也。既涉形器，其材用必有精麤。故凡人用之，適
> 能獨全淳樸；聖人弘濟，則爲群材之官長爾。

可見，欲爲君主，顯然還得視個人之材用方能爲之。由此亦可知，同樣是用道，唯有能弘濟者方是聖人——即有道之人君。是以，在人之合於道用的面向上，唯有能夠成就人民百姓的人，才是聖人。可見，玄宗《注》、《疏》所言之人的無爲，實乃專就人君爲說的。由上述之言可知，藉由德全、材用之精者可以爲人君的定義，玄宗《注》、《疏》乃將得道者賦予政治哲學的意義，使《老子》之聖人有轉化爲得道之人君的條件；從而使理身與理國得爲一貫的訴求，而非分裂的主張。

　　其二，從當時的歷史背景及其國家體制上來說，玄宗本身顯然不純粹是因爲才德兼備而成爲君主的；因此，《注》、《疏》亦將曆數當作爲君之條件。

如十章疏所云：

> 修德可以為君；為君須承曆數。即天門者，帝王曆數所從出也。
>
> 開謂受命，闔為廢黜。天降寶命，以祚有道；能守雌柔，可享元吉。
>
> 故云：能為雌乎？（注義同）

由此可知，玄宗《注》、《疏》認為，並非只要德全，即可成為人君；欲成為人君，還須得「曆數在躬」（二十九章注），亦即所謂之「天降寶命，以祚有道」。曆數者，謂帝王所受之天命，以使之得能貴為君王者也〔註2〕。換言之，要能成為人君，不但要有才德等條件，還須憑恃天命方可為之。

不過，一如以上在至人德用的部分中所論及的，即使是有道之君主，顯然也不能如道一般創生萬物。一如二章注所云：

> 令萬物各遂其生，不為己有；各得所為而不負恃。如此即太平之功成矣。猶當日慎一日，不敢寧居也。（「（聖人）生而不有，為而不恃，功成不居」注，疏義同）

於此可注意的是，在討論聖人對萬物的生時，玄宗並沒有將聖人與道放置在同樣的地位，故云聖人生萬物是指能夠令萬物各遂其生；而其所求的成功是「太平之功。這樣的治世情懷，於玄宗《注》、《疏》中處處可見，從而也正可看出玄宗《注》、《疏》之用心所在。

貳、聖人治國之道

玄宗《注》、《疏》所言治國之道，如《老子》一般，大抵是以聖人本身之德為中心，而推闡於多端。而綜觀《老子》所言聖人之德，總之是：無為、

〔註2〕「曆數」者，《尚書・大禹謨》云：「……天之歷數在汝躬，汝終陟元后。」孔穎達正義云：

> ……天之歷運之數，帝位當在汝身，汝終當升此大君之位，宜代我為天子。……釋詁文：歷數謂天歷運之數，帝王易姓而興，故言歷數謂天道。

正義又引鄭玄注云：「歷數在汝身，謂有圖錄之名。」孔安國注亦云：「歷數謂天道，……言天道在汝身，汝終當升為天子。」見孔安國傳、孔穎達等正義《尚書正義》（臺北：藝文印書館，景印嘉慶二十年江西南昌府學宋本重刊，1997），頁 55～56。此說又可參見於《論語・堯曰》：「咨！爾舜！天之曆數在爾躬。」何晏集解云：「曆數，謂列次也。」邢昺疏云：「……言天位之列次當在女身。」其義可知。見何晏注、邢昺疏《論語注疏》（臺北：藝文印書館，景印嘉慶二十年江西南昌府學宋本重刊，1997），頁 178。就此「曆數」之說，更可見得玄宗《注》、《疏》對於儒家思想之吸收與應用：以及其對融合儒道所作之努力。

無事、好靜、無欲的（如五十七章所示）。由其好靜，故得清淨雌柔；由其無欲，故得儉、嗇、無私而不爭；由其無事，故得不擾民而無察察之政。而無爲則是其安國理民之總原則，使聖人得能以百姓心爲心，而功成不居。關於這些原則，玄宗《注》、《疏》亦繼承之。而在人性論及修道論的前提之下，**玄宗《注》、《疏》所論治國之道的特色，主要在於以重玄學思維來詮釋無爲**。而無爲又正是其他德行之總綱領，故若論玄宗《注》、《疏》聖人治國的基本原則，需先明其對無爲之解釋。

於玄宗《疏》中，對於爲的明確定義唯見於六十三章疏所云：「爲，造作也。」故無爲即是無造作也。在玄宗《注》中雖沒有對無爲作如此明確定義之處，但綜觀玄宗《注》、《疏》，所謂無爲，就修道論與境界說而言，乃指至人之不造作、不執滯，以致其應用無窮、無方。因而，應用在政治層面，即指聖人在施政時，於心於跡皆無所執滯。心無執滯，是以應物無私，故非造作；跡無執滯，則應用無方而功成不居。而無所執滯，即是玄宗《注》、《疏》中，無爲之所以爲治國之道的緣由。換言之，玄宗《注》、《疏》基本上皆是以無執滯的原則解釋無爲，從而貫串無事、好靜、無欲等等，乃至百姓之自化云云。

玄宗《注》、《疏》所言治國之道，大抵不外乎以下三則：即君道、臣道以及治國原則。

一、君　道

所謂「君道」，於玄宗《注》、《疏》所展現的，如《老子》本有之思想，多指聖人之所處德行（如好靜、雌柔等等），也包含聖人對待百姓之態度。如前所述，聖人——即得道之人君——體道，故其自處於清淨、虛靜而柔弱之狀態；就玄宗《注》、《疏》無所執滯的解釋原則，聖人當不執滯於外境、亦不執著於某種特定的心念；從而，聖人是無欲而好靜的。所謂無欲，就玄宗《注》、《疏》之聖人而言，一指不越分貪求；二謂兼忘其不欲眾生動作有爲之心。前者如四十六章注以有道及無道之君主作對照，而指出有道之君主乃「既不貪求，故無交戰。」無道之君主則是「縱欲攻取」的。而此「欲」者，四十六章注頂多只說是心不知足而已；而未點明何謂足。然而，**此章《疏》對「欲」便有較明確的解釋**，云：「貪求爲欲」，又云：

> 言有道之君，無欲廣大，不貪土地，固於本分，則爲天下樂推，身安國理。……足在於心，不在於物。循涯守分，雖少而多；有欲

無厭，雖多亦少矣。

由其所云「固於本分」、「循涯守分」等等，可知《疏》認爲欲是指人不安於本分所有，而妄想越分貪求；如此即所謂心不知足。若論《注》對「欲」的看法，當見於六十四章注，其云：「聖人於欲不欲，不營爲於分外。」由其不求分外之物，故能「常全其自然之性」而「不貴難得之貨」。由此可知，《注》、《疏》皆有以「性分說」來詮釋聖人「無欲」之處。

而《注》、《疏》對「無欲」的第二種解釋，當見於三十七章之注疏。《注》云：

言人君既以無名之樸鎮靜蒼生，不可執此無名之樸而令有迹。將恐尋迹喪本，復入有爲。故於此無名之樸亦將兼忘。不欲於無欲，無欲亦亡，泊然清淨，而天下自正平矣。

在此章注文中，可說有兩種層次的無欲。其一是以無名之樸鎮靜蒼生之「無欲」——不欲令蒼生之「欲動作有爲」（同章注）；其二則是兼忘前一無欲，此兼忘則以不欲稱之。而蒼生之「欲動作有爲」者，按本章注文觀之，亦爲越分貪求之意。而聖人前一無欲之所以需兼忘之，猶如《疏》所補充的：「蒼生欲心既除，聖人無名亦捨」一般，總之是不可執滯之；故亦需超越。換言之，此處玄宗《注》、《疏》仍皆以「玄之又玄」的重玄思維來詮釋第二層次的無欲。而這二種「無欲」，實爲玄宗《注》、《疏》的特點。

根據前述立於性分說的無欲，玄宗《注》、《疏》得以通貫聖人無私、公正及去甚去奢去泰之說。亦即，由於聖人不貪求分內所無者，因此二十九章「是以聖人去甚、去奢、去泰」之注云：「聖人覩或物之行隨，知執者之必失，故去其過分爾。」而《疏》則作了更細膩的補充，云：

是以理天下之聖人，……約己檢身，割貪制欲。去造作之甚者，去服玩之奢者，去情欲之泰者。論名數且爲三目，徵其實乃同其一條，甚、奢、泰者，皆過分爾。

由此觀之，《注》只是說明最基本的原則；而《疏》則進而將貪欲與過分聯繫起來，並強調這是聖人自律之道。又由於聖人無過分之欲，則非以一己之私心運作，故能應物無心，是以十六章注云：「既無私邪，故爲公正。能公正無私者，則爲物所歸往。」（《疏》義同）是以，聖人無欲而無私，無私則公正，故萬物歸往而爲王。此外，聖人既以守分來約己檢身，自亦能後外其身。推究而言，七章注似指聖人之後身、外身乃由不自矜其生成之功故爾，而又認

爲外身則能「心忘淡泊」﹝註3﹞，則後身乃由於不矜功無疑。然就外身而言，其理路爲：「不矜功→外身→心志淡泊」；由是，後身、外身實爲一事，而只是不矜功所產生的效果之不同面向，亦即：

而《注》則以不矜功爲無私。不過，《疏》文雖也有以不矜功爲說之處，對於後身、外身卻有不同的闡釋。其云：

> 是以聖人效天地之覆載，必均養而無私，故推先與人。……不自矜貴而外薄其身，……。

由此觀之，聖人之無私，似不僅止於不矜功，而是不先亦不重視營爲自身之所欲所好。因此，《疏》之無私可謂兼承不越分貪求與不執滯二義的無欲而來；而七章注之無私卻以不執滯之義爲勝。《注》、《疏》雖有差異，然以性分說及重玄之道詮釋聖人無欲、無私等，乃至後外其身之道卻無二致。故性分說及重玄之道仍不外爲《注》、《疏》詮釋聖人之特色。

由上述去其過分之說，玄宗《注》、《疏》對聖人之儉亦情有獨鍾。如五十九章注云：

> 人君將欲理人事天之道，莫若愛費。使倉廩實、人知禮節、三時不害。

> 何以聚人？曰財。故能儉愛，則四方之人將襁負而至，早服事其君矣。

> 夫唯儉嗇，是以有德。人歸有德，早事其君，故云重積德。

可見玄宗《注》對人君節儉美德之重視，並強調此乃指財用方面的節儉。而《疏》又將更明確地將愛費定義爲儉德也。又云：

> 儉即足用，可以聚人，……。夫唯能儉愛之君，理人事天，以儉爲政者，是以普天之下，亦當早服事於君。

於六十七章注亦云：「儉則足用」；該章《疏》更進而定義云：「節用厚人，不耗於物，儉也。」由此，實可窺知玄宗於開元年間，由其令國家休養生息而有對「儉德」之崇尚。而玄宗《注》、《疏》所要求人君的「恭儉自牧」（四十

﹝註3﹞「忘」者，當據道藏本王雱等《道德眞經集註》改爲「志」。

五章疏），正是聖人所以治國之方。又，承上所言，聖人以儉德行，又正是不越分貪求之表現。由以上討論亦可知，《注》多傾向原則性的說明，而《疏》則常提出較具體的政策或其建言。由是，或可見出其間君臣之態勢。

再者，就玄宗《注》、《疏》所謂聖人好靜之德行而言，聖人得道，自是正性而清靜的，故五十七章注云：「好靜則得性。」而此好靜者，一方面關連著無欲，另一方面又與無事相通。如二十六章注云：「人君者守重靜，故雖有榮觀，當須燕爾安處，超然不顧也。」就此而言，守重靜意味著守其分內而不汲汲於分外之物。其後注文又云：「言人君奈何以身從欲，輕用其身，令亡其位也〔註4〕。」由此觀之，注文以爲從欲則輕躁，人君輕躁則「人離散」（同章注），故聖人當無欲而守重靜。《疏》一則亦以「以身充欲」爲「輕」，一則又云：「夫人君者好重靜，則百姓不煩勞苦。」按，五十七章注云：「無事則不擾」，該章疏則云：「無事則不煩」；由是可知，**《疏》繼承《注》義而又發揮之，不僅聯繫好靜與無欲的關係，更進而點出好靜與無事之關連**。

此外，承前人性論、修道論所述，由於聖人是虛極之道自致於身者（十六章疏），故能守沖氣之「柔弱雌靜」（依三十九章注疏義）。而於《注》、《疏》中，其柔、弱、雌等，主要都在於訓「謙柔」（四十二章注疏）之義。所謂謙柔，觀玄宗《注》、《疏》之意，乃指聖人不自矜其功、不自貴其身，從而「退身進物」（六十七章疏）而「不與物爭」（六十六章注）。玄宗《注》、《疏》皆認爲，唯有聖人守謙柔之德，才能安民理國而人不離散，故此實爲「固邦之本」（三十九章疏文）〔註5〕。

同時，由此三十九章「爲國者以人爲本」（注）及「人唯邦本」（疏）云云，實可見出玄宗《注》、《疏》是抱以民本思想的。因此，於《注》、《疏》所見之君道，無一不是就聖人之面對人民所應有之德來論述的。是以，《注》、《疏》最具特色的君道，即是指出聖人之化育百姓，雖云應用無方，但終究仍有一指向性——此即所謂「救代之心」（十八章注、三十八章疏）〔註6〕。

〔註4〕此二處之「人君」，顯然不是指稱聖人；而只是對擁有君位者的通稱。謂一般的人君，不當以身從欲，而應守重靜，否則即有不同的結果。此二處，《疏》義大抵同於《注》。

〔註5〕關於玄宗《注》、《疏》對於聖人謙柔之討論，可見於：三十九章注疏、四十二章注疏、四十五章注疏、六十六章注疏、六十七章注疏、六十八章疏、七十八章注疏。

〔註6〕雖有「民本」、「化育」等觀點，但玄宗《注》、《疏》畢竟是以道家思想爲依歸的。換言之，其所謂「化育」實爲《老子》「我無爲而民自化」之「化」；

就《注》、《疏》而言，世風雖有淳樸與澆漓之殊，然聖人的救代之心卻未嘗有異。故四十九章注云：

> 聖人之心，物感而應，應在於感，故無常心。心雖無常，唯在
> 化善，是常以化百姓心爲心。

而疏亦云：「聖人虛忘，物感斯應。……義存慈救……。」換言之，聖人對於百姓之應用無方，畢竟是以化善爲導向；務使百姓復歸清淨安靜之正性。是以，《疏》更進而明確指出：「善者，迴向正道之心。」從而點出玄宗《注》、《疏》「善」之所在，乃在於稟承於道之正性；以此，即可與其人性論、修道論相呼應。由以上的討論可知，玄宗《注》、《疏》所論之君道，無一不與「不執滯」的重玄原則以及「性分說」有關；由是可見其詮釋《老子》君道時，實有自己一致而貫徹的立場。

二、臣　道

上述討論玄宗《注》、《疏》的君道思想時，已知其自有詮釋之理路，而非完全因襲《老子》之說；此一特色於玄宗《注》、《疏》所論之臣道思想更可顯見。此處所謂「臣道」，乃指玄宗《注》、《疏》對於臣下的觀點。

就《注》、《疏》而言，聖人自身體道而無爲，故其所任用之臣，當爲淳德之士。如六十五章注云：

> 若不用巧智之臣，但取純德之士，使偓息蓄醜，弄丸解難，自
> 然智詐日薄，淳樸日興，人和年豐，故是國之福也。

役智詐則害於人，任淳德則福於國。人君能知此兩者，委任淳德之臣，是以爲君楷模法式。

是以，聖人不僅自身無爲而德全，其亦需「常知所委任」（同章注），要懂得任用與聖人相近而能使世風復歸淳樸之人。反之，若任用了「智詐之臣」（同章疏），則一國之風氣便將「法作則奸生」（同章注）、「智多則權謀作」（同章疏），繼此而往，百姓便無法自化於聖人之清淨無爲。如是，則有違聖人化善之心。由此觀之，《注》、《疏》所求之臣，當爲「能以道輔佐人主者」（三十章注）。既是能行道的淳德之士，即亦能靜而不躁。因此二十六章注云：「臣躁求則主不齒」；意謂人臣若躁進求功，不能如君之謙柔，則其君亦將不齒之，如此則失君。不過，《疏》對人臣之道顯然著墨較多。同章疏云：

而其「民本」思想，則可說是出自於「以百姓心爲心」。

> 爲人臣者，當量能受爵，無速官謗。若矯迹干祿，飾詐求榮，
> 躁求若斯，禍敗尋至，坐招竈極，焉得事君？故云躁則失君。此申
> 戒人臣也。

由這一段引文來看，《疏》對躁求的解釋，不僅在於人臣輕躁貪功之心，同時也包含了對臣道的看法。首先，人臣之官位與爵祿應量其能以受之，不得有越分貪」之心；更不能爲了貪求而「矯迹」、「飾詐」——「矯迹」者，將恐尋跡而喪本，從而執滯於跡而迷失道原，故此舉恰違背了不執滯而無跡的治道原則；「飾詐」者，謂智詐者巧飾以爲淳德之士，如此則又與以道佐人主的理想臣道相悖。由此觀之，在爲臣之道的論題上，《疏》義較《注》文更能善用重玄之旨，而又不違《注》所提倡的任臣之方。

以上所述，如何建明所指出的，乃呈現出玄宗《注》、《疏》對人臣之智的看法。而玄宗《注》、《疏》論臣道的另一面向，則在於其對忠的觀點〔註7〕。於十八章注「國家昏亂，有忠臣」時云：

> 太平之時，上下交足，何異名乎？昏亂之日，見危致命，有忠
> 臣矣。

若推究文義，則《注》文所欲表達的，正如「大道廢，有仁義」之注所云：「大道不行，……小成遂作。」乃指忠之所以成爲一種特殊德目，實因淳樸之風、整全之德已漸散失，始有某種特殊面向之德目被突顯出來。因此，此處所論之忠，最多只能明白忠之德目與大道之關係。然而，在《疏》中卻云：

> 忠者，人臣之職分，而云有忠臣者何？由人主失御臣之道，今
> 佞主之人獲進，親君於昏暗，使生禍亂，則有見危致命，蒙死難以
> 匡社稷，而獲忠臣之名。若夫道化大行，無爲清淨，聖皇多士，盡
> 是夔龍，彝倫攸序，無非作乂，然後忠孝之名息，淳樸之道興。……

如前所述，《疏》對人臣之道之著墨顯然較《注》爲多且詳。此中，《疏》雖也有論及忠之德目與道化之關係，但卻將此關係落實於君臣現實而言之。首先，《疏》先將忠定義爲人臣之職分，則是以**性分說的觀點**說明臣下之本分；並且認爲此本分是當道化太平之時，人臣自然所有的，而非禮教所刻意規定的。其次，對於淳風之所以漸散、國家之所以昏亂之緣由，《疏》則特別以君

〔註7〕關於玄宗《注》、《疏》對於「智」、「忠」的看法，可參見何建明《道家思想的歷史轉折》（湖北：華中師範大學出版社，1997），頁 127～129。不過，其論雖詳，但未能區分《注》與《疏》之差異，是爲憾處。

臣關係來論述。而謂國家之昏亂，乃因君主失其識人之明，導致佞人獲進而然。換言之，**臣道實以「佞」為戒**。一旦由佞人受任，則淳樸必散而國家昏亂。是以，《疏》之特色可說在於以「佞」相對於「淳德」；而又不違治國當以無為化行之宗旨。

三、治理原則

整體說來，玄宗《注》、《疏》的理想治世，乃君民皆無為而淳樸之世。而上文所論及的玄宗《注》、《疏》之君道與臣道，皆以此理想為目標來出發；至於其所論治理原則亦不外之，也是以全國的清靜淳樸為標的。而若論《老子》及玄宗《注》、《疏》所謂聖人治國之總原則，無非「無為」。而玄宗《注》、《疏》之「無為」又是以重玄思維來解釋的，因而，其對於其他較次要原則之見解，亦多見重玄思維之色彩。如對於《老子》二章所云：「是以聖人處無為之事，行不言之教。」玄宗《注》則云：

> 無為之事，無事也：寄以事名，故云處。不言之教，忘言也：寄以教名，故云行也。（疏無此意）

於此段文字中，恰點出了玄宗《注》、《疏》所詮釋聖人治理原則的二個特點。其一，玄宗《注》所謂之無事，實即無為之作為；因而，無事即是物感斯應從而應用無方之作為。其二，玄宗《注》也以重玄忘遣之道來闡釋《老子》之「行不言之教」，而認為不言之教即謂忘言。由是，玄宗《注》、《疏》則多有遣除言教之跡的觀點。這兩個特點，實即由同一個重玄原則而來，也同樣服務於同一個治世理想；不過，在玄宗《注》、《疏》中顯現出來的特質卻又稍有不同；故以下仍以二點來討論之。此外，玄宗《注》、《疏》更有一特出的治理原則，即處實行權，亦將於下文論之。

（一）行不言之教

如前所述，玄宗《注》、《疏》有以重玄思維詮釋《老子》的特點，而在其人性論、修道論中，又認為不可執滯於言教之跡，而認為應該忘遣言教之跡，以進於道。故於聖人治國之時，亦應以重玄思維忘遣言教之跡；並藉由一再地超越，使百姓皆復歸淳樸之道。而對於言教的看法，玄宗《注》、《疏》一則以為人君可以善教教於人，一方面又需遣除其跡——而後者又是玄宗《注》、《疏》論述不言之教之焦點所在。《老子》四十二章有云：「人之所教亦我義教之。」而玄宗《注》則云：

> 老君云：人君所欲立教教人者，當以吾此柔弱謙卑之義以教之。

《疏》義同之，而更補充人君一詞云：

> 人謂人君，為政教之首；一國之風，繫乎一人而化。

故就《注》、《疏》義而言，由於人君是主要影響一國風氣者，是為政教之首，故其若欲立教教人，自當以謙卑而「沖虛柔弱」（疏文）之義教之。是則，人君並非全然不可設教以教人。然而，其所設之教務須忘遣之，方可無跡。故二十七章注云：

> 是以聖人常用此五善之教以教之，故無棄者。
>
> 密用曰襲。五善之襲在於忘遣。忘遣則無迹，故云密用。

所謂「五善之教」者，乃指此章前面所云「善行」、「善言」、「善計」、「善閉」與「善結」。對於此五者，玄宗《注》、《疏》皆以「不執滯」、「虛忘」來詮說；因此，「五善之教」即意味著「玄之又玄」的超越之道，亦即後文所說的「忘遣」；而忘遣正是所以無跡之方。因此，《注》於後文即云：「此章深旨，教以兼忘。……貴愛兩忘，而道自化。」由此觀之，兼忘不僅為玄宗《注》對言及教所持的態度，同時也被包含在教的內容中。而《疏》更云：

> 聖人心雖凝寂，教則流通，故常用善能以救人，必令釋然而達
>
> 解，大慈平等，無所偏隔。凡是於人盡皆善誘。……

於此，《疏》展示了對教的兩層看法：就聖人的立場而言，由於其應用無方，故其教也是流通而無所凝滯的；雖有施教，也只是一種適時之務。既是適時之務，故聖人不能執滯於一時之教，也不能讓百姓執滯於斯；因此須令眾生對其教釋然而達解。總之，設教而忘教便是玄宗《注》、《疏》所欲表達的對教的看法。

就另一方面來說，對於所謂「忘言」的「不言之教」的發揮，實多見於玄宗《疏》而不見於《注》。二章疏云：

> 聖人知諸法性空，自無矜執。……「言」出於己，皆因天下之
>
> 心，則終身言，未嘗言，豈非不言之教耶？

由此觀之，《疏》所謂不言之教，不在於要忘遣言教之跡，而是借用《莊子》之義，以為不言之教乃指聖人之言是由物感斯應之故，而無固定、限定之言；故以之為不言之教。換言之，《疏》所謂不言者，謂無限定、不凝滯之言，一如上述所謂之教，也是流通而不滯的。故四十一章疏借佛家語而云：「聖人開演一乘，則法音廣被，待感而應，故曰希聲。」（注無此義）可見其中明顯有以物感斯應之義詮釋《老子》之不言之教，乃至玄宗《注》之所謂「言教」。

至於七十一章疏仍借佛家語而云：

> 聖人……病凡夫有強知之病，故說眞智以破之。妄知之病既除，
> 眞知之藥亦遣。故云不病也。（注無此說）

由此觀之，《疏》比《注》更強化了聖人言教存在的意義，謂其言教乃所以化人者也；另一方面，又不忘進一步說明忘遣言教之緣由，乃在於言教只是一時治病之藥，故不得執滯於斯。而這正是重玄思維的展現。其中以言教喻爲治病之藥的方法，顯然多得於重玄學前期所吸收的佛教般若思想。如《金剛般若波羅蜜經》所云：「知我說法，如筏喻者。法尙應捨，何況非法〔註8〕。」即是此類。

又如十九章「絕聖棄智」注云：

> 絕聖人言教之迹，則化無爲；棄凡夫智詐之用，則人淳樸。淳
> 樸則巧僞不作，無爲則矜徇不行。人抱天和，物無夭枉，是有百倍
> 之利。

將「絕聖」解釋爲「絕聖人言教之迹」，可見《注》對聖人其及言教之肯定，因而並未主張絕棄之；而是以重玄超越之道，主張絕棄其跡。**整體說來，玄宗《注》、《疏》對言教的看法，也不外就是主張：可立言教以爲適時之用，然必須進而忘遣其跡；而這樣隨時應物的言教，實爲無爲之一環。**

（二）處無為之事

對於二章注所云：「無爲之事，無事也。」《疏》則云：

> 聖人知諸法性空，自無矜執。則理天下者，當絕浮僞、任用純
> 德，百姓化之，各安其分。各安其分則不擾，豈非無爲之事乎？

是以，《疏》所詮釋之無事，其要點在於不擾；而政治結構則是：聖人（君）無所矜執，任用純德之臣，而百姓受其化育各安其本分。而五十七章注則云：

> 無爲則清靜，故人自化；無事則不擾，故人自富；好靜則得性，
> 故人自正；無欲則全和，故人自樸。

是以，《注》亦特別重視無事所以「不擾」之意。而《疏》則進而對此不擾與自富的關係多所發揮。其云：

> 上無賦斂，下不煩擾。耕田鑿井，家給民足，故云而民自富。

故就《疏》而言，無事之一面向，乃無賦斂也。而此一主張，正與十章疏之提倡「重農」政策相關。其云：

〔註8〕鳩摩羅什譯《金剛般若波羅蜜經》，T8，頁749b。

> 愛民者，使之不暴；卒役之不傷性。理國者，務農而重穀，事
> 簡而不煩；則人安其生，不言而化也。（注無此意）

由其重農，自有不可擾農時之主張；而《疏》正以此豐富《注》所謂「不擾」
之意義。

另一方面，根據不擾的原則，《疏》更提出政事簡易的主張。如五十七章
「天下多忌諱，而民彌貧」疏云：

> 爲天下之主，不能敦清靜以化人、崇簡易以臨物，政煩綱密，
> 下人無所措其手足，避諱無暇，動失生業。

關於《老子》此句之解釋，《注》唯云：「以政理國，動多忌諱，人失作業，
故令彌貧也。」可見其只點出忌諱爲動而不靜的觀點。但《疏》卻增加並強
調了「崇簡易」的主張。而這正是《注》付之闕如的；故可視爲《疏》的發
揮。而《注》唯一比較具有「無事」之意的，當爲其對法制之看法。如五十
八章注云：

> 政教悶悶，無爲寬大；人則應之淳淳然而質朴矣。

> 政教察察，有爲苛急；則應之缺缺然而凋弊矣。

而於二十章注又以「俗人察察」爲：「立法制也」；以「我獨悶悶」爲：「唯寬
大也。」（《疏》義同之）可見《注》之所謂「察察」與「悶悶」，乃對政教之
法制而言。君上若不以察察之政教法制去對付人民，即可謂得不擾、無事之
旨。

總之，正如《老子》強調無爲而治之意，玄宗《注》、《疏》所謂聖人治
國之道，也強調要無爲；並強調無爲在於「任物自化」（五十七章注疏）[註9]。
若根據重玄思維，無爲乃謂施政而更忘遣其跡；而《疏》卻更補充「無爲之
事」的原則，謂其須當令「政事簡易」，而簡易的兩項要點，一則是無賦斂，
另一則是少法制。如是，可與《注》所強調的不擾相呼應，而又指出落實無
事之途徑。

（三）處實行權

玄宗《注》、《疏》於論聖人之治國時，還有一特色，即在於對「權實」
或「經權」的討論。「權實」本爲佛家用語，權謂權宜，指爲一時所需而設立
的方便；實則是眞實不虛之義，指究極眞實。如《摩訶止觀》即云：「權是權

〔註9〕此義亦散見於多章注疏中，茲不贅述。

謀，暫用還廢；實是實錄，究竟旨歸〔註10〕。」而「經」、「權」則是儒家用語，經者，謂常道所在；權者，如《易・繫辭下》云：「巽以行權〔註11〕。」《孟子・盡心上》云：

> 執中無權，猶執一也。所惡執一者，爲其賊道也，舉一而廢百也〔註12〕。

可見所謂權亦是指適時之所用。《摩訶止觀》認爲權是「暫用還廢」的，而實才是「究竟旨歸」；儒家也認爲用權則須反經而合於義。最典型之例證，莫過於《春秋公羊傳》所言：

> 權者何？權者反於經，然後有善者也。權之所設，舍死亡無所設。行權有道，自貶損以行權，不害人以行權〔註13〕。

《孟子・盡心下》亦云：「君子反經而已矣〔註14〕！」而《論語・里仁》云：「君子之於天下也，無適也，無莫也，義之與比〔註15〕。」謂君子當「唯義所適」。玄宗《注》在這一方面的發揮，可說是融合儒佛而歸義於道的〔註16〕；但《疏》則不然。三十六章注云：

> 經云正言若反。易云巽以行權。權，反經而合義者也。故君子行權，貴於合義；小人用之，則爲詐譎。……故老君前章云執大象，斯謂之實；此章繼以歙張，是謂之權。欲量眾生根性，故以權實覆卻相明，令必致於性命之域。而惑者乃云非道德之意。何其迷而不悟哉？故將欲歙歙眾生情欲，則先開張，極其侈心。令自困於愛欲，則當歙歙矣。……

於此，玄宗《注》以實、經與權來闡釋《老子》本章，而主張所施之權宜必

〔註10〕 智顗講述、灌頂筆錄《摩訶止觀》卷 3 下〈五偏圓〉，T46，頁 34a。
〔註11〕 王弼、韓康伯注、孔穎達等正義《周易正義》（臺北：藝文印書館，景印嘉慶二十年江西南昌府學宋本重刊，1997）卷 8〈繫辭下〉，頁 173。
〔註12〕 趙岐注、孫奭疏《孟子注疏》（臺北：藝文印書館，景印嘉慶二十年江西南昌府學宋本重刊，1997）卷 13 下〈盡心下〉，頁 239。
〔註13〕 何休注、徐彥疏《春秋公羊傳注疏》（臺北：藝文印書館，景印嘉慶二十年江西南昌府學宋本重刊，1997）卷 5〈桓公十一年〉，頁 63。
〔註14〕 《孟子注疏》卷 14 下〈盡心下〉，頁 263。
〔註15〕 何晏注、邢昺疏《論語注疏》（臺北：藝文印書館，景印嘉慶二十年江西南昌府學宋本重刊，1997）卷 4〈里仁〉，頁 37。
〔註16〕 見何建明《道家思想的歷史轉折》，頁 131～133。本文對玄宗《注》、《疏》權實觀的討論亦多得於此書，特此誌之。

須要「反經合義」。「反經」者，即謂權當返於經之常道；合義者，豈非云權不可違反義？則《注》所謂之「權」，正與《論》、《孟》之義相合。其後，《注》又以權與實相對之；並以《老子》所謂之「執大象」為實，從而再申權之所用。並於「天下之物生於有，有生於無」注云：

> 天實之於權，猶無之生有，故行權者，貴反於實。用有者，必
> 資於無［註17］。（四十章注）

故知權、實之間有主從之關係，而行權必反歸於實。由此觀之，《注》於此所謂之經與義，應是以道家之道為義之所歸；亦即以《老子》之道為經、實之所在。再者，《注》以「欲量眾生根性」解釋此章，而謂權之所用在於斯，則是借用了佛家所謂以各種方便法門開示不同根器眾生之義。至於《疏》詮釋此權實問題時，即以「人既有鈍根利根，故教有權有實」來補充闡釋；同時，《疏》於此章中，亦完全不見「反經合義」之詞，而只有權、實之相對，則其以佛學為用之傾向較《注》更為明顯。

　而四十章「反者道之動」注云：

> 此明權也。反者，取其反經合義。反經合義者，是聖人之行權。
> 行權者是道之運動。故云反者道之動也。

於「弱者道之用」注則云：

> 此明實也。弱者，取其柔弱雌靜。柔弱雌靜者，是聖人處實。
> 處實者，是道之常用。故云弱者道之用也。

由此觀之，所謂聖人之行權即是前文所述聖人之教，乃為眾生啟蒙之用；而眾生根器不同，故或有看似違背大道的一時之教，此謂之權。然權用乍看之下雖有悖於道，實則仍為大道一時之運動狀態；而聖人教化，亦必將以道為目的，故終歸也是反經合義的。而聖人行權之所以能反經合義，乃因聖人自身是處於柔弱雌靜之實，而未嘗離大道之故；因之，聖人即為道之常用者也。

　不過，另一方面，四十章**疏**對於此二句之詮釋卻有異於《注》，而加入了「道／俗」相對的看法。「反者道之動」疏云：

> 反以反俗為義，動是變動之名，謂權道也。言眾生矜執其生而
> 失於道，故聖人變動設權，令反俗順道爾。注云反經合義者，經，

［註17］「天」者，當據道藏本強思齊《道德真經玄德纂疏》改為「夫」；「貴」者，應據道藏本顧歡述（偽）《道德真經註疏》、王雱等《道德真經集註》及強思齊《道德真經玄德纂疏》改為「責」。

常也；義，宜也。……有以無爲功用，初則乖反常情，而後順合於

道，故謂此爲道之運動也。……權道反常而難曉。

《疏》所謂反經，乃指乖反常情，亦謂違反俗情；而合義則成爲順道之意。由此觀之，《疏》之經即指俗情、常情，而非如《注》一般有得以詮釋爲道之所在的餘地。因此，《疏》只有權、實之相對，而無經、實之相對；從而，**《疏》對權變之討論只是對佛教思想的吸收與變化，而沒有《注》融合三教色彩的特色。**由是恰可正何建明於《道家思想的歷史轉折》中，混同玄宗《注》與《疏》而導致之錯誤〔註18〕。其次，《疏》對「弱者道之用」的解釋爲：

此明實道也。言人皆賤弱而貴強，是知強梁雄躁者，是俗之用

也。道以柔和而勝剛，是知柔弱雌靜者，是道之常用。

於此，《疏》則明確地結合了三十六章注疏對「柔弱勝剛強」之闡釋，即指：

巽順可以行權，權行則能制物，故柔弱者，必勝於剛強矣。（注）

巽順謙卑則可以行於權道。……是柔弱之道能制勝於剛強也。

（疏）

由《疏》之解釋來看，其一方面略去了《注》所謂「聖人處實」之說。二則以道、俗相對之，並有所謂道用與俗用之說；故其思維成爲：道用柔弱巽順，可以行權道。則權道未必強、未必弱，但適時之用而已。**由此觀之，《疏》對四十章「反者道之動，弱者道之用」的詮釋乃較《注》豐富，同時也純以融合佛道爲義，不像《注》還有可解釋爲「融合三教」之空間。**

此外，如三十六章注、四十章疏所引用的，《論語・子罕》有云：

子曰：可與共學，未可與適道。可與適道，未可與立。可與立，

未可與權〔註19〕。

玄宗《注》、《疏》亦認爲權道是不可輕易予人的。三十六章「魚不可脫於淵，國之利器不可以示人」注云：

脫，失也；利器，權道也。此言權道不可以示非其人。故舉喻

云，魚若失淵，則爲人所擒；權道示非其人，則當竊以爲詐譎矣。

由是可知《注》謂權道之所用，非其人而不可；其人者，謂行權必合於義的君子。而《疏》則從另一角度，言「非其人」者謂「小人」也。不過，雖則

〔註18〕其對玄宗《注》、《疏》權、實、經的討論，見於何建明《道家思想的歷史轉折》，頁129～135。

〔註19〕《論語注疏》卷9〈子罕〉，頁81。

有可用權道之人，但權道總之仍是不可多用的。如五十七章「人多利器，國家滋昏」注云：

> 利器謂權謀。人主以權謀爲多，不能反實，下則應之以詐譎，故令國家滋益昏亂。

此處《注》之所論爲「人主」，則近似告誡人君，雖用權而不可不知「責反於實」，否則在下位若有小人（即前所謂「非其人」者），則知權道而興詐爲譎，國家自必昏亂。不過，至於《疏》之所論，則以「人多利器，國家滋昏」一句，作爲解釋「以奇用兵」之語，而云：

> 此釋上以奇用兵也。利器者，權謀也。夫權道在乎適時，不得已而方用。人君若多用權謀，不能反實，下必應之以譎詐。

與《注》對照來看，則《疏》「利器者」云云以下，其詞句皆近似《注》之意義；唯首句特別標明「以奇用兵」，不啻縮小了《老子》此句論述之範圍──亦即，**由治國之用縮小爲用兵之事**。從而，權道之用在《疏》中也具備用兵之道的意義。

　　若僅由以上討論來看，則《注》、《疏》所論之權實問題，似乎與重玄學風關係不大，倒是與佛學關係甚深。不過，在四十章注疏中，終究仍是用重玄之道超越了權實問題。四十章注云：

> 然至道沖寂，離於名稱；諸法性空，不相因待。若能兩忘權實，雙泯有無，數與無數，可謂超出矣。

是以，《注》謂權實之分別及其應用，從無名之道的角度來說，都不過是暫時之「法」；因此，當以重玄之道遣除權與實。至於《疏》則敷演此義，而云：

> 言道至極沖虛之體，沖虛凝寂，非權亦復非實，何可稱名？諸法實性，理中不有，亦復不無，事絕因待。所言物生於有有生於無者，皆是約代法而言爾。若知數與無數，即知數諸法無諸法，豈有權實而可言相生乎？悟斯理者，可謂了出矣。

《注》中以「兩忘權實」來論說，而《疏》則就權實於「道」、「理」之所屬，來說明《注》云權實是性空而不相因待之所以。就學風而言，《注》文近於重玄之學；而《疏》則近似佛學之方。由是可觀《注》、《疏》微異之處。

參、政風與理想政治

　　關於玄宗對政風的看法，可由玄宗十三章疏、十七章注疏及三十八章注疏觀之。承《老子》在十七章所作的「太上」、「其次」、「其次」的三種政治

風格，在玄宗《注》、《疏》之中，亦對君王之政治風格作了三種層次的判分。在十七章注疏的架構中，乃分爲兩部分來詮釋：前半段是指三種君王，後半段則指此三種君王施政的結果，以及百姓相對於以上三種君王的反應。姑以下表略示之。

	德	君　王	施　政　內　容	施　政　結　果　及　百　姓　反　應
太上下知有之 注	無德可稱	淳古之君	無施教有爲之迹	功成而不執，事遂而無爲，百姓日用而不知，謂我自然而成遂。
太上下知有之 疏	無德可稱	淳古之君	處無爲之事，行不言之教。	淳樸不殘，孰爲犧撙；道德公行，親譽焉設？故……下忘帝力，適令功成事遂。百姓皆以爲自然合爾。
其次親之譽之 注	逮德下衰	行善教之君	仁見、功高	由君有德教之言，故貴其言而親譽之。
其次親之譽之 疏		黃帝堯舜	施教行善、柔弱致平、功高天下	百姓所以親愛君之善行，稱譽君之功業者，由君有德教之言。
其次畏之侮之 注	德又下衰	多弊政之君	驅以刑罰、懷情相欺、明不能察	由君信不足，故令下有不信之人。
其次畏之侮之 疏		三王五霸	浸以凌遲、嚴刑峻制、明不能察；下議罪而求功，上賞姦而生詐	百姓畏君之刑法，侮君之教令者，皆爲君信不足於下，故令下有此不信之人爾。

以《注》觀之，其三世之分主要是以德之厚薄來區分；其中淳古者，似又有以古爲尊的想法，不過於《注》中並未進一步就「古」來明說。就「君王所行」而言，玄宗《注》詮釋下的「太上」君王，其施政是無爲而無迹的；其次者，玄宗《注》謂爲有仁恩與功績；再其次者，玄宗《注》則謂其君多刑罰又不能明察秋毫，致上下懷情相欺。由此可以看出玄宗《注》對《老子》十七章三世說所賦予的內涵，由「太上」開始，分別爲：道－儒－法。太上

之君王所施行的，是道家的無爲之道；其次「行善教」之君王所施行的，是
儒家仁恩之道；再其次「多弊政」之君王所施行的，則唯法家的刑罰之道，
但又兼之以君王之昏昧（明不能察）。此外，在詮釋太上之君與行善教之君時，
玄宗《注》又分別以無跡、有言爲解，而言教之跡也就是玄宗《注》、《疏》
一直強調重玄之道所要超越的內涵。故十三章疏亦言道：

> ……忘天下則無寄託之迹。然後上有太上之君，下有下知之臣。
> 無爲而無不爲，不德而有德矣。

可見玄宗《注》、《疏》對於超越言教之跡之重視；甚至以無跡作爲無爲之呈
現。

　　然而，**就《疏》對於上引十七章之詮釋來看，顯然是對《注》之所釋另
有創發。**首先，《注》文明顯用「德」之厚薄來判分三世，但《疏》卻未言及
於此。其次，《注》對三世君王之規定，乃以君王之所施行爲說；然《疏》卻
明確地用「時代先後」來劃分。則所謂「太上」、「其次」等等，除了有價值
優劣之判以外，也配以歷史時代的意義；是則三世之別，既是價值之差，也
是時代先後之別。因此，《疏》不僅僅在述說三種政風，同時也在評判古代帝
王之優劣。最後，《疏》則明確地以「處無爲之事，行不言之教」，對《注》
的無跡之說作正面的補充；又以「淳樸不殘」、「道德公行」正面描述太上之
世風。當然，這些正面補充的文字意旨，皆不出於《老子》及玄宗《注》對
無爲之觀點，故在意義上並非創新之處；但亦可以看出《疏》的補充性質。

　　上表可說是玄宗《注》、《疏》對於三種君王及其政風大致的判別；而在
此三世之中，玄宗所要致力達成的理想，自然便是無爲的淳德之世。而關於
淳古及行善教之世之間的落差，在三十八章中又有一番更細膩的見解。三十
八章注云：

> 時有淳醨，故德有上下。上古淳樸，德用不彰，無德可稱，故
> 云不德；而淳樸不散，無爲化清，故云是以有德。建德下衰，功用
> 稍著，心雖體道，迹涉有爲。執德可稱，故云不失；迹涉矜有，比
> 上爲麤，故云是以無德也〔註20〕。

由其行文觀之，本章所謂的上古淳樸，顯然即是十七章所云的太上之世。由
此即可知，玄宗《注》之所謂太上云云，確實含有時間的意義；並且也認爲，
各時代的德之所以有厚有薄，實是由於時間的緣故；從而，今世之所以德薄於

〔註20〕「建德下衰」者，當據十八章注改爲「建德下衰」。

上古，只是由於淳樸之德自然弱化、消散而已，無可深罪於人事。故《疏》在詮釋「上德」之時云：「上者，擧時也。」但於詮釋「上仁」、「上義」、「上禮」云云之時，卻將「上」訓爲「以某爲上」，是則「上仁」謂「以仁爲上」。由此觀之，《注》、《疏》只在注解「上德」、「下德」之時，特別將「上」訓爲「上古」。因此，玄宗《注》、《疏》乃是將理想的政治圖像追溯至上古時代。而於《注》、《疏》中皆指出，上德與下德之分，不僅在於人君之德用是否著於形跡，更在於人是否執滯於崇尚無爲之心。又，《疏》在注釋「下德」之時，有別於《注》之詮釋而云：「聖人美無爲之風，而百姓尚無爲之迹。尚迹爲劣，故云下德。」以此，「下德」之所以「迹有爲」與「上仁」之所以「迹無爲」，便得以有較合理的理由。總而言之，於玄宗《注》、《疏》中，心、跡之是否眞正地「無爲」，即成了判別「上德」、「下德」及「上仁」、「上義」之標準。亦即：

> 上德：心無爲、跡無爲
> 下德：心無爲而跡有爲
> 上仁：心有爲而跡無爲
> 上義：心有爲、跡有爲

至於「上禮」者，玄宗《注》、《疏》置之於「澆漓之日」，故爲等而下之者也，與上義較之則離淳樸之道更遠。

　　不過，在另一方面，《注》、《疏》之將上德之「上」界定爲「上古」，實是別有一番用意的。由上引三十八章注之後文來看：

> 故道衰而德見，德衰而仁存，仁亡而義立，義喪而禮救，斯皆適時之用爾。故論禮於淳樸之代，非狂則悖；忘禮於澆醨之日，非愚則誣。若能解而更張者，當退禮而行義，退義而行仁，退仁而行德，忘德而合道。人反淳樸，則上德之無爲也〔註21〕。

於此，玄宗《注》、《疏》以「適時」之說，爲「仁」、「義」、「禮」的存在找尋合理性，進而認爲「禮」爲「治亂之首」，故而也是聖人「適時」之「務」與「用」〔註22〕。此說於《注》、《疏》中自有其理據。如前所述，有鑒於道

〔註21〕「誣」者，當據道藏本《唐玄宗御製道德眞經疏》、顧歡述（僞）《道德眞經註疏》、杜光庭《道德眞經廣聖義》、王雱等《道德眞經集註》及強思齊《道德眞經玄德纂疏》改爲「誣」。
〔註22〕以上四引號中之詞，皆可見於《注》、《疏》。

用是「應用無方」的，聖人之應用亦是「無方」——無特定的意圖、或限定的指向、限定的方法的。故三十八章疏又云：

> 碻論聖人百慮而同歸，二際俱泯，豈有彼此而去取耶？設教引
> 凡論之爾。

在此，就「理無去取」（七十二章疏）的意義而言，《疏》比《注》的說法更進一層；也更能顯現出聖人之合同於道用之無方的特質。因此，由道至禮的人世變遷，一則雖指出世風的衰落；一則卻依舊顯現出聖人救世之心。故云：「聖人救代之心未嘗異，而夷險之跡不得一爾。」（十八章注）〔註23〕由此可以觀見玄宗《注》、《疏》對於調和儒道所作的努力。然而，既然從「救世」的前提出發，則「禮」之出現雖非惡事，卻終非達致「理想」之途。故又云：

> 夫禮以靜亂，因亂救之，貴在協和，歸乎淳樸。而代之行禮者，
> 不務由衷之性，唯務形外之飾；敬愛不足，幣帛有餘，非達觀所存，
> 誠爲愚者之首。故云而愚之始也。（三十八章疏）

可見，禮雖爲救世之跡，但若一般人不能領會「禮」之實質，而唯務禮之外飾的層面，則將世風更下，而離道愈遠。因此，身爲領導者，即使是在「澆漓之世」，仍然要使世風回復如上古般之淳樸。故云：「聖人去禮義之浮華，取道德之厚實。」（三十八章疏）換言之，聖人之所以行於世者，仍然是道用之德；亦即從根本的實質入手，方得眞正地端正風俗。

　　是以，於三十八章《注》、《疏》中，玄宗雖有意會通儒道，但其政治理想終究還是道家「無爲而治」式的。而實現理想政治藍圖的關鍵，不在於當時社會之風俗，而是在於領導者心、跡之無爲與否；亦唯有心跡俱無爲之人君——即聖人——方可眞正地成就百姓而達到太平之治世。

　　若論及老學中的太平治世，自當討論八十章小國寡民之說；玄宗《注》、《疏》亦不能外之。而綜觀玄宗《注》、《疏》，最能將其理想政治藍圖具體而微地表現出來的，亦是其對《老子》八十章之詮釋。從《老子》八十章來看，其主要是在描述太平治世之現象；而玄宗《注》、《疏》則重在該現象背後的原因所在。

　　八十章「小國寡民」注云：「此章明人君含其淳和、無所求。」可知《注》之論述對象爲理想的人君（聖人）；而《疏》卻賦以不同之意義，云：

〔註23〕亦見於三十八章疏。

> 此論淳古之代也。言小國者，明不求大；言人少者，明不求多。
>
> 不求大則心無貪競；不求多則事必簡易。簡易之道立，則淳朴之風
> 著。……

是則《疏》將所述時代鎖定為「淳古之代」，如此即與十七章、三十八章注疏
所謂「上德」、「太上」之說相聯繫，而成為對於古代理想治世的描述之一。
再者，《疏》更以「事必簡易」為說，正呼應本文前述對於無事之討論；而這
也正是《疏》詮釋八十章的特色之一。

此外，《注》所云之「無所求」，倒成為通貫八十章注疏之關鍵所在。如
「小國寡民」疏以「不求」為說即是一例。由此無所求之觀念，《注》認為聖
人之所治，其民皆復歸無為而淳樸，故寡欲而無所求，是以能「不輕用其生」
而「不遠遷徙」；又因無欲於遷徙及攻戰，故舟輿甲兵皆「無所乘陳」，而能
「復歸於三皇結繩之用」。至於《老子》所謂「民至老死，不相往來」者，《注》
更云：「彼此俱足，無求之至。」（疏義同之）由此可見，玄宗《注》對於理
想國度之詮釋，關鍵在於無所求或云無欲，而這正是在玄宗《注》之人性論
及修道論中一再強調的觀念。故可知玄宗《注》認為，聖人所治之世，不僅
聖人自身是清淨、虛靜而無為的，其所治之人民，亦當順化於聖人之無為，
從而人人復歸清靜無為之本性，而世風即得以淳樸。

相較之下，《疏》對此理想國度的詮釋則較《注》豐富。「使民重死而不
遠徙」疏云：

> ……化歸淳朴，政不煩苛，人懷其生，所以重死；敦本樂業，
>
> 無所外求，各安其居，故不遠遷徙也。

由此可見，《疏》對於《注》之「淳朴」云云，特別重視「政不煩苛」之情況；
如此，則是特別強調出人民之所以「化歸淳朴」之原因，乃出於聖人之治理。
再者，對於《注》所言之無所求者，則突出人民在地之觀念，故云人民是「無
所外求」而安居樂業的。同樣地，在詮釋「雖有舟輿」等至「使民復結繩而用
之」云云之時，《疏》亦不同於《注》之只敘述人民這些行為之出於無欲，而云：

> ……既無往來，則舟輿棄捨，無所乘用矣。……
>
> 上行道德，下無離異，既卻攻戰之事，則甲兵韜戢而無所陳也。
>
> 欲明結繩之代，人人淳朴；文字既興，是生詐偽。今將使人忘
> 情去欲，歸於淳古，故云使人復結繩而用之。

如是可知，《疏》特別強調出人民之所以有這些行爲現象，乃由於聖人施行道德（道家義之道德）──換言之，聖人之治理──之故。而聖人之治，則是令人民回復如道及聖人一般的清淨正性；論其方法，則回應於修道論所云之忘情去欲云云。因此，《疏》又云：

　　　無欲故所居則安，化淳故其俗可樂。若逐欲無節，將自不安其

　　居；政苛日煩，焉得復樂其俗？

由此觀之，《疏》對於淳古之理想治世的看法，主要在於聖人一方面施行簡易之政，使人民安居樂業而無所外求；另一方面則以聖人自身之清淨無爲，自然地化育百姓；使百姓忘情去欲，復歸自身的清淨正性；從而無欲於外、彼此自足，而舉世復歸淳樸之風。相形之下，《注》顯然不如《疏》對八十章的詮釋來得有體系而豐富。就《注》的角度而言，其比較傾向於單純地描述理想國度中人民的生活情況，以及其心理原因──即「無欲」。而《疏》則兼論人民之心理，以及聖人之治理。從而，《老子》此章所言「使有」、「使民」等三處之「使」字即非虛設；同時，也巧妙地結合了「無欲」與「無事」在「聖人之治」中的關聯。因而，作爲聖人治世的總結理想，《疏》可說較《注》來得合適許多。由此也可見得修《疏》者對於整體思想的安排與考慮，與玄宗御注相較起來，可謂較爲周密而豐富。

第五章　唐玄宗《道德眞經》注疏與
相關唐代老學著作之比較

　　欲考察玄宗《注》、《疏》之唐代老學史地位，則須觀察玄宗《注》、《疏》
與其前後的唐代老學著作之間的異同。就玄宗之前的唐代《老子》注疏者而
言，較爲重要的爲成玄英及李榮；而玄宗之後的注疏者，以杜光庭爲要。於
此，當先就成玄英、李榮及杜光庭三者稍作介紹。

　　成玄英，生卒年不詳。據《新唐書》云，成玄英於貞觀五年，爲太宗召
至京師，加號西華法師。高宗永徽中（約 653AD），成玄英流郁州，於流放期
間注疏《老》、《莊》並撰述其他著作〔註1〕。由此可知其活動時間大抵在太宗、
高宗時期。據《新唐書・藝文志》可知，成玄英著有《老子疏》二卷；而蒙
文通在〈校理《老子成玄英疏》敍錄（節錄）〉一文中，據彭鶴林《道德經集
註・雜說》所論，指出成玄英疏已佚於宋代〔註2〕。今日所存者，但可見於道
藏本顧歡《道德眞經註疏》、強思齊《道德眞經玄德纂疏》等收錄的成玄英疏
文，及敦煌 P2353 葛玄《道德經序訣》所引《義疏》，並 P2517《老子道德經》
疏文第五殘卷。自敦煌本出土，則有今人之輯本如：蒙文通《道德經義疏》、
嚴靈峰《道德經開題序訣義疏》，以及藤原高男《輯校贊道德經義疏》等三種
〔註3〕。

〔註 1〕歐陽修、宋祁撰，中華書局編輯部編《新唐書》（北京：中華書局，1997）卷
　　　　59〈藝文志三〉，頁 404。唯成玄英於高宗永徽年間因何故流放郁州，不得而
　　　　知。
〔註 2〕見於蒙文通《古學甄微》（四川：巴蜀書社，1987），頁 343。
〔註 3〕詳細版本情況，可參見林佳蓉《成玄英《道德經義疏》研究》（臺南：成大中
　　　　研所碩論，1998），頁 2～4。

　　李榮，號任眞子，生卒年不詳，大約活動於唐高宗時。於高宗顯慶、龍朔（656～664AD）年間，皆有李榮作爲道教方面的代表，奉詔在長安與佛教僧徒辯論之記載〔註4〕；直至高宗末年，仍可見李榮與儒佛二家辯談的記錄〔註5〕，由此可見李榮當時在道教界中，確屬代表人物的地位。於兩唐志中均錄李榮《老子道德經集解》四卷，今不復見，唯有殘本於《正統道藏》、強思齊《道德眞經玄德纂疏》所錄，及敦煌 P2594、P2864、P2060、P3237、P2577、P3277 號殘卷中；故今得有蒙文通及嚴靈峰等輯校本。

　　杜光庭，生於唐宣宗大中四年（850AD），卒於後唐明宗長興四年（933AD）。唐懿宗咸通中（約 867AD），九應舉不第，乃「奮然入道，事天台道士應夷節」，奉行上清紫虛呑日月氣諸法。後鄭畋薦之，僖宗召見，賜以紫服象簡，而「充麟德殿文章應制爲道門領袖」。中和初年（881AD），黃巢軍破長安，杜光庭隨僖宗至興元，因留於蜀地，結廬於青城山白雲溪。及朱全忠篡位，蜀主王建亦稱帝於蜀，因召杜光庭爲皇子師，且謂之曰：「昔漢有四皓，不如吾一先生足矣〔註6〕。」官至金紫光祿大夫、諫議大夫，封蔡國公，賜號廣成先生〔註7〕。杜光庭一生著述甚多，目的在於弘佈道教以誘化時俗。其《道德眞經廣聖義》原爲三十卷本，後爲明《正統道藏》重分爲五十卷。所謂「聖義」，即謂玄宗《注》、《疏》；「廣」則謂其援經據典以發揮或證成玄宗《注》、《疏》〔註8〕。由此可知，《道德眞經廣聖義》實爲對玄宗《注》、《疏》之推闡與發明。

　　以下即依本文所述玄宗《注》、《疏》思想之要點，就此與成、李、杜三家，分別作一比對。

〔註4〕參見釋道宣《集古今佛道論衡》卷丁，T52，頁 387c～394c。

〔註5〕參見劉昫撰，中華書局編輯部編《舊唐書》（北京：中華書局，1997）卷 189〈儒學列傳〉所錄〈羅道琮傳〉，頁 1266。

〔註6〕趙道一編修《歷世眞仙體道通鑑》卷 40，《正統道藏》8 冊，鱗字號，頁 659。

〔註7〕其生平事蹟可參見吳任臣《十國春秋》（臺北：臺灣商務印書館，景印四庫全書珍本三集）卷 47，頁 7～9；《歷世眞仙體道通鑑》卷 40，《正統道藏》8 冊，頁 659～660。

〔註8〕杜光庭〈道德眞經廣聖義序〉云：

……但以（玄宗）疏註之中，引經合義，周書魯史，互有發明；四始漆園，或申屬類。後學披卷，多晉本源。輒採摭眾書，研尋篇軸，隨有比況，咸得備書，纂成廣聖義三十卷。……

由是可知其纂書之意。見《正統道藏》24 冊，頁 131。本文所引杜光庭《道德眞經廣聖義》，皆據此道藏本。以下簡稱爲「杜光庭義」或「義」，不另附注。

第一節　就道論而言

壹、道體及其性質

　　如本文第三章所論，玄宗之以「體」言「道」，主要可分為對「道體」與「道之性質」兩部分的討論。就道體而言，玄宗《注》、《疏》認為道體雖非「不存在」的，但卻不能以聲色形法來詰責；因此玄宗《注》、《疏》以「虛無」、「至無」來稱呼道。又就道體之能包含所有的聲色形法，而稱呼道為「大」。就這一點而言，可謂為老學之傳承；換言之，這樣的看法可說自《老子》以來便是如此的，只是各家之論述又有一些小出入。如成玄英《道德經義疏》〔註9〕之對道體的討論，主要是聚焦在「虛通」的性質上。其不僅藉「虛通」來說道體之為「大」、無形無聲、不可以人的名言心慮認識；最重要的，是由「虛通」來說道體是「非有非無」的，藉以調和崇有與貴無之論。如一章義疏云：

　　　　道以虛通為義，常以湛寂得名。……常道者，不可以名言辯，

　　不可以心慮知。

於此章疏中可以看出成玄英義疏之道論的兩個重點。其一，道以「虛通」為義。其二，道不可以人的名言心慮認識。所謂「虛通」者，於成玄英義疏有「冥寂」、「無」之義，如四十章義疏云：「元乎妙本，即至無也。」不過在另一方面，成玄英又以資藉於佛學——尤其是中觀的八不中道——的重玄之方超越「以有無規範道體」之途，故二十一章義疏又云：

　　　　至道之為物也，不有而有，雖有不有；不無而無，雖無不無。

　　有無不定，故言恍惚。

這種以重玄超越進路說明道體非有非無性質之處，在成玄英義疏中可謂所在多有，如二十五章義疏云：「道非有而有，非物而物，混沌不分，而能生成庶品。」可見成玄英對道體非有非無之強調，而這正是成玄英以「虛通」訓道之所由。

　　而李榮《老子注》〔註10〕則云：

　　　　道者，虛極之理也。夫論虛極之理，不可以有無分其象，不可

〔註9〕　本文所引，乃成玄英著、蒙文通校《道德經義疏》（四川：四川省立圖書館，1946），以下簡稱為「義疏」，且不再附注。其次，此書在體例上並未標示各章之章序，但以各章章首數字為章名，如首章之名為「道可道章」云云，本文為查引方便故，以相當於今通行本之章序標示之。

〔註10〕　本文所據李榮之《老子注》，乃嚴靈峰輯校《輯李榮老子注》，收於嚴靈峰《無求備齋老子集成初編》（臺北：藝文印書館，1965）第三函，書名姑依嚴氏本封面所稱。以下簡稱為李榮注，不另附注。

以上下格其眞。（一章注）

顯然，李榮明確地將「道」規定爲「理」，故道之不可以聲色形法詰責乃是自然之事，根本沒有什麼問題可言。但李榮對於道體的描述，既不是說爲「至無」，也不是說爲「非有非無」，卻是兼有兼無的。如十四章注即云：

> （道）超有物而歸無物，無物亦無色視聽而契希夷，希夷還寂。

> 恐迷途之未悟，但執無形；示失路之有歸，更開有象。無狀之狀，此乃從體起用；無物之象，斯爲息應還眞。息應還眞，攝迹歸本也。

> 從體起用，自寂之動也。……

於此段文句中，可以發現李榮雖也認爲道是「無物」而無色聲視聽的，然而卻未因此排除道有「有物」、「有象」的面向。整體說來，李榮之所言，可表示如下：

$$\left\{ \begin{array}{l} 道體－本－眞－無物－無形－寂 \\ 道用－跡－應－有物－有象－動 \end{array} \right.$$

這樣的描述方式雖與成玄英之說頗爲相似，但比起成玄英之重視「無」及重玄「無住」的一面，李榮可說更爲強調「有」的面向。因此，成玄英云「非有非無」，意在「無著」；而李榮闡述「兼有兼無」，則令學人不致無所適從，或許反而更有助於修行。

再者就道之名爲「大」的這一點來看。成玄英乃是藉由道之虛通性，來說明道之「有容乃大」的性質的。如六十二章「道者萬物之奧」義疏云：

> 道者虛通之妙理，……言道能生成萬有，囊括百靈，大無不包，故爲萬物府藏也。

成玄英更進而以「大」爲道體之名，云：

> 夫名以召體，字以表德。「道」即是用，「大」即是體；故名大而字道也。（二十五章義疏）

可見成玄英認爲，由於道體是虛通的，因此得以包含萬有，又以包含爲大，故道可名爲「大」。就道之名爲「大」的這一點而言，李榮《老子注》也是抱持同樣的看法，其於二十五章注云：「（道）無一法而不包，名之曰大。」由此觀之，玄宗《注》、《疏》對道體的看法，除以「妙本／道」分別稱呼道之體用面向外，其餘觀點可說承襲於其先前之老學，並無十分特出之處。而杜光庭義亦繼承玄宗《注》、《疏》之看法，也因道體能包含萬物，故以之爲「大」〔註11〕；此外，

〔註11〕 見杜光庭二十五章義。

杜光庭義既稱道體爲「不無不有，非有非無」，又認爲道體是「虛無」的；並
認爲由於道體之虛無，故能「開通於物」，令「萬物皆由之而通」（以上皆二
十一章義）。以此觀之，杜光庭義對於道體之討論，顯然較接近成玄英義疏的
觀點──即以「虛通」作爲道體之特性。至於玄宗《注》、《疏》以「妙本」
論道之特點，在杜光庭中則多以「妙無之本」、「妙有之迹」（見二十一章義）
轉述之〔註12〕；而推論至極，道體終究仍是「無」的。以此觀之，由於玄宗
《注》、《疏》的道體論與前人並無顯著的差異，因此，杜光庭義在這方面的
論述也難以顯見玄宗《注》、《疏》影響的痕跡。

　　不過，玄宗《注》、《疏》的特點在於其對道之性質的討論。由玄宗《注》、
《疏》來看，其所強調的性質，一則是自然；二則是清淨虛靜。關於道自然
之性質，成玄英亦嘗云：「自然者，重玄之極道也。」（二十三章義疏）二十
五章義疏又云：

　　　　道是迹，自然是本。又解：道性自然，更無所法。體絕修學，
　　故言法自然。

由此可知，成玄英認爲「自然」即謂道體本身，故言無所可法。以此，成玄
英得以抗衡六朝佛道爭論以來，一直爲佛教界攻詰的「道法自然」的問題。
就道教及道家學說的立場而言，「道」理當爲最高本體，但因《老子》二十五
章云「道法自然」之故，佛教界即常以此質疑「自然」與「道」孰者爲高。
也是由此之故，直至初唐時期的道教義理，亦常常對此問題作詮釋並強調之，
所以道體論才會成爲這時期重玄學之重點。而成玄英基本上即是以本跡之說
作爲對此問題的回答。不過，李榮注對於道與自然的關係卻沒有明確的討論。
如李榮二十五章「人法地地法天天法道道法自然」注云：「……此是法於天地，
非天地以相法也。」換言之，他認爲《老子》本章所云，乃謂人主之法天、
法地、法道乃至法自然，因此沒有什麼「道」與「自然」孰爲殊勝的問題。
至於李榮之所謂「法自然」者，是爲：

　　　　聖人無欲，非存於有事。虛己，理絕於經營；任物，義歸於獨
　　化。法自然也。

由此觀之，其所謂「法自然」者，乃指聖人自身「虛己」，故能任物之自然而
無所宰制之心。因此，嚴格說來，「自然」在李榮注中，並非「道性」之所謂，

───────────

〔註12〕杜光庭義雖有「妙無」、「妙有」之分，不過也有以「妙本」稱呼道之處；但依
　　　　說明重點不同故爾。

而是「萬物之自然本性」（見李榮六十四章注）。而杜光庭義在「道性自然」的主張上，倒完全是承襲自玄宗《注》、《疏》的。由是可知，「道性自然」的觀點，除李榮注的涵義不明顯之外，自成玄英義疏、玄宗《注》、《疏》，乃至杜光庭義都抱持著相同的見解；可見實爲當時老學普遍的主張。只是成、玄、杜三家明以「道性」規定自然之屬，而李榮注未曾明言而已。

再者，玄宗《注》、《疏》強調道的性質是清淨虛靜的；對照之下，成玄英與李榮顯然也都十分強調道「虛」的性質。如前所述，成玄英謂道爲「虛通」，而李榮則云「虛極」。再則就「靜」的特質來看，成玄英與李榮可說宗承於《老子》之以「寂」訓道，皆認爲道是無聲而寂靜的。如成玄英一章義疏云道爲「眞常凝寂之道」，而李榮四章注則云道是「湛然清靜而常存」的。因此，玄宗《注》、《疏》之所以重視「虛靜」之道體性質，可說其來有自。不過，以「清淨」訓道，卻可說是玄宗《注》、《疏》獨到之處。而在玄宗《注》、《疏》中，所謂「清淨」者，乃以「無著」爲義。而「無著」可謂重玄學一個鮮明的特色，以此觀諸成玄英三十四章義疏所云：「大道虛玄，汎然無著。」可知成玄英也由「虛通」講道之「無著」，於是道又是無所不在的。而李榮注也有異曲同工之妙，於其三十四章注亦云：

> 夫虛舟汎而不繫，大道汎而玄通。不繫者，無滯於西東；玄通
> 者，寧封於左右？是以入毫芒而遺小，彌宇宙而忘大。

由文義觀之，成玄英與李榮皆以重玄之精神來說明道「無著」之特色；然而，此二者均以「虛」、「通」、「玄」等等辭彙來說明道之「無著」，而玄宗《注》、《疏》卻使用「清淨」一詞來稱說，這一點可說與佛教關係甚深。如《金剛般若波羅蜜經》即云：

> 諸菩薩摩訶薩應如是生清淨心：不應住色生心，不應住聲香味
> 觸法生心：應無所住而生其心〔註13〕。

末句所謂「其心」者，即指首句之「清淨心」，而此清淨心顯然是由「無所住」而來的；因此，無著以清淨可說正是佛教義理之一。如是觀之，玄宗《注》、《疏》在融合佛道的企圖上，可說頗爲明顯。不過，玄宗《注》、《疏》的這項特點並未爲杜光庭義所繼承。在玄宗《注》、《疏》泛言「道性清淨」之章節，杜光庭義偶或以「清靜」取代之（如三十七章）；又或以修行者之心性言之，如二十七章義云：

〔註13〕鳩摩羅什譯《金剛般若波羅蜜經》卷1，T8，頁749c。

> ……善修行之人，……內虛靈臺，而索其眞性；復歸元本則清
> 淨矣。

而於三十七章義中，杜光庭云：「道性無雜，眞一寂寥，故清靜也。」但對於
「無雜」是否與重玄有關卻未嘗提出說明。由此可見，以佛學方式所論的重
玄之下的「清淨」義，實際上唯有玄宗《注》、《疏》多所發揮。至於杜光庭
義則未繼承此一特色，而大多仍舊是以道家的方式闡釋之。因之，在道的性
質問題上融合佛道，可說正是玄宗《注》、《疏》的特色之一。

貳、道用之一──宇宙生成論

就生成宇宙萬物的「道用」而言，成玄英於二十五章義疏云：

> 道本無名，不可以智知，……取其有通生之德，故字之曰道。

李榮二十五章注亦云：

> 夫有形者立稱，無象者絕名。約通生而爲用，字之曰道。

由此可見，成玄英與李榮皆有由「通生」的角度來界定道之所以名爲「道」（生
萬物的通路）的看法；因而，此二者也確有以宇宙生成論的角度來論道的部
分。**就宇宙生成論觀之，成玄英之特色在於以元氣說及「本跡」觀爲說**。如
四十二章「道生一，一生二，二生三，三生萬物」義疏云：

> 言至道妙本，體絕形名，從本降跡，肇生元氣。又從元氣變生
> 陰陽，於是陽氣清浮，昇而爲天；陰氣沈濁，降而爲地。二氣昇降，
> 和氣爲人。有三才，次生萬物。

再參照於五十二章，其云：

> 始，道本也；母，道跡也。夫玄道妙本，大智慧源，超絕名言，
> 離諸色象，天下萬物，皆從此生。

> 夫本能生跡，跡能生物也。既知道大慈能引接凡庶者即是我母，
> 即知我身即是道子，從道而生故也。經云虛無自然是眞父母。

> 既知我是道子，應須歸復守其母也。但能歸根守母，體道會眞，
> 跡雖有沒有存，而本無危無殆。

> 夫道能生物，道即是本；物從道生，物即是末。而本能攝末，
> 所以須歸；母能生子，所以須守。……《西昇經》云：常能養母，
> 身乃長久。

在這幾段論述中，可知成玄英所言之道生萬物的過程，是：

就元氣說而言，成玄英顯然有承於秦漢以來以及河上公注的氣化宇宙觀點〔註
14〕，而認爲道生之「一」是爲元氣，「二」則爲陰氣與陽氣；又因陽氣爲清、
陰氣爲濁，二氣相和則爲和氣。故成玄英對「三」的詮釋亦如河上公注所云：
「陰陽生和、清、濁三氣，分爲天地人也〔註 15〕。」因此，元氣即是從無形
之「道」降生出有形萬物之間的環節。就此而言，李榮的看法與河上公注及
成玄英的相去不遠。若論李榮的宇宙生成論圖式，則應爲〔註 16〕：

$$\begin{cases} 道 \quad\rightarrow 一 \rightarrow \qquad 二 \quad\rightarrow \quad 三 \quad\rightarrow 萬物 \\ 道 \quad\rightarrow 元氣\rightarrow 陰氣、陽氣 \rightarrow 天地人 \rightarrow 萬物 \end{cases}$$

但不同的是，成玄英與河上公注都認爲二氣、三氣與天地人的關係爲：

$$\begin{matrix} 陽氣-清氣-天 \\ \quad\quad\quad \Big\} 和氣-人 \\ 陰氣-濁氣-地 \end{matrix}$$

〔註14〕 如《呂氏春秋·大樂》云：「太一出兩儀，兩儀出陰陽。陰陽變化，一上一下，
　　　　合而成章。……萬物所出，造於太一，化於陰陽。」見呂不韋《呂氏春秋》（臺
　　　　北：臺灣中華書局，據畢氏靈巖山館校本《四部備要·子部》校刊，1982 臺
　　　　五版）卷 5〈大樂〉，頁 3。另，參照陳麗桂教授《秦漢時期的黃老思想》之
　　　　歸納可知，《淮南子》於〈精神〉、〈天文〉兩篇所述宇宙生成論之公式應爲：

$$\text{太始至虛霩—宇宙—元氣} \begin{cases} 清妙至天至陽（剛） \\ \\ 重濁至地至陰（柔） \end{cases} \text{四時—萬物} \begin{cases} 人（精氣所生） \\ \\ 蟲（繁氣所生） \end{cases}$$

　　　　詳見陳麗桂教授《秦漢時期的黃老思想》（臺北：文津出版社，1997），頁 71。另，「太
　　　　始」者，本作「道始」，茲根據王引之《讀書雜志》觀點校改之。可參見王念
　　　　孫《讀書雜志九·淮南內篇》（臺北：樂天出版社，1972）。
〔註15〕 王卡點校《老子道德經河上公章句》（北京：中華書局，1993），頁 169。
〔註16〕 參照李榮二十章注：「非有非無之眞，極玄極奧之道。剖一元而開三象，和二
　　　　氣而生萬物也。」以及四十二章注云：
　　　　虛中動氣，故曰道生。元氣未分，故言一也。清濁分，陰陽著也。運二氣三才。圓天
　　　　覆於上，方地載于下，人主統於中，何物而不生也。（案：「二氣」與「三才」
　　　　之間，當補一「攝」字。）

而李榮則認為：

> 陽氣熱孤，亦不能生物；陰氣寒單，亦不足成形，故因大道以通之，借沖氣以和之，所以得生也。（四十二章注）

以此觀之，則在陰陽二氣之外，並無一個「和氣」以生人。因此，在李榮注中，仍然只有「元氣」、「陰氣」與「陽氣」，別無「和氣」，但卻似乎另有一「沖氣」。而玄宗《注》、《疏》在宇宙生成論上與成玄英、李榮等頗有顯著差異之處，乃在於玄宗的圖式為：

道→ 　一 →　 　　二　 →　　　　三　　　　→萬物
道→沖氣→ 沖氣、陽氣 → 沖氣、陽氣、陰氣 →萬物

於玄宗《注》中，沖氣即沖和之氣；而在《疏》中，沖氣又是「沖和之精氣」與「元氣」（皆四十二章疏）。由此可知，《疏》至少在辭彙上比較接近河上公、成玄英與李榮，也是用「元氣」來訓「一」；但《注》顯然自有看法，除了「沖氣」一詞避開了「元氣」、「精氣」等稱呼之外，連以下的「二」、「三」都與成玄英與李榮注大不相同。在玄宗《注》、《疏》的圖式中，沖氣始終貫徹於道生萬物的過程中，是以萬物便得以「含養沖氣」（四十二章注）。不過，就「沖氣」調和陰陽二氣的理論來看，玄宗《注》、《疏》或正繼承了李榮注的看法，只是玄宗《注》、《疏》將李榮注中地位不明確的「沖氣」給予了明確的定位，並且提高沖氣的層級，使之取代成、李二注的「元氣」。而在成玄英與李榮的系統中，從「二」以下都是元氣（一）所分化出來的，因而，只有「未分」者才能稱為「元氣」；而天地人三者則是成之於陰陽變化的。此外，在成玄英與李榮的系統中，萬物之生乃在於「天地人」之後；而玄宗《注》、《疏》雖在「天地」方面沒有明確的交代，但「人」與「萬物」卻確實是生自同一個層級的。關於《老子》四十二章的宇宙生成論，杜光庭義並未依據玄宗《注》、《疏》的解釋，倒是採取了道教《靈寶生神章經》的看法，而認為：

> 所言一者，即前始氣為天也；一生二者，即玄氣為地也；二生三者，即元氣為人也。

於四十二章解題，杜光庭又云：

> 三氣者，即《靈寶生神章經》云玄氣、元氣、始氣也。始氣白，凝為清微天，號玉清境，天寶君所掌；元始天尊統九聖居之。元氣

黃，凝爲禹餘天，號上清境；靈寶君所掌，大道君統九真居之。玄氣青，凝爲大清境，號大赤天；太上老君統九仙居之。……又以其精凝爲三才，即始氣爲天、玄氣爲地、元氣爲人。始氣積陽，玄氣積陰，元氣積陰陽之華而總爲人倫，散爲萬物。沖氣者，是元和沖寂之氣也；萬物得之以生，失之以死。……

由此觀之，杜光庭義可說也以三氣爲陰氣、陽氣、和氣（沖和之元氣）爲分；但其思路基本上是道教式的。不過，杜光庭二十一章義又云：

又就生成門解之：則恍惚之象者，清虛之氣也，在上爲天。恍惚之物者，厚濁之氣也，居下爲地。杳冥之精者，沖和之氣也。此三氣交感而爲人焉〔註17〕。人者，三才之中最靈之智，用天法地，無所不能。亦自妙本分氣而生，……其沖和之氣稟於身中，修之則存，甚眞甚信也。

於此，杜光庭義所謂「三才」與氣的關係，應如成玄英，也是如此的：

$$陽氣 - 清氣 - 天$$
$$和氣 - 人$$
$$陰氣 - 濁氣 - 地$$

不過，杜光庭之將和氣稱爲「沖和之氣」，或有所承於玄宗《注》、《疏》；而其謂人「亦自妙本分氣而生」者，則可說繼承了玄宗《注》、《疏》之強調「萬物皆以沖和之氣爲本」，故而特別強調人需要修身中的沖和之氣。

由是，成玄英就「道」的角度而論的「本跡」說，則如二十五章義疏所云：「道是迹，自然是本。」如此可知，此處所謂「道」，乃就「通生萬物」的部分而言之；故「自然」者，即是道體本身之謂也。所謂「本跡」者，成玄英三十七章義疏云：

凝常之道，寂爾無爲；從體起用，應物施化。…前句是本，後句是迹。……

是以，在道論中的本跡說，「本」主要是指道之「體」，而「跡」是指道之「用」。謂「體」則云道是「無」而「凝寂」；說「用」則明道「動生」而「有」。因此，成玄英以元氣等等訓「跡」，而「元氣」是意謂著道體由無而有、由凝寂而動生的中介者。換言之，元氣實乃無形質之道得以化生出有形質之萬物的

〔註17〕以文義觀之，其所謂「三氣交感」者，疑應爲「二氣交感」之誤。

「開端」；故名為「母」、名為「始」。

不過，成玄英這種以「本跡」立說的特點顯然並未為李榮繼承。在李榮注中，大多以「有無」為說，「體用」之說已少，更遑論「本跡」之喻〔註18〕。而關於《老子》所謂「母」、「始」者，李榮乃云：「道為物本，故云始；德能畜養，故云母也。」（五十二章注）可見其對「始」、「母」的看法已大異於成玄英義疏。而在玄宗《注》中，主要是以「體用」之說來分析道與萬物之關係，其對於「本跡」之說則另有一套看法。詳言之，玄宗《注》主要是以體為「本」、以用為「跡」。而如同成玄英對本跡的觀點，玄宗《注》也認為「本」為無、無限的，而「跡」是有、有限的；從價值意義來說，「本」可以「守」，而「跡」不得執滯。不過，玄宗《注》的本跡觀點基本上是與其重玄之道結合而言之，與其宇宙生成論的關係倒不甚密切。然而，在玄宗《疏》中，倒是抓住玄宗《注》所言道生萬物的過程，而配以類於李榮十四章注的「本跡」之說，云：

> ……斯則自無而降有，其中兆見一切物象，從本而降迹也。……言人修性反德，不離妙本，自有歸無，還冥至道。……此攝迹以歸本也。（二十一章疏，以上斜體字為《注》原有之文句）

以此可見玄宗《疏》實有所承於成玄英與李榮之處。不過這種以「本跡」說宇宙生成論的情形，在玄宗《疏》中仍不多見；而玄宗《注》所強調的體用觀點，仍舊是貫串《疏》之宇宙生成論的主軸。到得杜光庭之時，一方面承玄宗《疏》的從本降跡、攝跡歸本說，另一方面則云：「妙無為本，妙有為迹。本則湛然常存，迹乃資生運用。」（二十一章義）於此，可說是減弱了「跡」的負面意義，並將「跡」歸之為「本」、「體」之「運用」。而對於玄宗《注》、《疏》所強調的不執滯於「跡」的看法，杜光庭義亦有所承；不過杜光庭認為，由於「跡」是有限的一時之用，所以「跡」雖然不可執滯，但「跡」本身不必是負面義的。因此，重點只在於「無滯」、「不執」，而不在於「跡」。

由以上論述觀之，河上公注、成玄英義疏以及李榮注所言，顯然已經異於秦漢時期黃老學的元氣觀。以《呂氏春秋》與《淮南子》為例，其對於元氣的看法，均以元氣訓道之質性，認為道與元氣為一；但河上公注與成玄英則將道與元氣區分開來。如是，則與《老子》之「道生一」更為契合。由此元氣觀，「修命」之說便得其理據；道教保精愛氣的養生術也才能與《老子》

〔註18〕唯上引李榮十四章注，有明確的體用本跡之說，然他處少見。

之道論密切地結合在一起。從而,「守母」(守元氣)也就是透過「道跡」(即「道用」)成爲一種「守道」工夫;既得守道(即守無危無殆之「本」),則沒身不殆的長生術也就成爲可能。由是可見成玄英義疏及李榮注之特色。這種以「元氣」補充「修命」說的方法雖也爲玄宗《注》繼承,但玄宗《注》跳出了「元氣化分爲陰陽二氣」的觀念,不僅將「沖氣」取代「元氣」、將「陰氣」的生成置諸「陽氣」之後,同時還使「沖氣」徹底貫串整個過程直至萬物生成。由是,萬物可說是稟賦「三氣」——陰氣、陽氣、沖氣——而生的,其中又以「沖氣」最爲根本而重要,故「守母」即爲含養沖氣;也因此,玄宗《注》的守母亦可說是一種「修命」之說。至於玄宗《疏》則雖偶爾襲用「精氣」、「元氣」之辭彙,然在宇宙生成圖式方面,仍然是依循著《注》的。但玄宗《注》、《疏》不同於成玄英義疏、李榮注乃至杜光庭義的是,玄宗《注》、《疏》所謂的「沒身不殆」並非長生術,而是:「終沒其身,長無危殆也。」換言之,玄宗《注》、《疏》並未承認長生成仙的可能性,自然也就不會以長生不死、修煉成仙等當作其所以「含養沖氣」的目標所在。而這也正是以治國爲導向的玄宗《注》、《疏》之老學特色所在。

參、道用之二——成就萬物

有關成就萬物之道用,成玄英於三十四章義疏云:

> 言大道虛玄,汎然無著;慈悲普遍,感而遂通。雖復非陰非陽,而應乎左右。欲明方圓任物,罄無不宜。一切萬物恃賴至道而得生成;慈救善誘,終不辭憚也。……生化群品,至功潛被,而歸功於物,故不有功名。……而不爲主宰;既俯就於物,宜稱其小,此不小而小也。

可見成玄英亦以「感通」來說明道應物施化之方;並認爲道成就萬物之法,並非自爲萬物主宰,而是任物之所宜的。就此道用而言,成玄英則謂之「德」,二十三章義疏云:「道是德之體,德是道之用;就體言道,就用言德。」從而更云:

> 上德慈救,畜養群生。……以德化導,陶瑩心靈,令行業淳熟而成就也……令其道果成就,德業淳熟。(五十一章義疏)

這種成就萬物之德,總之是一種「利物」之德(五十一章義疏)。而在成玄英義疏中,其所重之萬物成就,無非是以「道」、「德」爲指向;因而特別強調

「道」、「德」對萬物化導陶育的作用，此即其所以強調聖人「慈救眾生」之由。如此，上述言道之「方圓任物，罄無不宜」，此任物所宜之「宜」，即是就「道」、「德」而言之。

　　承上所述，成玄英既然以道德為萬物之成就，而萬物又是從道而生，則萬物對道德之趨向，即為歸根返本。故二十五章義疏云：

　　　　……明（道）引物向方，歸根返本。……（道）有大力用，能
　　　　運致眾生往至聖境也。……超凌三界，遠適三清也。……既自利道
　　　　圓遠之聖境，故能返還界內，慈救蒼生。又解：迷時以三清為三界，
　　　　悟則即三界是三清。故返在塵俗之中，即是大羅天上。

此段顯然是以道教用語為說的；由此可見成玄英之宇宙觀仍是走道教路數。於此，乃指道本身雖能遠適於三清，卻又能返還三界，意在慈救蒼生，令萬物得以悟道而歸根返本。是以，以成就萬物之道用而言，成玄英認為乃以道德三清為歸趨，而依各物之所適來化導之，使萬物成就其道德之果業。

　　而李榮注在論述道成就萬物的方式，主要也是以「感通」為說，並認為道是應物而動，由此而生「道用」的。如三十七章注云：「至道玄寂，真際不動。道常無為也，應物斯動，化被萬方。……〔註19〕」若觀諸李榮注，其基本上也認為無為之道用，是指道不為主宰而「任物」之宜，即其所謂「四民各安其業，萬物不失其真，任化自然，無所辭謝」（二章注）也。由此可知，李榮注雖亦強調無為以「任物」，但他認為，物之所宜乃在於物之「真」。另一方面，成玄英著重強調萬物之「道果」、「德業」，認為萬物應以道、德、三清為境界歸向；而李榮注並未作此強調，倒是特別關注道以無為對待萬物時的態度。如李榮五章注云：

　　　　仁，愛也。有愛則有憎，天地無心，絕於憎愛。以無愛故，故
　　　　曰不仁。……言人於芻狗，用之不以為愛，棄之不以為憎。喻明天
　　　　地暖然若春氣之自和，生者不以為仁；淒然若秋霜之自降，殺者不
　　　　以為義。

由此可知，李榮注特別強調道對於萬物是「無心」、「無愛」的；由於道之無私，故能隨萬物任其真，而「不恃德以為功」（二章注），如此是謂「玄德」（五十一章注）。由是，李榮更進一步云：

　　　　物之得生，皆賴大道。道則信之以獨化，物則稱之於自然。能

〔註19〕本注於嚴氏輯本中，乃繫於卷下之末。

生者不以為功，所生者不以為德。真之至理，不相辭謝也。（三十四章注）

如此一來，萬物對於道之長養成就，也不以為是「德」，因此萬物之各歸其真，也不過只是「自然」而已。在成玄英義疏中，雖亦云「虛心利物」（五章義疏），但其所謂「虛心」、「無心」，主要意指道或聖人無滯而虛通的內在；不似李榮注之意謂著「無私」、「無所偏愛」。就道之對待萬物的態度而言，成玄英則傾向以「慈悲」、「普救」來說明道之引導萬物；因此其雖云「任物」，但終究是一種由道的角度來說的「拯救」（五章義疏）。由此可見佛學在成玄英義疏中的痕跡。

相較之下，玄宗《注》、《疏》所論成就萬物之道用，似乎比較傾向李榮注。首先，在論道對待萬物的態度之時，玄宗《注》、《疏》乃以「虛而無心」稱述之，並以「無私」之義闡述之；而此「無私」之義，實為玄宗《注》、《疏》論述道對待萬物之態度的基本原則。不過，由於玄宗《注》、《疏》強調道體性質之清淨虛靜，因此也會像成玄英一般，強調道本身虛靜而無滯的內在；只是玄宗《注》、《疏》在以「無滯」討論時，乃著重強調道對待萬物是「常無欲心」（三十四章疏）的。其次就道成就萬物之方法而言，玄宗《注》、《疏》可謂兼承成玄英與李榮之說法，也以「感應」為說；並且，如同成、李二者，都以道之「汎然無繫」說明道之所以「無物不應」之緣由〔註20〕。再者，就道成就萬物之結果而言，成玄英強調道要引導萬物往至三清聖境，成就其道果、德業，然而玄宗《注》、《疏》與李榮注相類，皆較重視萬物之「各自成遂」；玄宗《注》、《疏》甚至以「物殊而名異」來說明萬物之各有特性，故成就也各個相異。因此，雖同樣說「無為」與「自然」，玄宗《注》、《疏》對萬物殊異的情形可說是格外關注的。此外，關於萬物最終之成就，玄宗《注》、《疏》有一超越成、李二者之處。亦即，成、李二家對於萬物之成就，大抵說到「聖境」（成玄英）、「獨化」（李榮）後即止；但玄宗《注》、《疏》卻貫徹了重玄無滯的觀點，認為萬物在達致一時之成就後，不可矜執於彼，更要不斷忘遣而超越之。換言之，即使是「成就」，也不可執滯而不思進一步地超越。如此日新又新的境界觀，可說正是玄宗《注》、《疏》超越前人之處。

再就杜光庭義來看，其所論述的成就萬物之道用，大抵一承玄宗《注》、

〔註20〕可參見成玄英義疏、李榮注及玄宗《注》、《疏》對三十四章「大道汎兮，其可左右」之解釋。

《疏》，也認為道的態度是「無心」的，而道是以「感應」的方式成就萬物；至於道用之結果，也在於萬物之「各遂生成」（三十四章義）。從杜光庭的文義看來，他在「道用」的論述上，不但沒有突破性的觀點，似乎也不如玄宗《注》、《疏》般強調這種成就萬物的道用；倒是在玄宗《注》、《疏》用以強調「無心」、「感應」與任物自然生成的文章之後，以「義曰：……」的方式強調理身與理國之道，其中似又以理國之道為要。實言之，杜光庭義在對於成就萬物之道用的討論，並沒有超出玄宗《注》、《疏》的基本觀點，只是承襲而運用在理身與理國之道中。而對理身理國之道的重視，又正是玄宗《注》、《疏》所關注的焦點，也是由玄宗《注》、《疏》才開始「重新強調」的；由此可見杜光庭義對玄宗《注》、《疏》所作的繼承。

第二節　就修道論與境界說而言

壹、修道論基礎

就成玄英之修道論基礎而言，其對於佛教教義的吸收可謂非常廣泛的。就這方面來說，成玄英認為人之所以悖反於道，乃因世人不知「諸法無實」、「即體而空」，因而「躭滯諸塵，妄執美惡」（以上皆為二章義疏），於是「恒起妄心，隨境造業，動之死地，所作皆凶」（十六章義疏）。由此觀之，成玄英在這方面顯然多得於佛教之原始義理，即所謂「緣起性空」義；同時亦接收了「惑業苦」之觀念。依此義推而可知，成玄英所說蒼生之「迷於真理」（二章義疏）者，即相當於佛教所謂之「無明」〔註21〕。而成玄英亦藉由佛教的根塵之說，說明眾人之所以無明的緣故。如四章義疏云：「塵則色聲等六塵也。」而五十二章「塞其兌，閉其門」義疏云：

> ……兌，口也。而六根之中，偏舉兌者，明口既是三業，又需
> 六根，為罪多也。……閉五門不著色聲香味觸諸塵境也，前舉兌是
> 根之別，此言門是根之總也。……及愚者為之，即開其眼耳等根，
> 濟於色聲等事，終身躭染，沒命貪淫。……

由此可知，成玄英乃藉由佛教之六根對應六塵之說，來說明人之所以起妄心而貪求，乃因開其六根，從而耽於諸塵境之故。此「諸塵境」者，正是所謂

〔註21〕「無明」即意謂著不明白諸法之實相是為緣起性空的。

「可欲者」（三章義疏）。而其所謂「耽滯」，又正是「能染之心染著於可染之境」之所謂（五十二章、三章義疏）；故一章義疏云：

> 欲，情染也；所，境也。言人不能無爲恬澹，觀妙守眞，而妄起貪求，肆情染滯者，適見世境之有，未體即有之空。……

總之就是「無明」，不能觀透諸法皆空之義。由此可見，成玄英在這方面的論述，主要是用佛教義理來詮釋《老子》；而且其並非融合式的借用，幾乎可以說是將整套基本佛學，拿來放在其老學之「修道基礎論」中。

但在另一方面，成玄英亦不乏從道教立場出發的理論，如十章義疏即將陰陽、魂魄之說納入修道論中，而云：

> 營魂是陽神，欲人之善；魄是陰神，欲人之惡。故魂營營然而好生。魄，泊也，欲人之泊著生死。又魂性雄健，好受喜怒；魄性雌柔，好受驚怖。驚怖喜怒，皆損精神，故修道之初，先須拘魂制魄，使不馳動也。……

於此，成玄英可謂就人身之構成而論修道，於是以道教魂魄陰陽的理論言之，並強調重點在於修養「精神」。而「養神」亦正是道教修煉理論的重點之一。不過，綜觀成玄英義疏，雖不乏「養神」之說，但陰陽魂魄云云，出現之篇幅可謂少之又少；反而不如上述佛學式的論述爲多。因此，成玄英所論之修道論基礎，仍以前述「無明」、「根塵」等等之說爲重。

與成玄英義疏相較之下，李榮注所云的修道論基礎並不像成玄英那樣富有濃厚的佛學氣息。首先就李榮注對於人之性、情、欲等等的看法而言，大抵可見於其二章注所云：

> 言人之稟性，咸不能以道爲娛，而以欲爲樂。樂不可極，樂極則哀來；欲不可縱，縱欲則傷性。

> 天上地下，君子小人，並寡能虛心虛己，而各縱欲縱情。

而十九章注又云：「以性制情，寡欲也。」縱觀李榮注，其所論之「性」，大多是指「眞性」，亦即人稟承於道之「性」，也就是人先天所有的虛靜素樸的本性。李榮注認爲，人之所以失其「眞性」，乃因心受情欲是非擾亂所導致的。故在李榮注中十分重視「遺情去欲」（三章注）的工夫；也強調人要「內無是非、絕分別」以復返赤子之「無知」（皆二十八章注），如此才能復歸於人之眞性與道。由是，其所謂「虛心」者，乃謂：「除嗜慾，絕是非，遺萬慮，存眞一。」（三章「虛其心」注）由上述可知，李榮雖然明白表示，人之「情」、

「欲」以及「分別」會滑亂真性，但對於情、欲與真性的關係卻沒有明確的說明。此外，李榮也認為聲色等會導致嗜欲的產生，但卻不像成玄英一樣用佛學之六根六塵來詮說聲色之問題，可見二者之差異；再者，李榮雖也有「逐欲情亂，滯教生迷」（二十二章注）的觀點，不過，這種以「染滯」說明人之悖離真性的方式，在李榮注中並非常見之說。倒是對於頗具深厚莊學色彩的「分別」與「是非」的看法，李榮注十分強調。如云：

> 達至道者，忘之於彼此；悟自然者，混之於和同。豈可尊己而卑人，是我而非彼，自加於物上也。（六十二章注）

> 物我齊一，則是非不起。（七十九章注）

這種忘懷是非、和同彼我的觀點，正可說是承之於《莊子》的；而在李榮注中，則將彼我之分與是非之別，都歸為「分別」。

另一方面，李榮注也以對於情欲與分別二者之對治，來發揮道教含養精氣神的修命之學，並認為對治情欲與分別，從另一方面來說即是「寶精愛氣」，能如是者，即為「重生」的長生之學〔註22〕。總之，從「修道論基礎」的角度來說，李榮注之論述只有兩個重要的切入點：一為情欲，一為分別；而修道即在於對治此二者及其餘緒。

與成玄英義疏及李榮注比較起來，玄宗《注》、《疏》論述修道論基礎方面之特色乃在於其性情觀；而玄宗《注》、《疏》在這種心性、性情方面的論述顯然也較成、李二者完整而深入。首先，玄宗《注》、《疏》認為人之所以能修道的關鍵，在於與道通同的人性上；而人之「失性」正是人之所以需要修道的前提。因此，玄宗《注》、《疏》清楚地指出了人本然的、理想的「正性」，即是如道一般清淨而虛靜的。由是又論述人所以「失性」，乃因其受「情」、「欲」所影響。就此而言，玄宗《注》、《疏》的論述似乎是直承於李榮注的，然而，李榮注中實未指出「性」與情欲、以及「情」與「欲」之間的關係或差別，只是大致將「性」與「情欲」相對起來而已；而玄宗《注》、《疏》卻在這個基礎上，更進一步說明「性」、「情」、「欲」三者之間的關係，並引據《禮記‧樂記》之用語而云：

> 人生而靜天之性，感物而動性之欲。……若不正性，其情逐欲而動；性失於欲，迷乎道原；……。（一章注）

〔註22〕詳參李榮七、三十、五十五、七十二、七十五章注。

而《疏》更補充云：「欲者性之動，謂逐境而生心也。」（一章疏）也就是說，「性」是人受生自道的本然清靜狀態，「性」之擾動即為「欲」——一種「想要」的心理狀態——，而「欲」則產生「情」的心理價值判斷。一旦「性」為「欲」所擾，人對於理想所在之「道」即惑而不辨。藉由如此的性情觀，玄宗《注》、《疏》在「對治情欲」與「修心正性」方面的論述，其系統脈絡也比較清晰。

再者，玄宗《注》、《疏》也將情欲之產生歸之於耳目聲色等事，並且也以「六根」及其「耽滯」為說，可見玄宗《注》、《疏》對於成玄英義疏的承繼。不過，成玄英義疏強調六根染著塵境，是不能「即有體空」的「無明」，此觀點於玄宗《注》中並不得見，卻可於《疏》之論述中得之。就《注》、《疏》之整體而言，《疏》的佛學色彩也的確較《注》為多，而《疏》這些較《注》富有佛學色彩之論述，大多也可於成玄英義疏中見到；由此觀之，玄宗《疏》的作者在這方面可謂多所承於成玄英義疏。而玄宗《注》、《疏》對性情觀的關注，及其所論「對治情欲」之看法，又可說是繼承了李榮注的觀點。不過，六根之染著，以及情欲之亂性等等觀點，畢竟也是玄宗《注》、《疏》性情觀——即修道論基礎——的一環，而玄宗《注》、《疏》在性情觀這方面的精緻度與系統化，又顯然較成、李有餘而無不足。以學說發展的角度來看，「後出轉精」通常是必然之勢，而重視性情觀又正是唐代學術之潮流；因此，**就老學史的角度而言，玄宗《注》、《疏》可說結合了成、李二家老學的關注焦點，並在性情觀之理論上更求精深與完整**。正因玄宗《注》、《疏》對性情觀系統化的建構，其在修道論的論述也才能融貫前人之說而不致有矛盾。

立足於玄宗《注》、《疏》的基礎上，杜光庭義對性情觀的看法也與玄宗一致。如其二十一章義曰：

> 自道所稟謂之性，性之所遷謂之情。人能攝情斷念，返性歸元，
> 即為至德之士矣。至德之本，即妙道也。……既能斷彼妄情，返於
> 正性，正性全德，德為道階，此乃還冥至道也。……

從本段文句來看，杜光庭在性、情，及其與道德之關係等方面的觀點，實與玄宗《注》、《疏》如出一轍；同時也並未超出玄宗《注》、《疏》的基本架構。由此可見玄宗《注》、《疏》在性情觀方面的建構，在唐代老學中，確可謂為一種典範。不過，對於六根及欲心之看法，杜光庭於十六章義中，對佛學之借鏡比玄宗《疏》更為明顯而豐富。如其亦以眼、耳、鼻、舌、身意等根為

六根，而又以眼、耳、鼻、口、心等之所欲爲五欲。又云：

> 內心悅慕謂之愛，外境著心謂之染，因境生心謂之欲。……自
> 性而生情，則隨境爲欲。（十六章義）

由此可見杜光庭對玄宗《注》、《疏》所作之敷演；同時也正顯見杜光庭義是
將「欲」的問題歸諸於「心」而言之。因此謂「養性」即在於「息念」，息念
則「五欲不生，六根不動」（十六章義），如此即爲修道之途。**總之，一直到
杜光庭義之時，仍沿用著玄宗《注》、《疏》所建立起來的性情觀，以作爲修
道論之基礎，可見玄宗《注》、《疏》對修道論基礎的建樹與重要性。**

貳、修道方法

　　就玄宗《注》、《疏》所云之修道方法而言，其最重要也最基本的原則，
當爲重玄之道。在玄宗《注》、《疏》中，重玄的修道方法，重點在於以「不
執滯」作爲與「道」及人之正性不離之方。再者，玄宗《注》、《疏》強調的
「不執滯」的對象，包括外境、有關於「道」的言教、修道者自身的情欲、
能所之分別，乃至性空之諸法。如此重玄之道，誠然有所承於重玄學之成玄
英及李榮。

　　依循著前述所云之修道論基礎，成玄英的修道方法即應是對治於人的無
明與染滯的。准此「染滯」，成玄英則提出「一中」與「遣中」的重玄進路以
對治之。所謂「一中」者，成玄英以「一中之玄」稱之，此即重玄之道「玄
之又玄」中，第一個「玄」的意思。其云：

> 有欲之人，唯滯於有；無欲之士，又滯於無。故說一玄以遣雙
> 執。……前以一中之玄，遣二偏之執。（一章義疏）

由此可知，其所謂「玄」，乃指不落有無二邊的「一中之道」（四章義疏），其
目的乃在於雙遣有無。不過，雖然用一中之道，又恐執滯於「中」，故仍須「遣
中」〔註23〕。其云：

> 又恐行者滯於此玄，今說又玄，更袪後病。既而非但不滯於滯，
> 亦乃不滯於不滯。此則遣之又遣，故曰玄之又玄。……二偏之病既
> 除，一中之藥還遣。唯藥與病一時俱消，此乃妙極精微，窮理盡性。

〔註23〕李剛在〈成玄英論「道」〉一文中，曾認爲成玄英的「一中之道」與「一中」
　　　　是兩個不同的概念：其認爲「一中」是「以中爲用」，而「一中之道」乃是「遣
　　　　中」之義。然察成玄英原文，顯然並無此區分。特此誌之。李剛之說，見〈成
　　　　玄英論「道」〉（宗教哲學 4 卷 1 期，1998/1），頁 104～105。

> 豈獨群聖之戶牖，抑亦眾妙之法門。(一章義疏)
>
> 向一中之道，破二偏之執。二偏既除，一中還遣。……即是遣
> 中之義。(四章義疏)

換言之，「一中之道」與「遣中」者，正是「玄之又玄」的重玄之道。其重點在於「雙遣」而「不滯」。就此而言，李榮與玄宗《注》、《疏》亦皆強調之。如李榮即云：

> 道德杳冥，理超於言象；眞宗虛湛，事絕於有無。寄言象之外，
> 託有無之表，以通幽路，故曰玄之。猶恐迷方者膠柱，失理者守株，
> 即滯此玄以爲眞道，故極言之非有無之表，定名曰玄。借玄以遣有
> 無，有無既遣，玄亦自喪，故曰又玄。(一章注)
>
> ……盈必有虧，無必有有：中和之道，不盈不虧，非有非無。
> 有無既非，盈虧亦非。借彼中道之藥，以破兩邊之病。病除藥遣，
> 偏去中忘，都無所有，此亦不盈之義。(四章注)

由此可見當時重玄學之思考模式。而玄宗《注》亦云：

> 意因不生，則同乎玄妙；猶恐執玄爲滯，不至兼忘，故寄又玄
> 以遣玄，示明無欲於無欲。……

由上述可知，成玄英與李榮的老學都曾以「中」表示雙遣有無後的境域，充分透顯出中觀學的影響；然而，於玄宗《注》、《疏》中，卻鮮少以「中」表示之，倒是特別強調「兼忘」。於此，玄宗《注》將「兼忘」與玄之又玄的重玄之道聯結起來；而此「兼忘」式的雙遣雙非之道，又正是玄宗《注》、《疏》用以展開修道論之方法。**由此可見，玄宗《注》、《疏》在前代老學吸收中觀佛學的基礎之上，又自有其消融佛學，並與道家思想融會之功。而玄宗《注》、《疏》這種強調兼忘的思想，也深刻地影響到杜光庭**，如杜光庭一章義云：

> ……夫攝迹忘名，已得其妙；於妙恐滯，故復忘之。是本迹俱
> 忘，又忘此忘，脗合乎道。有欲既遣，無欲亦忘。**不滯有無，不執**
> **中道**，是契都**忘**之者爾。

以此可見玄宗《注》、《疏》在將重玄之道由中觀的雙遣雙非，消融爲道家式的兼忘這方面的建設，實呈現出了重玄學思想的軌跡。

而對於眾生不知諸法即體皆空的「無明」，成玄英找出「坐忘」、「虛忘」以對治之。如四十七章「不窺牖，見天道」義疏云：

> 天道，自然之理也。墮體坐忘，不窺根竅，而眞心內朗，覩見

自然之道。此以智照真也。戶通來去，譬從真照俗，牖牖內明，喻
反照真源也。……

「隳體坐忘」者，成玄英云為「即身無身」（十三章義疏），又云：「聖人不執
身為身，忘懷執迷，故能出三界。」（五十章義疏）換言之，亦即為「物我皆
空，不見有我身相」（二十二章義疏）之義。由此觀之，成玄英在這方面的論
述，仍可說是以重玄無滯來進行的。只是在無滯於物我之分別後，又加以強
調能夠鑒照真理。於是，則可如五十二章義疏所云：

體知六塵虛幻，根亦不真。內無能染之心，外無可染之境。……
見無可見之相，聽無定實之聲，視聽本不馳心，斯乃閉塞之妙。

此即所謂「心境兩忘」（三章義疏）、「處染不染」（四章義疏）之義。由此可
知，成玄英的修道論也受到佛學許多影響；尤其是中觀雙遣雙非的思維方式，
以及諸法皆空、緣起性空的世界觀，更深刻地影響著成玄英在修道論上的論
述。

再者，就李榮注觀之，其亦十分重視「虛忘」之工夫，並且也以「虛忘」
作為對治人之執著自身以及物我分別的工具。如云：

虛己忘心，無身也。是非患累起在於身，身苟忘也，則死生不
能累，寵辱不能驚，何患之有？（十三章注）
體道忘言，……達至道者，忘之於彼此；悟自然者，混之於和
同。……（六十二章注）

這是李榮注對於人執滯於為我分別的解決之方。然而對於人之情欲問題，李
榮注卻不以重玄無滯為說，而是提出「以性制情」、「遣情去欲」的主張。如
云：

耳不聞鄭衛絲竹之聲，眼不見褒姒妲己之色，洗心潔己，遣情
去欲，豈有亂乎？（三章注）

由此段文句看來，李榮注對待目見耳聞之情欲的基本態度，並非直就情欲本
身對治之，而是以「遠離」的方式對待之。換言之，對於情欲二者，李榮注
所選擇的對待方式，是「遠欲制情」（四章注），令心不與可欲之聲色接觸，
從而不為可欲所亂的方式。另一方面，對於已發之情欲，李榮則云：「以性制
情，寡欲也。」（十九章注）由此可以觀知，李榮注對於「制情」非常重視，
認為修道者應以承自於道的虛靜之「性」，來抑制或克制其「情」，如是之謂
「寡欲」。是以，李榮注乃將對治情欲之方，歸諸玄妙之「道」。故云：

> 息躁動，凝神於安靜；絕繁務，虛己於自然；除嗜慾，耽之於
> 玄妙也。（六十三章注）

以重玄無滯的角度觀之，李榮注在情慾問題上的論述顯然與重玄之道關係甚遠；可以說，李榮注在論及情慾問題時，所強調的並非「執著」與「無滯」，而是以動與靜、性與情、道與俗如斯相對的角度來討論的。

李榮注這種杜絕情慾的觀點，在玄宗《注》、《疏》中其實也可以見到。如玄宗六十四注疏，即以《老子》「爲之於未有」等用語，說明人應杜絕欲心於其未起之際。然而，在玄宗《注》、《疏》其他的篇章中，卻更強調以重玄無滯的方式去對治情慾；其將情慾界定爲耽滯之心念，從而以「不執滯」的方式，去除心念之染滯——而如此是爲「除情去欲」。換言之，玄宗《注》、《疏》在論及情慾問題時，對於遣除情慾這樣的目標，雖與李榮大致相當，但玄宗《注》、《疏》的方法卻是傾向成玄英的。與成玄英義疏相較之下，玄宗《注》、《疏》對於性、情、欲的觀點較爲完整而圓融；而與李榮注比較起來，玄宗《注》、《疏》對於重玄之道的運用顯然更爲徹底。如此觀之，玄宗《注》、《疏》**在建構性、情、欲問題與結合重玄學這方面，確有其特長。**

至於杜光庭義之時，其一方面繼承玄宗所強調的「兼忘」、「都忘」；另一方面，對於李榮注等老學思想卻亦有所承。當重玄學雙遣雙非的思維模式爲玄宗《注》、《疏》轉化而以「兼忘」稱呼之後，在杜光庭義中的重玄思維，也多以「兼忘」、「都忘」的形態呈現，一如上引一章義所言：「不滯有無，不執中道，是契都忘之者爾」云云。換言之，杜光庭義中雖仍保留著重玄的思維模式，但其大多以「忘」作爲玄之又玄的用語；就此而言，杜光庭可說是充分消化了源自中觀與《莊子》的重玄學〔註24〕，而以道家道教本有的詞語運用之。由這一點來看，玄宗《注》、《疏》之以「兼忘」論述重玄之道，不可謂其無功。只是杜光庭義後出轉精，對重玄之道的運用更爲靈活而徹底。再者，關於對治情、欲以修道的方法，杜光庭四十三章義云：

> ……染著代塵者，謂六根起於六識，六識恣於六情，六情生於
> 六欲，六欲謂之六塵，六塵謂之六染，六染謂之六入。從根而生，
> 染有輕重，皆在修鍊，漸而制之，所以理身所務，眼絕五色，耳絕
> 五聲，鼻絕五香，口絕五味，身絕五觸，心絕五緣，即六塵淨矣。

〔註24〕請參見何建明《道家思想的歷史轉折》（武漢：華中師範大學出版社，1997）
　　　　所論。

六塵淨則世利不能動，聲色不能誘，自歸柔弱之道，豈有堅強之患哉？

於此，杜光庭義將玄宗《注》所謂之「染雜塵境」、《疏》所謂之「染著代塵」等，結合佛學的六根六塵說，並於其中安置了「情」、「欲」、「染」等等唐代老學所關注的問題，足見杜光庭在融合佛道上的耕耘。不過，對於如何遣除情欲，杜光庭義所採用的方法，也有傾向李榮注之處，亦即主張從六根之處遠離聲色等塵境，由是「漸而制之」，是為修鍊。此外，杜光庭十二章義又云：

　　有形可見為色，有染而不可見為塵。塵細色麤，皆妨於行。修道之士，先除其色，反神照內；次除其塵，滅心忘外。塵者，染之於心，關之於念，即名為塵。故六根所起，則為六塵染；六麤塵淨，猶有六細塵染；六細塵淨，復有六輕塵染；六輕塵淨，方契於道。……

由此段文義觀之，杜光庭義所云之修道方法，是先斷絕聲色等境與六根的接觸，繼而滅除心念對外境的執滯。因此，杜光庭義所論之對治情欲的方法，如同李榮注一般，主張要先從六根處斷絕與聲色之接觸；繼而，則如玄宗《注》、《疏》一般，將著眼點放在「不執滯」的觀念上，並就此而說染淨與契道。由此觀之，玄宗《注》、《疏》之結合重玄之道與情欲問題的理論，也確實影響了杜光庭義；足可見玄宗《注》、《疏》在老學史上的貢獻。

參、境界說

玄宗《注》、《疏》之境界說最基本的主張，應是認為人復於正性之時，得道者與「道」不相離，故得道者是「心照清靜」而具有「內明」之智慧的。關於得道者在「正性」這方面的特徵，成玄英乃提出「境智雙遣」、「能所兩空」的說法。如六十九章義疏云：

　　……根塵兩空，物我俱幻。既無我身之能緣，亦無前塵之可染也。……既而境智雙遣，根塵兩幻，體茲一中，離彼二偏，故無無為之可取，亦無有為之可捨也。

由此觀之，成玄英在論述得道者之精神境界時，主要仍是採取佛學式之進路，而特別就「境智」、「能所」、「根塵」等方面詮說；因此可知，成玄英所論之境界，比較強調主客立場或物我分別之消解。

　　關於李榮注在「正性」層面之境界說，其則於十六章注云：「其性靜而貞，
其行清而遠，守之厚者，可得虛極之道。」十五章注又云：「……夫息動於心，
而神自靜。莫撓於水，而濁自清。」由這兩段引文來看，李榮注也認爲正性之
時，當如虛靜之道一般，其性也應爲「靜」的；而此時的內心狀態，則是「心
無分別」、「懷玉無染」（十五章注）、「齊其是非」（四十九章注）的。由此敘述，
益可證李榮注之重視「是非」與「分別」之泯同。不過也可以見出，李榮注對
於佛學觀念，已不像成玄英義疏一般，直接挪用其辭彙；李榮注雖有援用佛學
觀念之處，卻亦將之與道家道教本有之思想相結合，而在使用時亦多以道家道
教之辭彙轉寫佛學觀念。在論及正性這方面時，李榮注主要是針對其所論的修
道基礎而闡釋其境界。正如上文所述，李榮注特別重視「分別」、「是非」等問
題，故在境界說也特別以此二者作爲得道特徵。此外，又云：

　　　　渝，變也。性無染濁，體實常存，質眞也。忘死生，合變化，
　　若渝也。（四十一章注）

如此又可見李榮注實也認爲正性是「清淨無染」的。總之，在李榮注之境界
說中，認爲得道者之性，乃是清淨而靜的。同時他又以「無分別」、「齊是非」
來形容得道者之境界。

　　再就玄宗《注》、《疏》之境界說而言，其特別重視正性之「清淨」與「安
靜」這兩個特質。而玄宗《注》、《疏》所謂之「清淨」，乃來自於「無滯」—
—亦即，無滯於能所之分別，乃至無滯於諸法；再者，其所謂之「安靜」則
取決於情欲之不擾。對照之下，玄宗《注》、《疏》其實綜合了成玄英所強調
的「境智雙遣」、「能所兩空」思想，以及李榮注強調之「無染」、「清淨」與
「安靜」等等特點。只是，玄宗《注》在語彙的運用上，並不像成玄英義疏
之充滿鮮明的佛學色彩；而是把佛學思想融化於道家脈絡及詞語中。玄宗《疏》
雖運用了較多的佛學辭彙，使其中運用之佛學範圍較大，然而其核心觀念終
究不離玄宗《注》所強調的重點——甚至，也未逾越成玄英義疏對「境智雙
遣」、「能所兩空」等思想的運用。此外，玄宗《注》、《疏》之境界說，雖然
在用語上與李榮注相近，但玄宗《注》、《疏》對於重玄之道的應用卻較李榮
注更爲貫徹；因此，李榮注論境界時，常止於是非、生死、分別等觀念，而
玄宗《注》、《疏》卻強調要「無欲於無欲」，也強調要無滯於任一境地。到了
杜光庭義時，則將境界歸之於「無爲」（一章義），並形容此境界爲「塵累清
靜」（六十三章義），又云爲「不滯有無，玄契中道」（四十一章義）。由此觀

之，杜光庭義也承襲了玄宗《注》、《疏》對於重玄之道的貫徹；而在境界說方面，則又較玄宗《注》、《疏》更有以道家道教旨要為歸的傾向。杜光庭義尤其特殊的是，其對於道教教義的應用，不僅涵括在其宇宙觀方面，甚至在境界說上更顯其特長。如云：

> ……自情而養性則息念歸元，歸元則五欲不生、六根不動，無厭其氣、無狹其心，則妙本之道，自致於身矣。（十六章義）

> 善修行之人，閉其六欲，息其五情，除諸見法，滅諸有相，內虛靈臺，而索其真性，復歸元本，則清淨矣。……所以心寂境忘，兩途不滯。……（二十七章義）

由此二則觀之，杜光庭義在境界說上特別強調「復歸元本」，可見其非常重視具有本原論意義之「道」。此外，如七十九章義所云：

> ……上士若能法聖人之心，去住任運，不貪物色，不著有無，能滅動心，了契於道；既契道已，復忘照心，動照俱忘，然而謂長生久視，昇玄之道爾。

由於杜光庭義具有濃厚的道教色彩，其境界說包含了道教之境界觀。由是觀之，玄宗《注》、《疏》境界說之老學史地位，**應在於整合初、盛唐老學之境界觀點。而這種具有重玄哲理傾向的境界說，於玄宗《注》、《疏》中發展已極**；因此至杜光庭之時，便不得不結合道教學說，以走出重玄的哲思脈絡。

而對於此境界之智慧，成玄英形容曰：

> ……墮體坐忘，不窺根竅，而真心內朗，覩見自然之道。此以智照真也。……膓膭內明，喻反照真源也。（四十七章義疏）

可見成玄英認為如此之智慧，既是內在真心的朗然呈現，同時也是映照「道」的智慧。就此境界之智慧而言，李榮注常以遍周之智稱述之。如云：

> 聖人智周萬物，明齊兩曜，四方皆照，為四達也。照而常寂，光而不曜，遺識混心，能無知也。（十章注）

> 智無不周，明也；光而不耀，昧也。（四十一章注）

由此可以看出李榮注形容此智慧的特點，乃著重於其「周遍」而「不耀」的特性。而在玄宗《注》、《疏》中所謂「明」的智慧，不僅如李榮注一般，強調有「周遍」的特性，並且還強調其「見小」之能〔註25〕。相較於李榮注之

〔註25〕見玄宗三十三章、五十二章注疏。

將「明」界定為「周遍之智」，玄宗《注》、《疏》則將「明」與「智」區分開來，認為「智」是有限之智，而「明」則是無所不照的〔註26〕。此外，如同成玄英所云之「真心內朗」，玄宗《注》、《疏》亦強調「明」是內在之明朗，而又可外照之智慧。如五十二注云：「當用光外照，復歸守內明。」至於三十三章疏則更以「反照內察」來強調「明」作為「內在」之屬性。由此觀之，玄宗《注》、《疏》在闡釋「明」之智慧時，亦揉合了成、李二家的見解，並進而對《老子》文章中之「明」，作了一番可自成體系的闡釋。至於杜光庭義則謂「明」為「惠照」（三十三章義），亦強調其周遍之性質；並包含了李榮注所強調的「不耀」之性質，而云：「上士修道，隱智藏輝，含見匿知，反視內照，而外若嬰兒。……」（四十一章義）。此外，相較於玄宗《注》、《疏》對於「明」、「智」之區分，以及成玄英義疏之謂「境智相冥」，杜光庭義則云：

> 因境則知生，無境則知滅。所以役心用智者，因境而起也。境正則心與知皆正，境邪則心與知皆邪。……心隨境散，……夫知人者為智。……世人因境役心，乃至分別，察他人之善惡，考身外之短長：不求所以知，而求所不知。……於智忘智，在知忘知，觀妙守無，是為明了。此《莊子》云孔子語顏回心齋也。（三十三章義）

於此，杜光庭義所謂之「智」的意義雖然不是很一致，但他顯然認為心、知都是因境而生的，甚至其正邪也是為「境」所決定的；而這種「知」與「智」不僅是一種對外的「分別」，也是一種無法探尋「所以知」之智。唯有心齋時「觀妙守無」而不執滯於「分別」的智慧，才是「明」的真實之智。由其文義看來，杜光庭義對於「明」、「智」之闡釋，不但較玄宗《注》、《疏》詳細，同時更結合了《莊子》心齋坐忘之說，使得玄宗《注》、《疏》中較近於佛學意義的「明」的智慧之解說，能夠重新以莊學的面貌呈現出來，從而得以蘊涵佛學思想而又沖淡了許多佛學意味，並以此呈現出新鮮的道家性格。而這正是杜光庭義繼玄宗《注》、《疏》之後，對佛道所作的更進一步的融合。以此論之，玄宗《注》、《疏》在老學史中，也只是「以道會佛」之一環；只是以唐代老學而言，玄宗《注》、《疏》在哲理方面的建設可謂體系最為明確而完整的，因此也為其後之老學奠定了良好的哲理基礎。

〔註26〕如玄宗三十三章注云：「智者役用以知物，明者融照以鑒微；智則有所不知，明則無所不照。」《疏》亦將「明」與「智」劃分開來。

第三節 就治國之道而言

就治國之道而言，玄宗《注》、《疏》之特色，主要在於：以治國理論爲治身理論之目的所在，而非以此二者爲並行之論題；此外，又將「權實」與「性分說」安置於治國之道中。以下即就這些特點，與成、李、杜三家作一比較。

首先就治身治國之論題觀之。以治國理論而言，成玄英雖有承河上公注之將治身治國並舉之處，然值得注意的是，他也像河上公注般，常常將《老子》原本陳述治國之道的言論，以治身之說轉換之。不過，成玄英之「治身」，已非河注的「養命」之說，而是「養性」的工夫論述。如八十章「小國寡民」者，成玄英謂爲：

> 國，域也。謂域心住空，故言小國。即小乘寡欲之人，亦是謙
> 小寡欲之行。

可見其對於《老子》治國說之翻轉。在成玄英義疏中，治國之說可說只是偶爾與治身之道一齊出現，作爲並陳之說；但在治身與治國之間似乎並沒有什麼密切的關係。至於成玄英義疏所論治國之道，大抵也只是「無爲安靜」而已。若單就治國之說而言，可見於十章「愛人治國而無知」義疏，其云：

> ……接物之行，莫先治國愛民。……慈悲覆養，是曰愛民；布
> 政行化，名爲治國。夫治國者，須示淳朴，教以無爲，杜彼邪奸，
> 塞茲分別。……

由是可見，成玄英所論治國之道，實與其所論「道用」無甚差異，總之是著重在以無爲來慈救蒼生，只是主詞換成聖人而已。而就**整體觀之，成玄英義疏其實並不十分重視治國論述**；偶或言及，則多就「得道者之發用」言之，而非特指治國之道。而李榮注雖在註解《老子》治國之說時，仍按治國論治國；然而，其在治身治國之間，亦如成玄英義疏一般，**也是側重治身理論的**。因此，相較於玄宗《注》、《疏》之將聖人規定爲得道之君主，成玄英義疏及李榮注則傾向於將「治國君主」的意義消化在「得道者」之中——亦即，並不特重聖人之作爲君主的意涵，而只就普遍義的得道者言之。換言之，成、李二者皆較爲重視治身理論，其境界也多就個人修養而言之；相對地，以無爲治國之說不過只是附帶的論述而已。無怪乎玄宗於〈頒示箋註道德經勅〉自謂其注解動機云：

> ……撮其（《老子》）指歸，雖蜀嚴而猶病；摘其章句，自河公

而或略。其餘浸微，固不足數。則我玄元妙旨，豈其將墜？朕誠寡
薄，嘗感斯文，猥承有後之慶，恐失無爲之理。……

由此亦可見玄宗對於唐初老學不重視無爲治國之感慨。相較之下，玄宗《注》、
《疏》對於無爲治國之道不僅著墨甚多；其治國理論也遠較成、李二家來得
有條理。就玄宗《注》、《疏》之治國之道而言，其論點雖有多端，但於論述
中總不失其一致性。再者，玄宗《注》、《疏》不僅申明以「無爲」治國，也
以「無爲」原則貫串其餘治國主張；並且充分地運用重玄思想來闡釋「無爲」，
使得其治國之道得以與治身理論相銜接，從而，以治國爲治身理論之指標是
可行的。由此也可見玄宗《注》、《疏》在理論系統上的用心與建設。

　　而玄宗《注》、《疏》對於治國之道的重視與用心，也爲杜光庭義所繼承。
如杜光庭義於卷一總標《老子》宗意爲三十八教，其中第一教至第十教爲天
子理國之道；第十一至第十七教爲諸侯理國之道；第十八教總歸理國修身之
要；其餘則爲修身與養神之道〔註27〕。而羅月華云：

　　……然而全書仍比較強調「理國」，行文多先論理國，再談安身，
　三十八別宗意之順序亦先論天子理國，次述諸侯理國，之後才言理
　身，且論及「理國」的內容較「理身」爲多，甚至喻民修道以理身，
　亦有助於理國之目標，民皆安分無妄爲，則國乃易理〔註28〕。

由此可知，在玄宗《注》、《疏》以前的成玄英義疏及李榮注等老學，皆較側
重治身之說；而玄宗《注》、《疏》之後的杜光庭義，不僅自覺地繼承了玄宗
《注》、《疏》對治國之道的重視，甚至更爲側重治國之道，而著意發揮之。
再者，玄宗《注》、《疏》所論治國之道，乃以「無爲」爲宗，杜光庭義亦然。
以此觀之，玄宗《注》、《疏》不僅一改唐初偏重治身說的風氣，其對治國之
道的看重，也深切地影響到其後的老學著作——如杜光庭義。而治身與治國
之間焦點之轉向，則正是玄宗《注》、《疏》老學史地位之所在。

　　其次，由於成玄英義疏及李榮注對於治國之道著墨不多，因此，成、李
二家對於治國之道的一些具體項目幾乎沒有涉及，大多只是一般大原則的探
討——如《老子》所教之無爲、無事、不以智治國云云。而玄宗《注》、《疏》

────────────

〔註27〕此三十八別教，見於杜光庭《道德眞經廣聖義》卷1〈敘經大意解疏序引〉，《正
　　　統道藏》24冊，頁137～140。分析乃參考羅月華《杜光庭《道德眞經廣聖義》
　　　研究》（臺北：淡大中研所碩論，1998），頁78。
〔註28〕羅月華《杜光庭《道德眞經廣聖義》研究》，頁81。

則提出「以儉得財以聚人」、任用純德之臣、崇簡之政、務農重穀等等項目，其中《疏》又較《注》來得詳細。由此種種，皆可見玄宗《注》、《疏》對於政治哲學之重視，也可充分看出其帝王身分對於該老學著作之影響。而玄宗《注》、《疏》的這項特點，也爲杜光庭義保存下來。如其十章義云：

> 生民者，國之本也；無爲者，道之化也。以無爲之化，愛育
> 於人，國本固矣。政虐而苛則爲暴也；賦重役煩則傷性也；使之
> 不以時則妨農也；不務儉約則賤穀也。此教以理國也。爲君之體，
> 以道爲基，以德爲本；失道喪德，何以君臨？此老君教以理國之
> 要也。

此段引文，可謂充分掌握住玄宗《注》、《疏》治國之要項；同時也可見玄宗《注》、《疏》在政治哲學上的建設，確實也有爲後人襲取之處。

此外，由本文第四章可知，玄宗《注》、《疏》顯然對於「權實」之道頗有一番見解。關於「權實」之道，於成玄英義疏及李榮注中即可見其端倪。而「權實」之道，主要是被運用在兩種情況下：其一是作爲老君或聖人之教，此義主要見於成、李、玄宗及杜光庭等四家對於《老子》三十六章之解釋。如成玄英三十六章云：

> 柔弱，實智也；剛強，權智也。欲教化眾生，故須權智。確論
> 二智，實智勝權也。

李榮三十六章注亦云：

> ……八十一章廣陳化道，而凡情有繫，所執不同，以實示之而
> 不從，將權化之，令知返。玄教深遠，左右宜之，權釋辯於前，實
> 解彰於後。……

由此兩段引文皆可見其對於「權實」觀之運用。至於玄宗《注》、《疏》對三十六章之解，固然也同意此章是聖人所設之權實之教，但又進而爲「權」下注解爲：「反經而合義者也。」由此確定「權實」之關係，以及「權道」之界限。此外，玄宗《注》、《疏》更在四十章說明，聖人之行權處實，乃是道之運動與常用。由此觀之，玄宗《注》、《疏》在用於聖人之教的權實觀方面，不僅較成、李更爲深入，對於權實之發揮亦較此二者爲多。而杜光庭義亦承襲之，並且將玄宗《注》、《疏》所謂聖人設教之權實，明確定爲：「上士利根，了通實教；中下之士，須示權門。」如此則將玄宗《注》所云「欲量眾生根性」的權實之用作了層次的區分。杜光庭義甚至進一步地分聖人之「權道」

爲四門〔註 29〕。總之，玄宗《注》、《疏》雖然承襲了前人之將「權實」用於聖人設教之說，但在整體理論上的考慮卻較成、李爲多。其不僅單單提出「權實」爲說，也說明了權與實之間的關係與界限；更重要的是，玄宗《注》在**權實觀上實作了融合三教之努力**〔註 30〕。此後杜光庭義雖然又在理論上求細密，但基本思維畢竟不離玄宗《注》、《疏》所設。可見玄宗《注》、《疏》對權實觀運用之成果。

對於權實觀之運用，其二則是用在治國之道中。如成玄英五十七章義疏云：

> 夫聖人御世，接物隨機，運**權**道以行兵，用**實**智以治國。……
> 文武之道，應物隨時……執而不遺，更增其弊。未若無爲無事，凝
> 神姑射之中：不武不文，垂拱廟堂之上。以斯化物，物無疵癘；用
> 此治民，民歌擊壤。攝取之妙，其在茲乎！

於此，成玄英提出權實作爲治國、行兵之用，同時亦指出權實之不可執滯；不過權實觀倒未見用於李榮注的治國之道中。直至玄宗《注》、《疏》，則在治國之道中對權實觀多所闡發，同時其**權道**亦不再如成玄英義疏一般，侷限於「用兵」之道中；而是廣泛地用於治國之道。由是，可見成玄英義疏對於玄宗《注》、《疏》之影響；亦可見玄宗《注》、《疏》對於權實觀的運用，不僅有所受於成玄英義疏，也有自己的省思與發揮。到得杜光庭義，則更對玄宗《注》、《疏》之權實觀補充云：

> ……既能順時合宜，故可以行權也；若不能順時制變，則權不
> 可行矣。……人君教獷惡之人以權制變，然更守以柔弱、示之謙和，
> 則剛強之人，咸遵其柔德矣。（三十六章義）

於此，可謂對玄宗《注》、《疏》所謂「行權處實」之注腳，但又較玄宗《注》、《疏》所云更爲細膩。在此段文句中，杜光庭提出「行權」之條件，乃在於能否「順時合宜」。原本，權道之用即在於順時、適時之用，但若不能用之而「合宜」，乃至不能「制變」，則雖有權道，亦不可行也。同時，杜光庭義也重申了玄宗《注》、《疏》「行權者，責反於實」（四十章注）的訓示；並且，在「責反於實」之上，更說明了權道乃一時之用，人君仍需自守柔弱之德、行謙和之教；如是，正是貫徹了玄宗《注》、《疏》清靜無爲而百姓自化的治

〔註 29〕 見其三十六章義。
〔註 30〕 見本文第四章第二節貳之三之（三）。

國主張。整體觀之，玄宗《注》、《疏》繼成玄英義疏之後，不但將權實觀運用在治國之道中；而且還屢屢申明權謀在治國之道中，是可用而不可多用的。可以說，玄宗《注》、《疏》較成玄英義疏及李榮注更留意權實觀之運用——尤其是在治國之道中的運用。而杜光庭義繼之於後，雖對玄宗《注》、《疏》權實觀有較為細密的推闡；但在權實觀的應用上，倒未見有超越玄宗《注》、《疏》的基本觀念之處。因此，玄宗《注》、《疏》在治國之道上，不僅在理論上較成、李二家細密；對於權實觀的運用，亦較成、李二家更為廣泛，並具備了融合三教的特色。其對於權實觀的看法，也影響到了杜光庭義；而杜光庭義雖在理論上更求細密，但基本思路卻未逾玄宗《注》、《疏》之所設。

　　由是可知，玄宗《注》、《疏》對於治國之道的思考，不僅為唐代老學開了一個新的面向，使唐代老學的思考，由治身之傾向轉為著重治國之道；同時，玄宗《注》、《疏》也建立了唐代老學在政治哲學方面的基本架構，而其後的老學對於治國之道的觀念，幾未有超出其基本架構之處。如此，正可見玄宗《注》、《疏》老學史地位之所在。

第六章　結　論

　　本章將就前述章節之研究成果，分別就玄宗《注》、《疏》之「著述」、「思想特色」、「老學史地位」三大部分提示如下。其中「著述」一節，則將一併整理第一章「注疏之背景」、第二章「文獻學考察」之研究重點；「思想特色」部分則將包含第三、四章之研究成果；而「老學史地位」一節則為第五章內容之整理。此外，筆者將以「粗體字」標示本文獨異於前輩學者之重點見解；至於前輩學者觀點之為本文援用之處，亦將儘量於文中說明。

第一節　唐玄宗《道德眞經》注疏之著述

一、背　景

（一）宗教政策背景

　　唐代對道佛二教政策可以說是與李唐王朝的政治背景息息相關的。關於初唐至盛唐（玄宗朝）的宗教政策，主要可以武后主朝之時期作為分水嶺。在武后以前，亦即由唐高祖開始直至唐高宗朝，唐代主要是以扶植道教及尊崇老君為主；但對於《老子》之尊崇，卻是由武則天作為高宗皇后時才開始提倡，於此時期《老子》並成為科舉考試科目之一。至武則天掌政之時，則開始有抑道揚佛的傾向，令佛先而道後；此外則令貢舉人罷習《老子》，改習武氏自制之《臣軌》。只是在原則上，武氏乃以發揚佛教為主，藉以消弭之前李唐時代對於道教的恩寵；另一方面，則藉以提高自己即帝的聲勢。其後，中宗掌政，始復興道教及老子地位，《老子》之科試亦復舊。至睿宗時期，對於道教、老君之尊崇則又較中宗稍進之。

　　到了玄宗之時，對道教及老子之扶植，則是承先帝之制而更進之。開元前中期的玄宗，雖然漸有崇信道教的傾向，但其宗教政策基本上都是出於政治需要的。如其抑制佛教發展，可說是在削弱武周時期崇佛抑道的影響。而其提高道士、女冠地位，使之隸於宗正寺，則是再度確認老君之爲李唐本宗；再藉由尊奉老君的種種措施，而強化李唐政權的神聖性與正當性。換言之，此時玄宗個人的道教信仰之於政策的影響還不至於十分明顯。

　　然而，誠如卿希泰、宮川尚志、今枝二郎等學者之觀察，到得玄宗後期，其對於道教濡染甚深，以致深信不疑；又與玄宗對自身豐功偉績的陶醉相輔相襯，使其對於老君及道教之神仙長生說，終至狂熱地崇信；而忘卻原初其利用於政治的本懷。除了玄宗對於道教之扶植，其對老君之極度尊崇也可說是前無古人的。在玄宗以前，爲老君加封尊號的，只有高宗而已；其封號又曾於武周朝廢除過。而在天寶時期的玄宗，顯然不甘於先帝爲老君加封的「太上玄元皇帝」尊號，而屢屢爲老君一再追加尊號。**據本文考察的結果可知，於此狂熱信奉的風潮之中，《老子》之地位自然也從起初玄宗視爲的「義理著作」，轉而以宗教著作來看待**。爲此，玄宗不僅敕令天下建立道德經幢、令舉人策試《老子》，後來還設置崇玄學館，發揚道學；更將《老》、《文》、《列》、《莊》四子書奉爲「眞經」，並編入經部，一改這四部道學著作之地位。**如此前後轉折之變化，正可謂玄宗崇道特色之所在。**

　　（二）思想背景

　　就唐初的老學而言，其最爲特出之處，無疑是修身治國之並論，對於「心」、「性」、「情」等問題的關注與闡釋，以及講究「玄之又玄」的思維方法。關於並論修身與治國這一點，蓋承自《老子道德經河上公章句》；就「玄之又玄」的思維方式及對於心性問題之關注而言，則顯然與「重玄學」關係密切。

　　唐代重玄學主要的理論的基本架構，是由「道體論」、「道性論」、「修養論」以及「境界論」組成的。在「道體論」的部分，重玄學乃以「有無雙遣」的方法來闡釋道體。在「道性論」的部分，重玄學則將「自然」解釋成清靜／清淨、無爲、無所執滯，並以此「自然」作爲道性。就「修養論」而言，重玄學則要求人需革除情欲，並且要兼忘一切，達到「無欲於無欲」。經由如此修心復性的過程，最後便能「得道」而達至「重玄之境」。而重玄學不僅在思想方法上，是以「玄之又玄」不斷超越的模式來思維的，其在理論架構方

面，也是由這種強調「不執滯」而一再超越的方式建立的。因此，不僅「道體」、「道性」皆由此方式闡釋，使道之「體」、「性」成為清淨虛靜式的「自然」；甚至連人的修養方式乃至得道境界，都是以「不執滯」的方式開展並呈現的。由此觀之，玄宗《注》、《疏》在治身之道方面，顯然也可說是部重玄學著作。不過，玄宗當時——即盛唐時期——的重玄學宗趣，則乃在於「由體道修性復歸於修仙」；然而，重視「修仙」這項特色，顯然與玄宗《注》、《疏》的旨趣不合。其理由已如前文所示，早期的玄宗並不相信神仙之說；自然也就不會以「修仙」為其旨趣。

而據本文研究結果，玄宗《注》、《疏》之所以也重視修身，其旨實在於「治國」；此項特色實受益於《老子道德經河上公章句》。據《大唐六典》可知，在玄宗御注之前，唐代通行的《老子》版本實為河上公注本。不過，河注本雖時常言及「國身同一」，但其旨趣畢竟是以「治身」為重。由此可知，玄宗《注》、《疏》的「國身同一」思想雖有所承於河注本，然其理趣卻由河注的「以治身為重」轉為「以治國為思想指向」。

總之，根據本文之考察，就講求個人修養而以精神解脫為目標的重玄學而言，玄宗《注》、《疏》之以治國為導向，不啻為重玄學理趣層面的一大轉移。而對黃老「國身同一」的思想而言，玄宗《注》、《疏》雖繼承之，但由於另有重玄學之淵源，以致其對治身方面的「心性」理論得有更精深的發揮。再者，河注本雖言「國身同一」，但論述時頂多是常常將此二者並陳，卻未將「治身」與「治國」作充分的理論聯繫；而玄宗《注》、《疏》至少對於「治身－治國」之間的關連有明確的安排。由此可知，玄宗《注》、《疏》之治身及治國理論，雖皆有其淵源，但玄宗《注》、《疏》在思想上仍然有其開創性的意義。

二、作　者

就本文的考察來看，雖然不能排除玄宗《注》的作者有其臣僚、道士助成的可能，其《疏》更是由集賢院學士及道士們共同奉敕修撰的；但**根據這些「可能的作者群」的學識面向考察起來，以「治國之道」作為玄宗《注》、《疏》思想主軸的決定者——亦即思想之主導者，仍應為玄宗無疑。**

而玄宗身處於彼盛唐之時，面臨的是儒釋道三教的互相激盪交融，甚至也包括道家及道教的交流與融合，在其《注》、《疏》中亦呈現出三教思想的混合摻用。不過，玄宗《注》、《疏》之思想仍是以「道家哲學」為核心——

亦即，其無論在人性論、或在論述修身治國之道之時，始終未離道家無爲思想的主軸。因而，雖偶有援用儒學之情事，其思想主要仍是道家式的。反觀當時道家道教界最風行的重玄一學，乃至當時盛行的佛學，可知玄宗《注》、《疏》之以「治國」思想爲主要導向，又大異於當時強調「治身之道」之理趣。而爲玄宗《注》、《疏》（尤其是《疏》）之道士們，雖然不乏重玄學者，其學識終究也是傾向於治身之道的。換言之，於盛唐當代開展出以治國之道爲導向的老學學者，正是本身有政治需求的玄宗。

三、著述及頒布之年代

關於玄宗御注的著述年代，筆者對麥谷邦夫〈唐玄宗《道德眞經》注疏之撰述與其思想特徵〉一文之考察作了些許修正。據今存於河北易縣龍興觀及河北邢台縣龍興觀的玄宗御注道德經幢，可知玄宗之御注及其敕文（即今存於道藏本之序文），至遲當完成於開元二十年十二月「以前」，而不能如麥谷先生斷言之爲「開元十二年十二月」。本文並認爲，於御注完成後，則在開元二十年十二月時，先有頒示於公卿百官（含集賢院）、學子等，及道釋二家之動作；而非如麥谷先生所言，是先保留在玄宗那裡，直到開元二十三年才有頒示之動作。

至於玄宗《疏》之著述與頒布，筆者則大致同意麥谷先生之考察結果，亦認爲玄宗《疏》之修撰，當始於開元二十年玄宗完成御注之時，最遲則當完成於開元二十三年三月間，隨後即頒示予張九齡等集賢院與諸學士觀閱；爾後經張九齡之請，玄宗《注》、《疏》輒一併宣行於天下。是以，玄宗《注》、《疏》頒布於天下之時間，至遲當在開元二十三年三月間。

由於開元二十三年，正值玄宗對道教的信仰方興未艾之時，隨著其《注》、《疏》之頒行於天下，道教界亦趁機推波助瀾。於是，開元二十三年，由龍興觀道士司馬秀奏請於兩京、天下應修官齋等州建立的道德經幢，也紛紛奉敕而立。據本文之考察，在開元二十三年玄宗頒示《注》、《疏》之前，玄宗對於《老子》（《道德經》）的態度，至多只是將之視爲一部有益於修身治國的義理性著作；故於其御注之中，大多都是玄宗對《老子》思想的哲學性論述。對於當時已蔚然成風的道教思想，諸如大羅金仙、三清等等可見於成玄英《道德經義疏》之各種道教名詞，均未見於玄宗《注》之中。玄宗《疏》的修撰雖也有道士參與，但在玄宗的主導之下，其道教色彩仍是微乎其微。因而，御注頒示於學子之後，玄宗旋即於開元二十一年下敕，令加《老子》於策試

之中，可知欲令學子明白其「無爲」之理想的用心。唯其後玄宗對道教信仰彌篤，方使得其《注》、《疏》於開元二十三年後，爲道教界強力推動，也使得其傳佈及頒行活動愈來愈道教化；從而，玄宗《注》、《疏》也逐漸被奉爲道教著作，大異於其撰述時的治國理趣。如此即爲玄宗《注》、《疏》頒行之略述情況。

四、版　本

就玄宗《注》、《疏》所依據的《道德眞經》底本而言，根據武內義雄及今枝二郎等學者之考察，及筆者比對河上公注本、王弼本及景龍碑本之結果，仍維持武內先生之論點，認爲玄宗所據，當爲開元九年至十五年間司馬承禎所刊定的版本；而此版本可能是根據唐初通行的河上公本與劉子玄大力推薦的王弼本修改的。此外，本文亦保留今枝先生提出的觀察，也認爲今日所傳的底本，已難回復司馬承禎刊定的五千三百八十言的版本。

其次，就《注》的版本及卷數而言。根據筆者比對道藏男字號本、易縣龍興觀道德經幢本、邢台縣道德經幢本及敦煌殘卷 P3725 本的結果，認爲玄宗御注在開元年間之原貌應爲二卷本。其上卷即自第一章至三十七章止，原稱爲《道經》；下卷自三十八章起，是爲《德經》。天寶元年開始，玄宗又有意改稱上卷爲《上經》、下卷爲《下經》。而今枝二郎認爲「道藏男字號之四卷本是由後人析分」的觀察，應正確無疑。又就章名與章序問題觀之。今枝先生認爲御注可以分爲「不分章本」與「分章本」二種形式，但難以確定何者爲原型。而筆者以爲，御注究竟有否此二種形式已難證明；據今日所見之資料，均不能確切證明當初的御注，是否已採用在經注之前標明「章名－章序」的體例。換言之，就章名章序之標明與否而言，以今日的資料無法定論。再就避諱體例觀之，可知易縣及邢台縣道德經幢及敦煌殘卷 P3725 等三本，均存唐人避諱之例，而道藏男字號本顯然已經唐後之人改動避諱文字；可見男字號本是唐後更動過的版本。最後就文字書寫的情況而言。明道藏所存之男字號本已經唐後之人改動文字；而開元的石刻本中，易縣本訛脫及省略之字甚多、邢台縣本又頗多殘損；至於敦煌本則僅存三章內容及上卷卷末資料。雖然此四本皆有缺憾之處，但我們若能以道藏男字號本爲基底，再配以其它三本參校其文字，當可對玄宗御注之基本體例與文字，有大致的了解。

再其次，就玄宗《疏》的版本及卷數而論。關於今存道藏才字號的疏本，筆者也認同武內義雄與嚴靈峰兩位學者的考察，認爲此才字號本基本上應是

《崇文總目》所言的喬諷《道德經疏義節解》，卷數同於《崇文總目》所云，爲四卷本；其內容則是刪削玄宗《注》、《疏》及杜光庭《道德眞經廣聖義》而來。不過，依據今枝二郎提示所說，才字號的疏似乎未必就是成玄英的疏；經本文考證結果，此才字號本除了杜光庭之「義」、玄宗之「注」與「疏」，以及他人（可能是喬諷或後人）對玄宗注疏之再注釋之外，還間雜著成玄英之「疏」；可知此才字號本應已經後人綴補，當非喬諷所撰之原貌。

關於效字號本玄宗《疏》，經筆者比對敦煌 P3592、P2823、S4365 等版本之後，亦同意今枝二郎之觀察，認爲原本的玄宗《疏》當是六卷本；而今道藏效字號本的十卷，應是唐後之人（甚至可能是晚於元朝脫脫等之人），爲配合其抄寫分量與體例所析分出來的。再者，根據本文之考察，玄宗《疏》自開元年間公諸天下以來，其章名、章序之標示即應如下：即於各章開頭，先標示該章章名及章序，如：「道可道第一」之屬。至於其後章旨書寫之「字體大小」、「書寫位置是否爲章名章序底下或其次行」則未有一定之格式；唯應均以墨筆書寫之。而玄宗《疏》原本經文、疏文之寫法，應皆是以與章名章旨等行齊頭、換行的方式書寫的；至於是否以朱書、墨書區分經文、疏文，則就個人書寫情況而定，實無一定之規格。再就避諱問題及文字差異觀之。可知敦煌殘卷等三本，雖避諱方式混亂不一，但均爲唐人寫本無疑；道藏效字號本則顯然是唐後之人改動文字後的版本。而敦煌殘卷本之殘損情況雖較道藏本嚴重，但可見之文句卻大致較效字號本通順，尤其是 S4365 本所保留的第二十六章之文字，恰可校正效字號本之訛誤。經此比對結果亦可知，道藏效字號本雖保存了玄宗《疏》之大體全貌，但經唐後之人輾轉抄寫，其間亦有不少訛脫之處；研究者當據其他如敦煌殘卷等文獻再作參校爲妥。

第二節　唐玄宗《道德眞經》注疏之思想特色

有關玄宗《注》、《疏》在思想上的架構，已如本文第三、四章所論；本節則專就思想上的特色來論述。

一、體用哲學與重玄思維

如本文第三、四章所論，玄宗《注》、《疏》的思想特色，首在於以體用哲學爲思想架構；而以重玄學「玄之又玄」的思維爲方法。因此，本文排除了熊鐵基先生等《中國老學史》「理身、理國」的區分法，及盧國龍《中國重

玄學》、《道教哲學》之「妙本說、心性修養、政教體用」等分析法；亦未採取中島隆藏《六朝思想の研究・唐玄宗皇帝の老子崇拜と《道德經》理解》以「妙本、萬物、治身、治國」四層之分說法，而終究以「體用哲學」之分析法探討玄宗《注》、《疏》之思想。就其體用哲學而言，玄宗《注》、《疏》可說是以「道體」及「人性」爲「體」，而以清淨無爲作爲「道用」與「人用」。其又藉由「道生人」之理論作爲基礎，認爲原始的、理想的人性應通同於道體之性質；由於道的性質是清淨虛靜的，故人性理應也是清淨虛靜的。同時，由於道必須經過沖氣、陰陽之氣等環節方能生人，故人亦附有沖氣之沖虛柔弱的氣質；道之創生萬物乃至於人，正是道用的作用之一。其次，從道體性質之清淨虛靜出發，道也因之能夠以「無爲」來成就萬物──此正是道的第二層作用。由此「道體－道用」的模式，玄宗《注》、《疏》建立於「人」之上的體用哲學亦如是：亦即，就理想層面──在玄宗《注》、《疏》中亦是指人之本然層面──而言，至人之所以能夠行無爲之「用」，也是由於其已回復自身清淨虛靜的正性之故。而得道之人君──亦即具君王身份的至人──之所以能行無爲之治，亦復由是。

再者，就重玄方法而言，玄宗《注》、《疏》在其體用哲學中，幾乎無處不是重玄思維的表現。如其在論述道體性質時，即以重玄之「無所執滯」作爲道性清淨之義〔註1〕；人性論則從之。至其論及修道論與境界說時，更屢屢以重玄之一再超越不執滯的方式，遍述「不滯言教」、「忘情去欲」、「離形去智」等修道工夫，乃至「心照清靜」、「應物無心」、「於知忘知」的境界說。同樣地，在論述「用」的層面之時，玄宗《注》、《疏》亦以重玄之道來闡釋道與至人之「無爲」；其認爲道用與至人之德用，無論就發用者之心態、方法或結果而言，皆是無所執滯以致應用無方的。即令論及具有君王身份的得道者──聖人之德用，基本上亦是以「無執滯」的原則來解釋「無爲」，並從而貫串「無事」、「好靜」、「無欲」，乃至百姓之「自化」云云。

因之，玄宗《注》、《疏》之思想，當是建立在即體即用的「體用哲學」上；而貫徹其體用哲學的思維方法，無疑是強調不執滯的重玄之道。

二、心性問題

如本文第二章所述，重玄學受到佛學的激盪，對心性問題也愈加關切，

〔註1〕　至於玄宗《注》、《疏》論述道體之部分，則多承襲《老子》之看法。

從而發展出以「道」爲歸的心性說。由於玄宗《注》、《疏》宗承於重玄學風，其對於心性問題也有一番體察與關切。這種關切心性問題的風氣，實可說是整個唐代老學的特色之一。《老子》雖對修養之學有所教示，但畢竟沒有明示要以「心性」入手，更遑論復歸「正性」云云；但最遲至集黃老之大成的《淮南子》時，已有以心性爲修道之門的傾向。不過，相較於黃老，唐代老學修道論中的心性觀可說較爲「單純」。如《淮南子》之論「心」，則泛論「心」與「形」、「神」、「氣」、「志」與「性」等等之關係；其論「性」，則廣言「性」與「精氣」、「知」、「情」（《淮南子》主要指情感、情緒等）「嗜欲」、「好憎」、「形」、「神」、「氣」、「志」等等之關連。換言之，黃老思想之人性論及修道論不僅關切「心」與「性」，也很重視精氣、形神乃至血氣等等與心性之間的交互作用〔註2〕。而如玄宗《注》、《疏》等唐代老學所論之心性問題，則著重在心性與「情欲」、「言教」等等之間的關係，至於解脫之道則在於「無滯」於情欲、言教之屬。是以，唐代老學這種特別重視就情欲、言教、執滯等來論心性問題的情形，可說是因於吸收佛學的重玄學風；在玄宗《注》、《疏》中也充分反映出這個特色，並與其重玄超越之方結合起來，作爲其人性論、修道論之論述重心，同時也成爲其政治哲學的基本訴求。

三、治身與治國

玄宗《注》、《疏》中頗爲強調「治身－治國」之相關性，並認爲人君身修德全後，則可以治國。而此「國身同一」之觀點，如本文第二章所述，乃承襲河上公注而來。不過，河上公注雖言國身同一，其所重者乃在於「治身之道」；但玄宗《注》、《疏》之論述卻是以「治國之道」爲重的。從而，玄宗《注》、《疏》使得唐初以來講求個人修養與精神解脫的重玄老學有了濃厚的政教性質。因而，對於重玄學而言，玄宗《注》、《疏》的出現不啻爲重玄學理趣層面的一大轉移。

就治國之道而言，玄宗《注》、《疏》除了以「性分說」與重玄之「無滯」，來詮釋「君道」及《老子》所謂「聖人處無爲之事，行不言之教」以外，還特別論述了老學中少見的「臣道」，《疏》之所論又較《注》爲多。此外，一如何建明在《道家思想的歷史轉折》所作的觀察，玄宗《注》、《疏》又借用了佛學的「權實」觀來補充其治國之說，認爲聖人之施政，有時雖看似背「道」

〔註2〕　此現象即令徵諸《管子》及《老子河上公道德經章句》等等亦然。

而馳（權），然實際上卻是以道爲宗（實）的，正所謂「行權者責反於實」是也；不過，本文認爲應修正何建明之觀點而認爲，玄宗《疏》對權變之討論只是對佛教思想之吸收與變化，卻無《注》融合三教之特色。就學風而言，《注》文近於重玄之學，而《疏》則近似佛學之方。總之，玄宗《注》、《疏》不但以治國之道爲思想導向，其對於治國之道的思考，與前人相較之下，可謂自有一番深入的體會與發揮。

四、三教融合

如前所述，玄宗《注》、《疏》乃宗承於重玄學，而唐代重玄學的特色之一，即在於對佛學的吸收與融會；因此，唐代老學本就有融合佛學之處。玄宗《注》、《疏》對佛學所作的融合，主要也是因於唐代重玄學吸收的中觀、唯識等等。就中觀而言，唐代老學所吸收的，不外是雙遣雙非的思維方法；就唯識而言，其對心性問題的深刻認識，則深切地影響了唐代老學，使唐代老學在理論的耕耘上，由道體論轉向道性與心性之論述。而這些特點也一一爲玄宗《注》、《疏》所吸收，並化作玄宗《注》、《疏》的基本思維方式（雙遣雙非），以及其人性論、修道論的觀點（如以「執持」來說心性之染淨等）。

當然，除了中觀與唯識之特點外，佛教的基本義理及其辭彙，也多所見於唐代重玄學、老學，乃至玄宗《注》、《疏》中。如玄宗《注》中即有：「身相虛妄」（十三章）、「無分別」、「愛染」（二十章）、「執滯」（二十三章）、「權實」（三十六章）、「諸法性空」（四十章）等等佛學辭彙；七十一章注更有：「了法性空，本非知法」、「知法本性是空」等云云。均可見佛學在融入唐代重玄學及老學後，影響玄宗《注》的痕跡。至於玄宗《疏》所受到的佛學影響更多更深刻。如二章「有無之相生」、「難易之相成」等六句，《疏》即分別以「性空」、「法空」、「相空」、「名空」、「和合空」、「三時念空」等論說六句之旨；而《注》則僅以「非自性生，是由妄情」討論此六者。又如《注》中頗有佛學意味的十三章，《疏》除以「執有身相」來應和《注》外，還以「驚寵辱，未能無我」之語，作爲進一步以重玄之道來兼忘「寵辱」、「身」及「天下」之門戶。又如二十章疏，則有「動生愛著」、「無分別」、「於法無住」、「諸法分別」、「等無是非」等等佛學用語，補充闡釋二十章注之意涵；而二十章注中本無如斯之佛學用語。再如二十七章疏，則有：「若能了諸法皆方便門，究竟清淨，不生他見。……」、「大慈平等，無所偏隔」、「離諸愛染，則心清淨；於法無滯，則教圓通」等等如是佛學語彙，於同章注中皆無法見得。其中「諸

法皆方便門」云云，於《注》中則曰：「能了諸法本無二門，一以貫之，不生他見。……」就其所要表達的意義而言，《注》、《疏》可謂相近；然而《注》之論述採取的是近於儒學的路徑，而《疏》則較傾向佛學之進路。如前所述，《疏》在詮釋《注》時，常以豐富而深入的佛學語彙，來補充、並闡釋原本未見於《注》之意義；無論《注》原本採取的進路是儒是道，皆有以佛學補充或轉化的情形。由此可見，《疏》之佛學意味要比《注》來得深厚許多。

　　再者，就玄宗《注》、《疏》對儒學所作的融合來看，其最值得注意的，應是其對儒家所重視的仁、義、禮等價值，乃至對「聖」、「學」等等之討論。三十八章「故失道而後德，失德而後仁，失仁而後義，失義而後禮」注云：

　　　　……故道衰而德見，德衰而仁存，仁亡而義立，義喪而禮救，
　　斯皆適時之用爾。故論禮於淳樸之代，非狂則悖；忘禮於澆醨之日，
　　非愚則誣。若能解而更張者，當退禮而行義，退義而行仁，退仁而
　　行德，忘德而合道，人反淳樸，則上德之無爲也。

就這段引文而言，除「道」、「德」在玄宗《注》、《疏》中確爲道家義之外，「仁」、「義」、「禮」三者，基本上還是比較偏向儒家義的。玄宗《注》、《疏》於此看待後三者的態度，顯然不是批判或否定的，反而是肯定的。（三十八章疏之義類同於《注》。）也就是說，由於世風有淳醨之別，故聖人於不同之世，也要有異時之「用」；而仁、義、禮者，正是聖人異時之用爾。因此「失道而後德，失德而後仁」云云，並非對仁、義、禮之批判。

　　先就「禮」而言之。《老子》三十八章云：「夫禮者，忠信之薄，而亂之首。」《注》繼而云：

　　　　制禮者，爲忠信衰薄，而以禮爲救亂之首爾。用禮者，在安上
　　理人，豈玉帛云乎哉？

由《老子》所謂「亂之首」轉換爲「救亂之首」，並將「禮者，忠信之薄」轉換爲「制禮是由於忠信衰薄之緣故」，則玄宗《注》是將《老子》原文中看似具負面義的「禮」，一變而爲正面義的聖人之「用」；由此，可見得玄宗《注》對「禮」之肯定。在這方面，《疏》義同於《注》。另一方面，玄宗本章注又云：

　　　　禮以救亂，所貴同和，而**失禮意者**，則將矜其玉帛，貴其跪拜，
　　如此之人，故爲愚昧之始。

《疏》亦認爲：

以禮防亂，則但可爲治亂之首爾，而非道德之化也。

　　道順人性，禮存外迹，……禮以靜亂，因亂救之，貴在協和，

歸乎淳樸。而代之行禮者，不務由衷之性，唯務形外之飾：敬愛不

足，幣帛有餘，非達觀所存，誠爲愚者之首，……。

是以，玄宗《注》、《疏》皆未否定「禮」，但認爲「禮」之所重，當在於「禮意」，即《疏》所謂「由衷之性」者也。至若對「禮意」之重視，正是儒家之意〔註3〕。儒家所講之禮，並非徒具虛文之禮，而是著重於行禮時自內而發的眞情實感。《韓非子・解老》更以此詮釋《老子》三十八章之所謂「禮」，云：

　　禮者，所以貌情也，群義之文章也。……中心懷而不諭，故疾

趨卑拜而明之。……禮者外節之所以諭內也。……然則爲禮者，事

通人之樸心者也。……〔註4〕

由此可知，《韓非子》認爲，「禮」之本意在於人內心之情感，故「禮」原爲情感之表飾。玄宗《注》、《疏》可謂承襲了《韓非子》此說，及其將「禮」分內外兩層來討論的方法；但於詮釋《老子》三十八章之際，《韓非子・解老》則因仍著「夫禮者，忠信之薄，而亂之首」之意，云：

　　夫物之待飾而後行者，其質不美也。……眾人之爲禮也，人應

則輕歡，不應則責怨。今爲禮者事通人之樸心，而資以相責之分，

能毋爭乎？有爭則亂〔註5〕。

相較之下，玄宗《注》、《疏》視「禮」爲忠信鄙薄時聖人「救亂」之所用，

〔註3〕如《論語・八佾》載云：

　　林放問禮之本。子曰：大哉問！禮，與其奢也，寧儉；喪，與其易也，寧戚。又云：「人而不仁，如禮何？人而不仁，如樂何？」（何晏注、邢昺疏《論語注疏》（臺北：藝文印書館，景印嘉慶二十年江西南昌府學宋本重刊，1997）卷3〈八佾〉，頁26。）而《孟子・盡心》也說：

　　食而弗愛，豕交之也。愛而不敬，獸畜之也。恭敬者，幣之未將者也。**恭敬而無實，君子不可虛拘。**

見趙岐注、孫奭疏《孟子注疏》（臺北：藝文印書館，景印嘉慶二十年江西南昌府學宋本重刊，1997）卷13下〈盡心〉，頁241。

又，於唐代所重視的《孝經》中亦有云：「禮者，敬而已矣！」見唐玄宗御注、邢昺疏《孝經注疏》（臺北：藝文印書館，景印嘉慶二十年江西南昌府學宋本重刊，1997）卷6〈廣要道章〉，頁44。

〔註4〕韓非著、陳奇猷校註《韓非子集釋》（臺南：平平出版社，1974）卷6〈解老〉，頁331、334。

〔註5〕《韓非子集釋》卷6〈解老〉，頁335。

可見其對「禮」之態度是更爲肯定的。

再者，玄宗《注》、《疏》亦認爲，仁、義等等之德目，原本就是涵蘊在大道中的。於三十八章注云：「仁者，兼愛之名」，而五章注云：

> 夫至仁無親，孰爲兼愛？愛則不至，適是偏私。不獨親其親，
> 則天下皆親矣；不獨子其子，則天下皆子矣。是則至仁之無親，乃
> 至親也。豈兼愛乎？

於此，玄宗《注》所謂「至仁無親」者，頗類於《莊子・齊物論》所云：「大仁不仁，……仁常而不成〔註6〕。」向郭注云：「無愛而自存也。……物無常愛，而常愛必不周〔註7〕。」由此可見，玄宗《注》乃有所承於向郭注，亦認爲「大仁」與「愛」不同，而「大仁」比「愛」的涵容性、周全性更高。此外，成玄英疏則云：

> 亭毒群品，汎愛無心，譬彼青春，非爲仁也。……不能忘愛釋
> 知，玄同彼我，而恆懷恩惠，每挾親情，欲効成功，無時可見〔註8〕。

於此，成玄英疏一則以「汎愛無心」釋「大仁」之義，一則以「恆懷恩惠，每挾親情」釋「仁」之義。是則成玄英之所謂「大仁」，重在「無心」之義，意謂不以親情私恩之志——亦即其所謂之「仁」——去亭毒群生；而其所謂「忘愛」之「愛」，乃指「懷恩惠」、「挾親情」之愛，正與「汎愛」之「愛」相對之，則「懷恩惠」、「挾親情」之愛爲私，而汎愛之愛「非私」也〔註9〕。由此觀之，玄宗《注》對成玄英之義也有所繼承，一則言「無親」；一則謂「愛則不至，適是偏私」。不過，玄宗《注》此處所言，主要針對墨家之「兼愛」爲說，並以儒家經典之義爲依歸，而引《禮記・禮運》之語，來發明「至仁無親」之義。不過，值得注意的是，《禮記・禮運》但言：「大道之行也，……

〔註6〕 莊子著、郭慶藩輯《莊子集釋》（臺北：華正書局，1987）〈齊物論〉，頁83。
〔註7〕 《莊子集釋・齊物論》，頁86、87。
〔註8〕 《莊子集釋・齊物論》，頁86、87。其中，「汎愛」者，當爲「汎愛」之誤。
〔註9〕 成玄英《道德經義疏》雖也有注釋《老子》五章之「不仁」，然其謂「仁」爲「恩」，而云：「……夫芻狗之爲物，但有狗名，而無狗實也。況一切萬物虛幻亦然，莫不相與皆空，故無恩報之可責也。」就此而言，玄宗《注》亦有承襲之說，亦嘗謂「不仁者，不爲仁恩也。……今芻狗徒有狗形，而無警吠之用，故無情於仁愛也。言天地視人，亦如人視芻狗，無貴望爾。」但兩者訓「恩」之角度顯然不同：成玄英乃由「狗之報人」的角度言之，而玄宗《注》則是從「人對狗有恩」的角度言之。則玄宗《注》自此以下，亦是站在「上對下」的立場討論「至仁」；而成玄英之釋《老子》五章則未論及此議題。故筆者並未引成玄英之第五章《義疏》討論之。

人不獨親其親，不獨子其子〔註10〕。」玄宗《注》則將之轉譯爲「天下皆親」、
「天下皆子」，並由此云「至仁無親」，如此可謂一理論之跳躍。所謂「不獨
親其親，不獨子其子」者，並未言其「親」、「子」之時有無親疏遠近之別；
但歸結爲「至仁無親」時，則便取消了「親親之殺」的意義。如此一來，玄
宗《注》可謂援用儒家（《禮記》）之說，而將之轉化爲道家（《莊子》）義。

　　至於玄宗《疏》則云：

> 仁者，兼愛之目也。……今天地至仁，生成群物，亦如人結草
> 爲狗，不責守吠之功，不以生成爲仁恩。……

如此，其對「仁」之定義一如《注》之義，乃以「仁」爲講求恩惠、私情之
德目；唯「至仁」才是無私的。是以，玄宗《注》、《疏》並未否定「仁」的
價值，卻藉由《莊子》「大仁不仁」之義超越儒家之所謂「仁」，而去肯定最
高級的「仁」──即「至仁」。同理，對於儒家十分重視之「孝」，十八章「六
親不和，有孝慈」注有云：

> 父子、夫婦、兄弟，六親也。疏戚無倫，不和也。各親各子，
> 有孝慈也。皆由失道，故有偏名也。

《疏》則云：

> ……夫大同之俗，無自私之親。及乎上下不和，怨恩私起，則
> 有扇枕溫席，人謂之孝；出復入顧，人謂之慈。被孝慈之名，有自
> 矜之色。……

如是，《注》、《疏》之所謂「孝」看似是負面義（或可云較次級）的，然而十
九章「絕仁棄義，民復孝慈」注云：「絕兼愛之仁，棄裁非之義，則人復於大
孝慈矣。」可見《注》一貫是以如上所述「大仁不仁」之方式，從道德淳樸
的層次來肯定「大孝慈」。《疏》更云：

> ……故理至則迹滅，事當而名去。今六紀廢絕，則慈孝名彰。
> 若絕兼愛之仁，棄裁非之義，江湖無濡沫之迹，慈孝有自然之素，
> 故民復於大孝慈矣。

可見，《注》是因道德蘊涵慈孝之故，認爲慈孝之行，唯能在道德淳化的情況
下肯定之，故《注》是就原則而言之；而《疏》在承襲《注》的原則之際，
又更突顯「名」、「跡」二者，使得「慈孝」與「大慈孝」之間的區分更爲顯

〔註10〕鄭玄注、孔穎達等正義《禮記正義》（臺北：藝文印書館，景印嘉慶二十年江
　　　　西南昌府學宋本重刊，1997）卷21〈禮運〉，頁413。

著，同時仍又符合玄宗《注》、《疏》以重玄之道超越「名」、「跡」的主張。

由上述討論可知，玄宗《注》、《疏》主張不去強調或突顯某種價值德目，但以超越的方式，將各種德行細目——如仁義等等，歸之於道家之道德，以道德蘊涵儒家所強調之價值德目。如此，正是玄宗《注》、《疏》融合儒學之原則。

與上述原則若合符節地，對於儒家所重視的「聖」、「學」等，玄宗《注》、《疏》乃分而析之，將之個別拆爲兩種層面，從而去肯定既不違儒、亦不違道或可謂兼融儒道的部分，並以此化解儒道對價值之歧見。如十九章「絕聖棄智」注云：

> 絕聖人言教之迹，則化無爲；棄凡夫智詐之用，則人淳樸。淳
> 樸則巧僞不作，無爲則矜徇不行。

而《疏》云：

> 聖者，有爲制作之聖；智者，凡俗矜徇之智。制作之聖則有迹；
> 矜徇之智則非眞。失眞是生巧僞，逐迹坐令喪本，故皆絕棄之而令
> 其淳樸。……

由此可見，《注》乃將「聖」轉化爲「聖人言教之迹」，將「智」詮釋爲「凡夫智詐之用」，如此，所棄所絕之「聖」與「智」，即成了「智詐」與「跡」；充分符合了玄宗《注》、《疏》所強調的對「跡」與「巧智」之超越。而《疏》將「聖」轉化爲「有爲制作之聖」，將「智」詮釋爲「凡俗矜徇之智」，則使所欲棄絕者，成爲「有爲」與「矜徇」，亦頗能與玄宗《注》、《疏》重視「無爲」與「無滯」之意旨。《注》、《疏》二者詮釋此章之路徑雖然有異，但其不完全否定儒家所重價值的態度則無二致〔註11〕。

〔註11〕 不過，關於「智」者，玄宗《注》、《疏》則有「明」、「智」之兩層區分。三十
三章注云：
> 智者役用以知物，明者融照以鑒微；智則有所不知，明則無所不照。
由此可知，《注》之所謂「智」，一如前述，是指凡俗的巧智、智詐，因而必
須絕棄之；而「明」才是與道相接的智慧。《疏》繼承此意，並進一步云：
> 言人役心生智，知前人之美惡者，則俗謂之智爾。若反照內察，無聽
> 以心，了心觀心，不生知法，能如此者，是謂明了。
於此，《疏》將區別「明」、「智」之關鍵鎖定在「心」之上，並強調「智」是
「知外」，而「明」是「知內」的；知外者「役心」爾，知內者卻是自觀內心，
連「知法」都不生起之境界。換言之，《注》、《疏》雖都表示出「明」是與道
相冥的智慧，但《注》對「明」、「智」說明之焦點集中在「明」、「智」之觀
「外」，故云「明則無所不照」；而《疏》卻是就內在之「心」而言之，從而

　　至如「學」之一事，可說極受儒家重視。如《論語》有〈學而〉，《荀子》有〈勸學〉之類，更遑論《禮記》之〈大學〉等等著述，無一不推崇「學」之可貴與重要性。再如《論語‧衛靈公》亦有云：「子曰：吾嘗終日不食、終夜不寢以思，無益，不如學也〔註12〕。」而《孟子‧滕文公》云：「夏曰校，殷曰序，周曰庠，學則三代共之，皆所以明人倫也。」《孟子‧告子》又云：「學問之道無他，求其放心而已矣〔註13〕。」斯皆重「學」之所謂也。而由《老子》所謂「絕學無憂」與「學不學」之語看來，則《老子》對「學」的看法似乎與儒家相異。然玄宗二十章「絕學無憂」注云：

　　　　絕俗學有爲，則淳樸不散；少私寡欲，故無憂也。

玄宗《注》將「學」界定爲「俗學」，並於此章中屢屢以「俗學」與「有爲」相提並論，可見其對「俗學」是採取負面的評價的，從而將被絕棄者定義爲「俗學」而非所有之「學」。何謂「俗學」？六十四章注云：

　　　　聖人不求過分之學，是於學不學，將以歸復眾人過分之學；以
　　輔其自然之性，不敢爲俗學與多欲也。

由此觀之，「俗學」意謂著「過分之學」；既謂之「過分之學」，即表示「學」本身不完全是不好的，只有當其「過分」時才是負面義的。《疏》繼承此義，而於二十章疏更明言云：

　　　　夫人之稟生，必有眞素；越分求學，傷性則多。……若分內之
　　學，因性之爲，上士勤行，未爲不絕也。

由此可知，玄宗《注》、《疏》是以「性分說」的立場融攝儒家所重視之「學」。其融合之方法，則是將「學」畫分爲二，其一是超過性分之學，名爲「俗學」；另一是所謂「分內之學」。如是，四十八章注云：

　　　　爲學者日益見聞，爲道者日損功行。益見聞爲修學之漸；損功
　　行爲悟道之門。是故因益以積功，忘功而體道矣。

經由「分內」、「分外」之區分，玄宗《注》、《疏》得以肯定一部分的「學」，而跳脫《老子》「絕學」云云所展現之對「學」的否定；從而，如上引四十八章注方得不因「爲道」而批判「爲學」。同時，六十四章「於學不學」之注疏

　　強調「明」、「智」二者之對待「心」的不同。總之，玄宗《注》、《疏》所肯
　　定的是「明」的智慧，而欲棄絕的，則是巧智、智詐之「智」。
〔註12〕《論語》卷15〈衛靈公〉，頁140。
〔註13〕《孟子》卷5上〈滕文公〉、卷11下〈告子〉，頁91、202。

亦因而被詮釋爲「不學過分之學」，而非「根本不去學」。

總之，玄宗《注》、《疏》原則上是根據其思想基礎——如性分說、重玄之道等等——來融會儒道；而其之「融合」，乃重在解消《老子》對儒家關懷課題的批判，並以道家價值爲依歸，從而去肯定並涵容儒家之所關懷。因此，仁、義、聖、學等，不再是修行或得道之人所棄絕的對象，而是淳樸道德本來就蘊涵的內容。如是即爲玄宗《注》、《疏》融合儒道之途。

由以上論述可知，玄宗《注》、《疏》對於佛學之融合，主要在於「吸收」；所吸收者，包括佛學中觀派的思維方法、唯識對於心性問題的關注，以及佛學一些基本義理（如「諸法皆空」之屬）等等。而玄宗《注》、《疏》對於儒學所作的融合，則重在「解消」道家（如《老子》等）對儒家所推崇的價值之批判——換言之，乃重在化解儒道之間的歧見或衝突。而無論是吸收或解消，在玄宗《注》、《疏》中呈現出來的，**總之是以道家的思想與價值爲依歸，並以《注》、《疏》本身的體用哲學、重玄之道，以及無爲之旨要爲基礎，來對儒學與佛學進行融會之事。**

第三節　唐玄宗《道德眞經》注疏之唐代老學史地位

關於玄宗《注》、《疏》之唐代老學史地位，筆者尚未得見其他學者詳細討論之著作；因此，此章節之論點均爲本文考察所得。倘有任何未盡精詳之處，尚祈方家不吝指正。

一、道　論

就道論而言，由本文論述可知，玄宗《注》、《疏》之特色不在於對「道體」的討論，而是在於其對「道性」的分析。「道性」原本是唐代重玄學在道論上的特長之一，但於成玄英義疏及李榮注中，均未能如玄宗《注》、《疏》一般有明確地分說與討論；因此，玄宗《注》、《疏》之道性說，可謂是將唐代老學的重點命題突顯出來的論述。再者，玄宗《注》、《疏》對於「清淨」道性之討論，顯然具有融會佛道之功；唯杜光庭義並未繼承此思想，故以佛學與重玄思想闡釋「清淨」道性，遂成爲玄宗《注》、《疏》獨有之特色。

其次，關於道生萬物的問題，誠如中島隆藏與何建明的觀察，玄宗《注》、《疏》一改前人老學「道→元氣→陰氣、陽氣→天地人→萬物」的模式，乃

以「沖氣」置於「元氣」之地位,並使沖氣貫串於整個生成論之中;如此,人們在含養沖氣時,在理論上也確實可與道直接相繫。這一點可謂玄宗《注》、《疏》在理論上的一大突破。不過,本文亦當提出,由於當時的玄宗並不信神仙之說,故《注》、《疏》亦不見其承認長生成仙的可能性;而這亦是玄宗《注》、《疏》之異於成、李、杜三家之所在。

復次,就成就萬物的道用而言,玄宗《注》、《疏》所論「道」對待萬物之態度與方法,實因承於成、李二家之說;唯於論及萬物成就之處,玄宗《注》、《疏》更貫徹了重玄無滯的觀點,認為萬物的成就應是與時俱進而不得執滯於一時的。就這一點而言,玄宗《注》、《疏》對於重玄學之運用可謂較前人更為徹底,不僅不致有生硬搬弄之釜鑿痕跡,反而得能運用自如。可見重玄學在當時已為玄宗等老學學者所熟悉,因而得有如此之成就。

二、修道論及境界說

就修道論之立論基礎而言,玄宗《注》、《疏》不僅結合了成、李二家老學的關注焦點,並在修道論基礎——性情觀——之理論上更求精深與完整。雖說性情觀是唐代老學的關注所在,但玄宗《注》、《疏》在性情觀上的精深與具系統性,卻正是唐代老學性情觀成熟化的呈現。而玄宗《注》、《疏》在這方面的建設,也奠定了唐代性情觀良好的理論基礎——而這一點正可以由杜光庭義中見出。

其次,就修道方法而言,玄宗《注》、《疏》不僅消融了成玄英義疏及李榮注中濃厚的中觀色彩,將之轉為道家式的「兼忘」;同時,也充分地運用重玄學,作為一切修道方法的原則。承上所述,玄宗《注》、《疏》立性情觀作為修道論之基礎;因此,就應用重玄之道作為修道方法這點而言,即意味著玄宗《注》、《疏》成功地結合了重玄學與性情問題。而這正是成、李二家之所不及,同時也為後世老學(如杜光庭義)奠定了理論典範。

最後,就境界說而言,玄宗《注》、《疏》幾可謂唐代重玄哲理發展之極至。其不僅消融了成玄英義疏濃厚的佛學色彩,轉為道家式的境界說;也較李榮注更能靈活運用重玄學,使得其境界說也以重玄無滯的形態呈現。由於重玄哲理所建構出來的境界說已臻至極,故杜光庭義乃直接轉以道教之境界為說。

於此可知,玄宗《注》、《疏》正標誌著唐代重玄學發展的高峰:其不僅吸收了成、李的中觀色彩,以道家式的思維與語言轉化而出,在整體理論上

也力求深入與系統性；同時，其對於重玄學之運用，也較前人來得靈活而徹底，即令論及境界時，仍不忘以「日新又新」的方式運用重玄無滯的思維。其老學史地位由是可見。

三、治國之道

在玄宗《注》、《疏》以前，老學之焦點在於個人之修身成道，而對於《老子》原有的無爲治國之說不甚看重。因此，玄宗《注》、《疏》在治國之道的理論建設及關注，實爲唐代老學的一大轉向——這一點，正可說是玄宗《注》、《疏》最重要的老學史地位。再者，玄宗《注》、《疏》之後的老學對於治國之道的觀念，幾未有超出其基本架構之處。但觀玄宗《注》、《疏》對於儒佛二家權實觀在政治哲學上的運用，以及其將重玄學帶入治國之道中，這兩點也都爲杜光庭義所繼承。由是可知，玄宗《注》、《疏》不僅爲唐代老學重新展開一個關注面向，使唐代老學的思考，由治身之傾向轉爲著重治國之道；同時，也爲唐代老學建立了政治哲學的基本架構。就此而言，玄宗《注》、《疏》在政治哲學上的建設，正是使其在老學史上具有不可磨滅地位之緣由。而玄宗《注》、《疏》的老學史地位，亦當由此觀之。

第四節　結　語

經過對玄宗《注》、《疏》思想之分析，本文認爲，玄宗《注》、《疏》的思想及文字表現雖然大抵相同，但仍在詞語應用及內容呈現的面向上有些許差異。就詞語之應用而言，《注》雖已充分透顯出重玄無滯的思維，但亦經常援用儒家經典之詞語；就內容呈顯的情況而言，《注》不僅吸收了「重玄」及其包含的「佛學」思想，更有涵容「儒學」之姿。《疏》除祖述《注》的部分外，其儒學意味相對地較爲淡薄，但其佛學及道學（特別是道教思想的部分）方面的學識，卻較《注》深厚許多；就其詞語應用觀之，其情亦然。再者，《注》在闡述思想——尤其是其政治思想——時，多爲原則性的見解；至《疏》之時，則較常見具體性的政策或建言。此外，就修道論而言，《疏》較《注》更注意人「向內」的自省；而《疏》在政治哲學之「臣道」方面的著墨，也較《注》爲多。

不可否認的是，以《注》、《疏》所傳遞的訊息觀之，《注》、《疏》之間，畢竟仍以《注》爲「主」、以《疏》爲「從」。其以「治國之道」爲重的大原

則，乃自《注》即已確定；《疏》只是繼承之，並在其原則下，作更細膩的補充與推闡。因此，由以上種種情形觀之，《注》為玄宗親注的可能性的確頗高，而《疏》當為臣下修撰無疑。再就學風而言，可知《注》較有融合儒、釋、道之企圖；但修撰《疏》之學者臣僚在儒學上的表現平平，反倒於佛道交會之處用力頗多。此可謂為《注》、《疏》之間最具特色的差異。

依筆者所見資料，有關玄宗與道教、《老子》及其《注》、《疏》，歷來研究者多各有其研究重點；本文為有通盤認識之故，兼採諸學者之研究成果，而各有擷取或修正之處。如大陸學者卿希泰、任繼愈等，因著「道教史」之故，其研究重心多在於玄宗與道教之間的關係，尤其著重於玄宗的崇道活動；日本學者如宮川尚志、今枝二郎等，亦對玄宗與道教關係及其崇道活動有相當程度的考察。本文在此方面亦多得於這些學者之研究成果，並參酌佛教史等書籍，補充了玄宗的宗教政策。在玄宗《注》、《疏》及其所據《老子》底本方面的研究，則多得於如武內義雄、今枝二郎及麥谷邦夫等日本學者細膩的文獻處理工夫；只是對其論點再作補充與修正。**唯對於玄宗《注》、《疏》如敦煌殘卷、經幢等傳寫版本的比對，因所見之研究資料似皆未能提出充分的考察結果，故筆者另行翻檢比對，期對玄宗《注》、《疏》道藏本以外版本之資料地位，能有充分認識。**

至於玄宗《注》、《疏》之思想，日本學者如中島隆藏、今枝二郎、麥谷邦夫等，及大陸學者如熊鐵基先生、盧國龍、何建明等，均有提出或詳或簡的分析，唯因筆者以玄宗《注》、《疏》自有之「體用哲學」重新分析之故，對上述諸學者的著作，均只有部分參考，終未全盤援用。但就玄宗《注》、《疏》採用之「方法」而言，本文對於盧國龍、何建明等以「重玄學」脈絡闡述玄宗《注》、《疏》之觀點，亦不敢否定；只是認為玄宗《注》、《疏》思想之重心，當在於其「治國之道」，而非重玄學。對於麥谷先生及盧國龍所提出的，玄宗《注》、《疏》之「道」與「妙本」之差異，筆者雖亦同意有此差異；但亦需指出，在玄宗《注》、《疏》中，此差異並非從頭至尾貫徹一致的。因而筆者仍以「道體」、「道用」指稱玄宗《注》、《疏》之「道」的不同面向，期能以此方便讀者理解玄宗《注》、《疏》。

若欲論究玄宗《注》、《疏》之老學史地位，理應參照並比較古今老學著作，筆者礙於心力有限，僅就其「唐代老學史地位」討論之；亦希望筆者對成玄英、李榮、杜光庭之與唐玄宗《注》、《疏》之比對結果，能方便將來的

學者繼續更深入地探討玄宗《注》、《疏》或整個唐代老學，在老學史上的地位。此外，本文提到玄宗《注》、《疏》在思想層面，是將唐代重治身之理趣轉向了以治國爲重，亦嘗舉出些許玄宗《注》、《疏》與黃老思想相同或相近之處，但限於論述主題，未能對玄宗《注》、《疏》與黃老思想之關係作詳盡之討論；有關玄宗《注》、《疏》與魏晉玄學之關係，亦未能悉心探討；再則，玄宗開元十八年至二十年間，陳希烈等侍講《尚書》、《周易》、《老子》、《莊子》及《列子》等等，在玄宗《注》、《疏》之字裡行間顯然也能看出其影響，但爲本文論述焦點之故，一直未能充分考察其間的關係。凡此種種，皆是本文之缺憾；然亦是研究者未來得能再深入分析探討之所在。由於筆者才疏學淺，錯訛之處自必不少，尚祈方家不吝指正。

參考書目

壹、中文著作（分類後各依姓氏筆畫排序）

一、叢書

甲、《正統道藏》本（臺北：新文豐出版股份有限公司，1988 再版）

1. 王雱（北宋）等，《道德眞經集註》第 21 冊
2. 尹愔（唐），《老子說五廚經註》第 28 冊
3. 杜光庭（唐），《道德眞經廣聖義》第 24 冊
4. 杜光庭（唐）《歷代崇道記》第 18 冊
5. 李霖（宋），《道德眞經取善集》第 23 冊
6. 柳識（唐），〈唐茅山紫陽觀玄靜先生碑〉第 9 冊
7. 唐玄宗（唐），《唐玄宗御註道德眞經》第 19 冊
8. 唐玄宗（唐），《唐玄宗御製道德眞經疏》（效字號本）第 19 冊
9. 唐玄宗（唐），《唐玄宗御製道德眞經疏》（才字號本）第 19 冊
10. 唐玄宗（唐），〈唐明皇御製慶唐觀紀聖銘〉，《龍角山記》第 33 冊
11. 強思齊（前蜀），《道德眞經玄德纂疏》第 22 冊
12. 彭耜（宋），《道德眞經集注雜說》第 38 冊
13. 賈善翔（宋），《猶龍傳》第 30 冊
14. 趙道一編修（元），《歷世眞仙體道通鑑》第 8 冊
15. 劉大彬 主修（元），《茅山志》第 9 冊
16. 劉惟永編集、丁易東校正（元），《道德眞經集義》第 23 冊
17. 謝守灝編（宋），《混元聖紀》第 30 冊

19. 顧歡（僞／南朝宋、齊）述，《道德眞經註疏》第 22 冊

乙、《大正新脩大藏經》本（臺北：新文豐出版股份有限公司，1983 修訂一版）

1. 智顗講述、灌頂筆錄（隋），《摩訶止觀》T46
2. 曇無讖譯（傳／北涼），《大方等無想經》T12
3. 鳩摩羅什譯（東晉），《小品般若波羅蜜經》T8
4. 鳩摩羅什譯（東晉），《金剛般若波羅蜜經》T8
5. 龍樹菩薩 造（2～3 世紀頃）、梵志青目 釋、鳩摩羅什譯（東晉），《中論》T30
6. 釋志磐（南宋），《佛祖統紀》T49
7. 釋念常（元），《佛祖歷代通載》T49
8. 釋彥琮（唐），《唐護法沙門法琳別傳》T50
9. 釋道宣（唐），《續高僧傳》T50
10. 釋道宣（唐），《廣弘明集》T52
11. 釋道宣（唐），《集古今佛道論衡》T52
12. 釋道原（宋），《景德傳燈錄》T51
13. 贊寧（宋），《大宋僧史略》T54

丙、十三經本（臺北：藝文印書館 景印嘉慶二十年江西南昌府學宋本重刊，1997）

1. 孔安國傳（漢）、孔穎達等正義（唐），《尚書正義》
2. 王弼、韓康伯注（魏）、孔穎達等正義（唐），《周易正義》
3. 何晏注（魏）、邢昺疏（宋），《論語注疏》
4. 杜預注（晉）、孔穎達等正義（唐），《春秋左傳正義》
5. 唐玄宗御注（唐）、邢昺疏（宋），《孝經注疏》
6. 趙岐注（漢）、孫奭疏（宋），《孟子注疏》
7. 鄭玄注（漢）、孔穎達等正義（唐），《禮記正義》

二、道家道教類

1. 王有三編著，《老子考》（臺北：東昇出版事業公司，1981）。
2. 王明，《道家和道教思想研究》（北京：中國社會科學出版社，1984）。
3. 王明，《抱朴子內篇校釋》增訂本（北京：中華書局，1985 二版）。
4. 王清祥，《《老子河上公注》之研究》（臺北：新文豐出版股份有限公司，1994）。
5. 中國道教協會研究室編，《道教史資料》（上海：上海古籍出版社，1991）。
6. 成玄英撰、蒙文通輯，《道德經義疏》（四川：四川省立圖書館，1946）。

7. 任繼愈主編，《中國道教史》（上海：上海人民出版社，1990）。

8. 牟鐘鑒、胡孚琛、王葆玹，《道教通論——兼論道家學說》，山東：齊魯書社，1991）。

9. 李申，〈唐代道教對佛教教義的吸收〉（四川大學《宗教學研究》1993年3-4期，1993／10）。

10. 吳相武，〈關於《河上公注》成書年代〉，《道家文化研究》第十五輯（北京：三聯書店，1999）。

11. 吳相武，〈《老子想爾注》之年代和作者考〉，《道家文化研究》第十五輯（北京：三聯書店，1999）。

12. 何建明，《道家思想的歷史轉折》，武漢：華中師範大學出版社，1997）。

13. 李剛，〈唐玄宗詔令傳寫《開元道藏》的時間考辨〉（四川大學《宗教學研究》1994年2-3期，1994／8）。

14. 李剛，〈成玄英論「道」〉，《宗教哲學》4卷1期，1998／1）。

15. 李榮注、嚴靈峰 輯校，《輯李榮老子注》，《無求備齋老子集成》初編（臺北：藝文印書館，1964）。

16. 河上公注（傳），王卡 點校，《老子道德經河上公章句》（北京：中華書局，1993）。

17. 柳存仁，〈道藏本三聖註道德經之得失〉，CHUNG CHI JOURNAL 9卷1期，1969／11）。

18. 柳存仁，《和風堂文集》（上海：上海古籍出版社，1991）。

19. 林佳蓉，《成玄英《道德經義疏》研究》（臺南：成大中研所碩論，1998）。

20. 胡孚琛、呂錫琛，《道學通論——道家·道教·仙學》（北京：社會科學文獻出版社，1999）。

21. 晏啟瑛，《李榮注《老》研究》（臺北：華梵東方人文思想所碩論，2000）。

22. 胡興榮，《老子四家注研究》（廣西：廣西教育出版社，2000）。

23. 卿希泰，《中國道教思想史綱》（臺北：木鐸出版社，1986）。

24. 卿希泰 主編，《中國道教史》（臺北：中華道統出版社，1997）。

25. 韋蒹堂，〈唐代道教史編年〉，《輔仁學誌——文學院之部》14期，1985／6）。

26. 陳垣編纂，陳智超、曾慶瑛校補，《道家金石略》（北京：文物出版社，1988）。

27. 張運華，〈身國並重的道家養生論——論《老子河上公章句》〉，《宗教哲學》2卷1期，1996／1）。

28. 陳智超，〈唐玄宗《道德經》注諸問題——與李斌城同志磋商〉，《世界宗教研究》1988年第3期）。

29. 郭慶藩集釋,《莊子集釋》(臺北:華正書局,1987 年)。

30. 張澤洪、景志明,〈唐代長安道教〉(四川大學《宗教學研究》1993 年 1-2 期,1993／4)。

31. 陳麗桂教授,《秦漢時期的黃老思想》(臺北:文津出版社,1997)。

32. 黃公偉,《道家哲學系統探微》(臺北:新文豐出版股份有限公司,1981)。

33. 熊鐵基、馬良懷、劉韶軍,《中國老學史》,福建:福建人民出版社,1995)。

34. 鄭成海,《老子河上公注斠理》(臺北:中華書局,1971)。

35. 盧國龍,《中國重玄學:理想與現實的殊途與同歸》(北京:人民中國出版社,1993)。

36. 盧國龍,《道教哲學》(北京:華夏出版社,1997)。

37. 羅月華,《杜光庭《道德眞經廣聖義》研究》(臺北:淡大中研所碩論,1998)。

38. 嚴靈峰,《老子著述目錄》(臺北:編譯館中華叢書編審委員會,1957)。

39. 嚴靈峰,《道德經十一種》景印,國立北平研究院考古專報本,《無求備齋老子集成初編》(臺北:藝文印書館,1964)。

40. 嚴靈峰,〈喬諷《道德經疏義節解》改版序〉,《無求備齋老子集成初編》所收喬諷《道德經疏義節解》卷首(臺北:藝文印書館,1964)。

三、其 它

1. 丁明夷釋譯,《佛教新出碑志集粹》(臺北、高雄:佛光文化事業有限公司,1998)。

2. 王昶,《金石萃編》(臺北:台聯國風出版社,1964)。

3. 王治心等,《中國宗教思想史大綱》(上海:上海書店,1990)。

4. 王重民原編,黃永武 新編,《敦煌古籍敘錄新編》(臺北:新文豐出版股份有限公司,1986)。

5. 王通,《文中子中說注》(臺北:世界書局,1959)。

6. 王弼著、樓宇烈校釋,《王弼集校釋》(臺北:華正書局,1992)。

7. 王堯辰等編次、錢東垣 輯釋,《崇文總目》(臺北:台灣商務印書館,1978)。

8. 王欽若,《冊府元龜》(臺北:臺灣中華書局,1967 臺一版)。

9. 王溥,《唐會要》,武英殿聚珍版(臺北:世界書局,1960)。

10. 王壽南教授《隋唐史》(臺北:三民書局,1994 再版)。

11. 王應麟,《玉海》(臺北:大化書局,1977 景印出版)。

12. 王讜撰,周勛初校證,《唐語林校證》(北京:中華書局,1987)。

13. 安世鳳,《墨林快事》(臺北:國立中央圖書館,1970)。

14. 司馬光，《資治通鑑》（臺北：中華書局，1966）。

15. 牟鐘鑒、張踐，《中國宗教通史》（北京：社會科學文獻出版社，2000）。

16. 任繼愈主編，《中國哲學發展史》隋唐編（北京：人民出版社，1994）。

17. 呂不韋，《呂氏春秋》，《四部備要‧子部》（臺北：臺灣中華書局，據畢氏靈巖山館校本校刊，1982 五版）。

18. 吳任臣，《十國春秋》，《四庫全書珍本三集》（臺北：臺灣商務印書館 景印，出版年份不詳）。

19. 李明友，〈《廣弘明集》與隋唐初期的佛道儒論爭〉，《世界宗教研究》1992 年第 2 期）。

20. 呂思勉，《隋唐五代史》（臺北：九思出版社，1977）。

21. 宋敏求撰、畢沅校正，《長安志》（臺北：成文出版社，1970 臺一版）。

22. 宋敏求、宋綬編，《唐大詔令集》（臺北：鼎文書局，1978 再版）。

23. 宋肅懿，《唐代長安之研究》（臺北：大立出版社，1983）。

24. 吳兢，《貞觀政要》（臺北：宏業書局，1990 再版）。

25. 吳夢麟，〈房山石經本《唐玄宗注金剛經》錄文——附整理後記〉，《世界宗教研究》1982 年 2 期，1982／5）。

26. 范祖禹，《唐鑑》（臺北：臺灣商務印書館，1977）。

27. 封演，《封氏聞見記》，《叢書集成初編》（上海：商務印書館 據雅雨堂叢書影印，1936）。

28. 唐玄宗御撰，母煚、余欽、韋述等撰，《大唐六典》（臺北：文海出版社，1974 四版）。

29. 晁公武，《郡齋讀書志》（臺北：廣文書局，1967）。

30. 張九齡，《曲江集》，《四部備要‧集部》（臺北：臺灣中華書局據 祠堂本校刊，1971）。

31. 郭忠恕，《佩觿》（臺北：藝文印書館 據該館《鐵華堂叢書》覆宋本景印，1971）。

32. 陳奇猷校註，《韓非子集釋》（臺南：平平出版社，1974）。

33. 脫脫等撰，中華書局編輯部編，《宋史》（北京：中華書局，1997）。

34. 許道勛，《唐玄宗傳》（臺北：臺灣商務印書館，1992）。

35. 章群，《唐史》（臺北：中華文化出版事業委員會，1958）。

36. 清聖祖御製、王全 點校，《全唐詩》（北京：中華書局，1960）。

37. 陸德明，《經典釋文》（湖北：崇文書局 開雕，1869 [同治 8 年]）。

38. 梁鴻飛，《中國隋唐五代宗教史》（北京：人民出版社，1994）。

39. 黃懺華，《佛教各宗大意》（臺北：文津出版社，1991）。

40. 董誥等編，《全唐文》（上海：古籍出版社，1990）。

41. 蒙文通，《古學甄微》（四川：巴蜀書社，1987）。

42. 劉昫撰，中華書局編輯部編，《舊唐書》（北京：中華書局，1997）。

43. 劉肅，《大唐新語》（臺北：新宇出版社，1985）。

44. 歐陽修，《歐陽修全集》（臺北：世界書局，1961）。

45. 歐陽修、宋祁撰、中華書局編輯部編，《新唐書》（北京：中華書局，1997）。

46. 鄭樵，《通志》（臺北：臺灣商務印書館，1987 臺一版）。

47. 錢大昕，《潛研堂金石文跋尾》（臺北：藝文印書館，約 1966～1968）。

48. 謝保成，《中國隋唐五代思想史》（北京：人民出版社，1994）。

49. 蕭統撰、李善等註，《增補六臣註文選》（臺北：華正書局，1981）。

50. 歸有光，《震川先生集》，《聚珍仿宋四部備要》（臺北：臺灣中華書局 據家刻本校刊，1965）。

51. 藍孟麗編著，《西安》，《史地叢書》（臺北：正中書局，1957 臺初版）。

52. 顏眞卿，《顏魯公集》，《四部備要‧集部》（臺北：臺灣中華書局，1966 據三長物齋叢書本校刊）。

53. 酈道元著、王國維校注，《水經注校》（臺北：新文豐出版股份有限公司，1987）。

54. 顧野王著、孫強 加字、陳彭年等 重修，《大廣益會玉篇》（臺北：新興書局，1968）。

貳、外文著作（依姓氏筆畫排序）

甲、原　文

1. 小林正美，《六朝道教史研究》（東京：創文社，1990）。

2. 大淵忍爾，《敦煌道經》目錄編（東京：福武書店，1978）。

3. 大淵忍爾，《敦煌道經》圖錄編（東京：福武書店，1979）。

4. 今枝二郎，〈道德眞經玄宗御注本について（1～4）〉，《中國古典研究》15～18 期，1967、1968、1969、1971）。

5. 今枝二郎，〈玄宗皇帝的《老子》注解について〉，《中國古典研究》23 期，1978）。

6. 今枝二郎，〈唐玄宗御製《道德眞經疏》について－才字號本の檢討〉，《大正大學研究紀要》（佛教學部、文學部），1978／11）。

7. 今枝二郎，《唐代文化の考察（I）——阿倍仲麻呂研究》（東京：高文堂出版社，1979）。

8. 今枝二郎，〈敦煌本玄宗皇帝注《老子》の資料的意義〉，編集委員會編

《敦煌と中國道教》（東京：大東出版社，1983）。

9. 中島隆藏，《六朝思想の研究》（京都：平樂寺書店，1985）。

10. 中島隆藏，〈從現存唐代《道德經》諸注看唐代老學思想的演變〉（四川大學《宗教學研究》1992 年 1-2 期，1992／8）。（作者以中文寫作）

11. 吉岡義豐，《吉岡義豐著作集》第四卷（東京：五月書房，1989）。

12. 武內義雄，《老子の研究》，《武內義雄全集》第五卷（東京：角川書店，1978）。

13. 武內義雄，《老子原始》，《武內義雄全集》第五卷（東京：角川書店，1978）。

14. 宮川尚志，《中國宗教史研究》第一（京都：同朋舍，1983）。

15. 麥谷邦夫，〈老子想爾注について〉（京都《東方學報》57 冊，1985）。

16. 道端良秀，〈唐朝に於ける道教政策——特に官道觀設置と道舉に就いて〉，《支那佛教史學》4 卷 2 期，1940）。

17. 福井康順等監修，《道教第二卷——道教の展開》（東京：平河出版社，1983）。

18. 福永光司，《道教思想史研究》（東京：岩波書店，1987 第一刷，1988 第三刷）。

19. 鎌田茂雄，《中國佛教史》卷五，東京：東京大學出版會，1994）。

乙、中譯本（無法找到原文之著作）

1. 麥谷邦夫，〈唐玄宗《道德眞經》注疏之撰述與其思想特徵〉，《道家文化研究》第十五輯（北京：三聯書店，1999）。

2. 麥谷邦夫撰、朱越利譯，〈唐玄宗《道德眞經》注疏中的「妙本」〉，《世界宗教研究》1990 年 2 期）。